"十三五"国家重点图书出版规划项目 ｜ 丛书主编 侯怀银

本书是国家社会科学基金"十三五"
规划 2018 年度教育学重点课题"中华
人民共和国教育学史"（课题批准号
A0A180016）的研究成果

共和国
教育学 70 年

Pedagogy of the
People's Republic of China
for 70 Years

课程与教学论卷

郑玉飞　著

北京师范大学出版集团
BEIJING NORMAL UNIVERSITY PUBLISHING GROUP
北京师范大学出版社

丛书编委会

丛书主编　侯怀银

编　　委　(以姓氏笔画为序)

马建强　王正青　王有升　王福兰

冯建军　孙　杰　张忠华　郑玉飞

侯怀银　桑宁霞

总　序

2019 年系中华人民共和国 70 华诞。站在 70 年的节点，我们需要对中华人民共和国教育学的发展历程进行回顾、反思与展望。据我们目力所及，从中华人民共和国成立至今（截至 2019 年年初），国人引进和自编的教育学著作（包括专著与教材）共计 4700 本，占 20 世纪以来中国教育学著作总量的 80%。其中，国人自编的教育学著作 4300 本，引进外国著作 400 本。新中国成立以来，中国教育学人在 20 世纪上半叶教育学发展的基础上，砥砺前行，取得了非凡的成就，形成了学科发展的经验。时至今日，我们需要梳理新中国成立 70 年来教育学学科建设的成就和经验并寻找其启示，我们更需要系统开展中华人民共和国教育学史的研究，把中华人民共和国教育学史作为中国教育学史研究的重要组成部分。

一、新中国成立 70 年来教育学学科建设的成就

新中国成立后，中国教育学人在中国共产党的领导下，自觉以马克思主义为指导思想，着力建设中国教育学。纵观 70 年来中国教育学的建设，主要取得以下五个方面的成就。

（一）由照搬照抄到本土化再到中国教育学的建设取得成效

70 年来，中国教育学学科建设取得的最大成就在于中国教育学的提出和建设。

新中国教育学的建设是从照搬照抄苏联教育学开始的。叶澜教授认为"引进"是中国教育学从"娘胎"里带来的印记。这就是说 20 世纪上半叶中国教育学的发展是从引进日本、德国、美国等国家的教育学开始的。在引进其他国家教育学的过程中，中国教育学人在 20世纪 20 年代就注意到仅仅引进其他国家的教育学并不能解决中国教育实际存在的问题，故而提出"教育学中国化"的问题。客观而言，那个时期的中国教育学人在探索解决中国教育实际问题的过程中确实创造了很有品质的教育思想和教育理论。随后的抗日战争和解放战争，使中国教育学人的探索被中断甚至被破坏。新中国成立后，中国教育学并没有在原有的基础上建设，而是直接取法苏联。当时，中国教育学人学习苏联教育学主要是通过译介苏联的教育学教材、邀请苏联教育学和心理学专家来华授课、派遣留学生和专家去苏联学习等途径。1956 年，中苏关系恶化，学习苏联教育学来指导中国的师资培养和教育实践的路径被中断，中国教育学人开始探索中国教育学。这一时期，中国教育学人虽然提出了"中国教育学"，但是具体的做法却是教育学的中国化（中国化的教育学）。

中国化的教育学得到研究和发展，其不足之处也得到反思。在"向科学进军"的号召下和"双百方针"的指引下，我国教育学建设者以前所未有的热情，在对学习苏联教育学的经验和教训进行反思的基础上，开始了教育学中国化的初步探索。1957 年《人民教育》7 月号以《为繁荣教育科学创造有利条件》为题，发表了当时一些学者对我国教育科学研究工作的意见。这些意见直指学习苏联经验中的教条主义、机械主义倾向，鲜明地提出了教育学的中国化问题，从方法论的高度对如何建设中国的教育学提出了十分宝贵的意见。曹孚在《新建设》1957 年第 6 期上发表了以《教育学研究中的若干问题》为题的长篇论文，在教育观念上对以凯洛夫主编的《教育学》为代表的苏联教育理论提出了不同寻常的、有力的挑战，从而在教育学中国化的方法论上取得了理论思维上的进展。

　　然而，正当我国教育学研究者充满热情地为建设中国化的教育学科体系而努力探索时，反"右"斗争开始了。在此气氛中，曹孚1957年发表的《教育学研究中的若干问题》一文被错误地批判，作者被迫在《新建设》1958年第2期发表检讨文章。① 这一批判虽然是在内部进行的，但影响也波及全国高等师范院校和教育科研机构。由于反"右"斗争扩大化，高等师范院校一些教师和学者被错误地划成了右派，我国教育学科建设受到严重挫折。1958年至1960年，开始了以贯彻教育与生产劳动相结合为中心的"教育革命"运动，教育学领域开始了"大跃进"，开展了一系列的批判运动。这些在思想和学术领域的批判简单粗暴，压制了在学术上持不同观点的人，打击了很多有真才实学的学者，挫伤了当时教育科学工作者的积极性，严重地影响了我国教育学学科的建设和发展。

　　正是由于反"右"斗争的扩大化和"教育革命"中"左"的浪潮，我国教育学学科体系的建设出现了一种"左"的倾向。这主要表现在教育学的教材建设上出现了一种"教育政策汇编形式"的教育学。1958年4月23日，教育部发出通知，师范学校三年级教育学课原有教材停授，改授有关我国教育方针和政策的内容。② 这一切使"文革"期间教育学教材编写完全成为教育经验政策汇编，成为"语录学"和"政策学"的温床。

　　改革开放之后，中国教育学人再一次提出"中国教育学"，并对"建设具有中国特色的社会主义教育学""中国教育学本土化"的内涵、必然性、方法论和路径等进行了探索。这些研究指导了中国教育学的建设和发展，中国教育学人出版了不少具有中国特色的教育学著作和教材，培养了大批人才。但是，建设具有中国特色的教育学仅

---

　　① 即《对〈教育学研究中的若干问题〉一文的检讨》，同期还发表了批评曹孚的文章《怎样理解"教育中的继承性问题"》。

　　② 中央教育科学研究所：《中华人民共和国教育大事记 1949—1982》，219 页，北京，教育科学出版社，1984。

反映在教育学学科建设的局部，还没有反映到教育学的整体建设上来。之所以这样讲，是因为改革开放之后，中国教育学人又开始大量译介国外的教育学成果，一些具有中国特色的教育学著作和教材也吸纳了国外教育学研究成果，但未能完全反映出中国教育实践的需要。

21 世纪初，中国教育学人在反思 20 世纪中国教育学发展的基础上开始建设中国教育学。这一时期，中国教育学人发表并出版了不少反思 20 世纪中国教育学发展的成果，并对建设中国教育学提出了展望。一些反映中国教育实践需求的教育思想和教育理论得以创生，如主体教育思想、新基础教育、情境教育、情感教育、新教育，等等。尤其出现了以叶澜教授创建并持续领导的"生命·实践"教育学派。学派的形成既是教育学理论发展的重要途径，又是教育学理论的丰富性和长久生命力的不竭之源。学派的发展，从深层次上探索了学科发展的内在的可能性空间。从学科发展走向学派的形成，是实现我国教育学发展的有效途径，也是时代的必然要求。只有创建自己的教育学派，形成真正的教育学家，形成一套完整的教育学本土化的逻辑体系和思维方式，中国教育学才真正有可能与国外，尤其是西方的教育学进行对话与交流。

（二）马克思列宁主义、毛泽东思想的指导地位得以确立

学科建设必须有指导思想。在社会主义的中国，教育学学科建设的指导思想是马克思列宁主义、毛泽东思想。新中国成立后，马克思列宁主义、毛泽东思想成为指导社会主义革命和社会主义建设的理论基础，与此相适应，迫切需要确立马克思列宁主义、毛泽东思想在中国教育学建设中的指导地位。马克思列宁主义、毛泽东思想在教育学发展中指导地位的确立是从新中国成立后开始的。这种确立同社会科学其他学科研究领域，如历史学、文学等一样，经历了 7 年的历程（1949－1956 年），也走了同样的道路，即学习、引进和批判相结合。其一，学习马克思列宁主义的基本原理。其二，引

进苏联教育学。诚如曹孚先生指出的那样："马克思列宁主义教育学在短促的几年中，在中国教育学术界奠定了自己统治的地位，这是与教育学方面学习苏联分不开的。"①其三，开展对旧教育思想的批判。经过学习、引进和批判，我国教育研究工作者开始从思想上确立马克思列宁主义、毛泽东思想的指导地位，自觉树立辩证唯物主义和历史唯物主义的世界观，"开始用马克思列宁主义的观点去研究教育科学问题……马克思列宁主义观点与理论已经在教育学、心理学、教育史的研究与教学中初步建立了统治的地位"②。马克思列宁主义、毛泽东思想在中国教育学建设中指导地位的确立，为中国教育学的重建指明了方向并提供了理论基础。

(三)国外教育学的引进成为中国教育学发展的重要组成部分

70 年来，中国教育学的建设在处理中外关系的过程中，逐渐走出了一条既不是依附又可以相互借鉴的道路。中国教育学的起点是从引进国外教育学开始的。新中国成立后一段时期，中国教育学人又走上了引进国外教育学的道路。这两次引进不是学习借鉴式的引进，而是照搬照抄式的引进。改革开放后，中国教育学人在讨论教育学中国化、本土化和中国教育学建设的过程中，逐渐注意到我们既不能照搬照抄国外教育学(因为照搬照抄解决不了中国教育实践存在的问题)，又不能闭门造车、闭关自守，而要开放。这就要处理好教育学建设过程中的中、外问题。通过考察 1949 年以来国外教育学著作和教材的引进情况，我们发现，引进所占比例并不低，尤其是1977 年后，即便是以再建中国教育学为目标，也有近一半的国外教育学著作和教材被引进到国内。教育学研究者在一定程度上已把国外教育学的引进作为再建中国教育学的重要组成部分，已主动学习并借鉴国外教育学的研究成果，注重与国外教育学的发展接轨，其

① 瞿葆奎等选编：《曹孚教育论稿》，208 页，上海，华东师范大学出版社，1989。
② 同上书，688 页。

中以美国、苏联、日本为主。然而，对发展中国家教育学的发展成果，我们借鉴和吸收得还不够。1977年以来国外教育学的译者数量占到整个20世纪译者总数的一半以上，这说明在教育学著作和教材的引进上我国已形成相对稳定的翻译队伍，这不仅为国外教育学的研究提供了人员上的保障，而且为形成中外融合的教育学研究队伍奠定了一定基础。

(四)中国教育学的学科群基本形成

70年的中国教育学发展，促使其分支学科不断出现与发展，仅1977—2000年这一阶段就增加了28门教育学分支学科，教育学的学科门类基本形成。同时，教育学学科体系也基本形成并初具规模。中国教育学学科体系的建设在改革开放后基本上是沿着正确的轨道进行的，教育研究领域越来越宽广，教育研究成果已成为教育学建设的丰富资源。教育学的理论基础不断得到拓展，我国初步形成了较完备的教育学学科体系，从而结束了作为一门学科的教育学一枝独秀的局面。

教育学既有了综合性的发展，又有了分化性的发展。从其综合性方面来说，教育学同其他有关学科有了紧密的联系，许多边缘性、交叉性和新兴学科相继恢复、产生、充实和发展；从其分化性方面来说，教育学越分越细，作为一门学科的教育学、教育概论、教学论、课程论、德育原理、教育哲学等学科快速发展。我国已初步形成了教育学交叉学科、教育学专门学科与教育学元科学相结合，多种教育学分支学科相继独立的学科发展格局。我国教育学的建设和发展，不仅为有关决策的形成提供了一定的理论依据，为中国的教育教学实践提供了一定的理论指导，在一定程度上促进了学校教育教学质量的提高，而且也起到了一定的理论预测作用，促进了教育事业的繁荣和发展。

特别需要指出的是，教育学元研究的发展为中国教育学学科建设提供了坚实的基础。教育学元研究是对教育学元问题的研究，包括教育学的概念、教育学的性质、教育学的体系、教育学的逻辑起点、教育学的方法论、教育学的价值、教育学的功能、教育学的学科立场、教育学的学科地位、教育学史，等等。

（五）中国教育学的社会建制得到完善

一门学科的社会建制大体包括五个部分：一是学会；二是专业的研究机构；三是各大学的学系；四是图书资料中心；五是学科的专门出版机构。① 按照这个标准来看，新中国成立70年来，中国教育学的社会建制得到了完善。第一，在学会方面，中国教育学会、中国高等教育学会等成立，在这些学会之下还有若干分会，分会下还设专业委员会。第二，在专业的研究机构方面，国家层面有中国教育科学研究院，各个省市有本省市的教育科学研究院等。第三，在各大学的学系方面，综合院校、师范院校等多设立专门的学院，如教育学部、教育科学学院、教育学院、教师教育学院、教育技术学院等，一些教育学院还设立了各个研究所。第四，在图书资料中心方面，教育学的书籍在各大图书馆有专门的图书分类号。第五，在学科的专门出版机构方面，中国有专门的教育学出版机构，如人民教育出版社、教育科学出版社、高等教育出版社等；一些省市也有教育出版机构，如上海教育出版社、福建教育出版社、山西教育出版社等；一些大学的出版社也出版教育学方面的著作和教材，如北京师范大学出版社、华东师范大学出版社、广西师范大学出版社等。就以上方面而言，新中国成立70年来，中国教育学的社会建制得到完善。

二、新中国成立70年来教育学学科建设的经验

70年来，几代中国教育学人就中国教育学的建设取得了诸多成就，形成了一些教育学学科建设的经验，具体来说，在于较好地处理了教育学学科发展中的几对关系。

---

① 费孝通：《略谈中国的社会学》，载《高等教育研究》，1993(4)。

（一）处理好马克思主义哲学与其他哲学流派促进教育学建设的关系

教育学与哲学有着天然的联系。在教育学学科化时，赫尔巴特就是以实践哲学和心理学作为教育学的学科基础的。再往前推，教育学首先是哲学家康德在大学的课堂上开讲的。新中国成立以来，中国教育学的建设以马克思主义为指导取得了辉煌的成就。但是我们需要警惕的是马克思主义不等于马克思主义哲学。马克思主义是我国各项事业建设的指导思想。马克思主义本身包含了马克思主义哲学、政治经济学和科学社会主义。马克思主义哲学是马克思主义的一部分。马克思主义哲学对其他哲学流派不是全盘否定的，其他哲学流派的观点也不是与马克思主义哲学水火不容。在新中国 70 年教育学学科建设的过程中，有一段时间，我们将教育学的哲学基础完全确立为马克思主义哲学，对其他哲学流派实行全盘拒斥，阻碍了中国教育学的建设。改革开放之后，教育领域思想大解放，其他哲学流派不断译介和传播，教育学的学科建设逐渐兼容并纳各家哲学流派之观点，走上了快速发展的道路。这带给中国教育学人的经验就是处理好马克思主义哲学与其他哲学流派在促进教育学建设过程中的关系。

中国教育学人还需要吸取的经验是避免把马克思列宁主义、毛泽东思想在指导教育学学科建设时绝对化。马克思列宁主义、毛泽东思想是我们进行教育学建设的指导思想，中国教育学的建设必须确立马克思列宁主义、毛泽东思想的指导地位。然而，这并不意味着我们要把马克思列宁主义、毛泽东思想绝对化。在坚持把马克思列宁主义、毛泽东思想作为指导思想的前提下，如何还马克思列宁主义、毛泽东思想"智慧之友"的本来面目，充分发挥马克思列宁主义、毛泽东思想方法论意义上的指导功能，是我国教育学学科建设值得思考并需解决的重要课题。

(二)处理好批判和继承之间的关系

中国教育学的发展,在"文化大革命"的十年遭到严重的破坏和错误的批判。从这个意义上讲,如何正确认识批判的本质和功能,并处理好批判和继承的关系,对于我国教育学的建设和发展至关重要。就批判的本质来看,批判实际上就是分析,批判就是一个一分为二的分解过程。从马克思主义的观点来看,批判也就包含着继承,而继承又不是简单的肯定,是包含在否定中的肯定。从"文革"时期的"批凯"和"批孔"来看,这种"批判"是与马克思主义的批判观相违背的,它背离了批判的本质和功能,割裂了批判和继承的关系。正因为这种"批判",才导致了对凯洛夫主编的《教育学》和孔子教育思想等的全盘否定,进而对整个教育学的批判否定,这个教训很值得我们吸取。我国教育学的建设必须在认真贯彻"双百方针"的基础上,正确地开展学术批判。我们应把学术批判作为繁荣我国教育学的基础、条件和动力,使其真正地推进我国教育学的建设和发展。

(三)处理好中国教育学建设过程中的中外关系

由于教育学从发生学意义上具有"舶来"的品性,其对国外教育学的"依附"自然难免。不过,纵观20世纪中国教育学的发展之路,我们可以欣喜地看到,在教育学的理论建设中,亦步亦趋的成分越来越少,独立创造的因子越来越多。叶澜教授曾在《中国教育学发展世纪问题的审视》一文中提出,政治、意识形态与学科发展的关系问题、教育学发展的"中外"关系问题、教育学的学科性质问题等,这些问题是影响教育学学科发展的根本性问题。[①] 新中国成立70年来,中国教育学人在建设教育学学科的过程中,不断地在处理教育学的中外问题。我们曾经有依附、有全面批判,当然,时至今日,我们已放弃了全盘接受和全面否定的态度。研究者多认同立足中国教育现实,寻找本民族与外来教育融会贯通的契合点是实现本土化、摆

---

① 叶澜:《中国教育学发展世纪问题的审视》,载《教育研究》,2004(7)。

脱对西方教育学的依附的根本途径。但也有研究者指出，本土化的过程仍然是对西方的"移植"过程，主要表现在本土化的途径仍然以译介为主，本土化的对象仍以借鉴为主，本土化的教育理论内容更是充斥着西方的思潮和思想。针对这种在认识论和方法论上存在的问题，研究者提出了本土化研究的重点和难点，乃是基于本土问题，研究本土性，寻找结合点，并开展具体研究。[①]"生命·实践"教育学派在处理教育学学科建设过程中的中外问题方面走出了一条具有特色的道路。该学派立足中国当代社会和教育中的具体问题，寻求中西方思想文化的滋养。

(四)处理好学科体系建设和知识体系构建之间的关系

在我国建立的教育学学科体系中，各学科的发展存在着较严重的不平衡现象。其中有些学科起步较早，已初步形成了较完整的体系；有些学科本身又分为若干分支，学科研究向着更加深入的层次、更加广阔的领域发展，处于成熟或继续发展期；有些学科是近几年才刚刚开始建设，处于汇总材料、构思体系、逐步创建阶段，正为学科体系建设创造条件；有些学科正处于初创阶段，趋于形成。教育学学科领域中的空白点较多，一些分支学科研究者甚少。这种不平衡性在一定程度上影响了教育学的学科建设和发展。我国教育学学科建设的水准不高，学科独立性尚差。一般来讲，教育学学科确认标准有三方面：其一，有明确的研究对象和研究范围，有相对独立的概念、范畴、原理，并正在或已经形成学科结构体系；其二，有专门的研究者、研究活动、学术团体、传播活动、代表作等；其三，该学科的思想、方法已经在教育实践中被应用、被检验，并发挥出特有的功能。[②] 以这三方面标准来衡量，我国教育学学科体系

---

① 吴黛舒：《繁荣背后的反思：中国的"教育学本土化"》，载《教育理论与实践》，2007(9)。

② 安文铸、贺志宏、陈峰：《教育科学学引论》，17 页，南昌，江西教育出版社，1997。

还不成熟和完善，仅仅初步确立起了应有的门类和框架，在一定程度上尚落后于其他学科的发展。从各门教育学学科建设来看，无论是从深度还是广度来说，都还不能按学科建设的严格原则和标准进行具体规划和落实。在整个科学体系中，教育学学科特别缺乏一整套独特的概念、范畴、命题和研究方法，学科的独立性不强。

之所以出现教育学的分支学科发展不平衡和学科独立性不强的状况，是因为中国教育学人在教育学学科建设过程中还没有处理好学科体系和知识体系之间的关系。我们强调教育学分支学科的繁荣壮大，但在一定程度上忽视了教育学说到底是教育知识的学问。学科建设不能用学科体系取代知识体系。知识体系决定着学科体系的样态，而不是学科体系规范着知识体系。

（五）处理好教育学学科建设和教育研究之间的关系

教育研究是教育学建设和发展的基础和前提。新中国成立初期，我国的教育研究工作，一方面是总结和发展自己的教育实践经验，特别是老解放区的教育实践经验，开创我国的教育研究工作；另一方面是翻译出版苏联教育学方面的研究成果，借鉴苏联的教育研究经验，以指导我国的教育实践。20 世纪 50 年代后期，我国着手建立教育研究机构，并开始进行教育研究的规划工作。20 世纪 60 年代初，我国教育研究机构的建立以及教育研究工作的指导方针和任务的确立，才使我国教育研究工作进入一个初步繁荣和发展期。20 世纪 80 年代后，随着解放思想在教育领域的深入，研究者针对教育学发展问题进行了不同层面、不同领域、不同角度的研究，推进了教育学理论的发展，对教育学理论体系的构建起到了重要作用。

由此可见，教育研究工作直接影响到教育学建设和发展的进程。我国教育学的建设和发展必须切实重视并加强教育研究工作。我们应把教育学的建设和发展置于雄厚的教育研究工作基础之上。

三、新中国成立 70 年来教育学学科建设的启示

通过对 70 年来中国教育学发展的回顾与反思，我们深深感受

到，新时代中国教育学的建设，应以从中国出发的"世界教育学"和"大教育学"为根本追寻，赋予教育学以中国文化的特色，建设具有中国特色、中国气派的教育学，它服务中国社会和教育实践的发展，促进人的发展和社会的全面进步。我们应在对"人"的认识基础上，探索中国教育运行的特殊规律，形成我们的理论框架、研究方法和知识体系，处理好教育学发展中的引进和创新的关系、教育学的发展和教育实践的关系、教育学各分支学科之间的关系，确立教育学在整个科学体系中的地位，发挥中国教育学学科的系统功能，促进教育学的繁荣，并推动中国教育学走上世界舞台。为此，我们需要做到"六个坚持"。

（一）坚持教育学的学科自主

所谓教育学的学科自主，就是教育学研究者创生教育学学科、教育学理论。教育学虽是"舶来品"，但经过研究者多年的努力，其亦步亦趋的成分越来越少，独立创造的因子越来越多。因此，我们可以预料，中国教育学学科建设最终会走上独立创新的康庄大道。20 世纪国外教育学的输入，已经为我们独立地创造自己的教育学准备了足够丰富的"质料"，依靠中华民族五千年积累的智慧，我们有理由创造出具有中国特色的教育学学科。这需要教育学界的同仁通力合作。在此须指出的是，走这样的一条道路，是要摆脱教育学学科建设中仰人鼻息的窘境，而不是说拒绝对国外先进的教育学的吸收。在这样一个日益走向全球化的世界，除了无知的妄人之外，任何人都不会不承认学习他国的优秀理论成分对我们的理论创造的价值。

我们应在吸收与独立创造之间寻求一种合理平衡，扎根本土实践与教育传统，把西方的教育学理论作为"质料"来进行审视，以"重叠共识"为基点，进行理论整合。

我们要坚持教育学的学科自主，需要在教育学的学科建设上树立大教育学观，改变教育学的学科建设主要局限于学校教育的建设局面。学校教育应该是教育学研究的重要领域与对象。我们应该对学校教育内在规律做深入细致的分析研究，力争发现与揭示存在于学校教育现象中的普遍规律，通过对学校教育基本原理的探讨，去阐述教育活动的一般原理。但教育学仅仅以学校教育为研究对象，是对人作为完整生命发展主体的一种有意识的忽视，学校教育不是人的教育活动的全部，对学校教育内在规律的分析研究无法全面揭示存在于所有教育现象中的普遍规律，对学校教育基本原理的探讨不能代替对教育一般原理的探讨。因此，新时代中国教育学的建设，不仅要去关注学校教育，而且要超越学校教育，以终身教育为视野，把教育学学科建设拓展到人类教育活动的其他形式，特别要重视社会教育学的学科建设。

我们要坚持教育学的学科自主，更需要在教育学的学科建设上，把中国教育学史作为教育学中的一门基础理论学科去建设，对中国教育学史的学科性质、研究原则和方法等进行深入的思考，以促进中国教育学史的研究。我们需要梳理中国教育学历史发展过程中的重要事实，研究和了解中国教育学发展的全貌，对我国教育学的发展进行整体而深刻的反思，从中探寻出值得借鉴的启示，减少我们在教育学建设和发展中的盲目性，完整地把握已有的认识成果并进行创造性转化，进而提出真正能促进当前我国教育学发展的理论主张并付诸实践，以此促进中国教育学的建设。

(二)坚持教育学的学科自立

坚持教育学学科自立的一个必要前提是强调教育学的独立学术品质。既往的历史告诉我们，学科的意识形态化始终是教育学获得独立性、自主性的一个重要影响因素。我们既需要摆脱对政治的依赖，又需要摆脱对西方的依赖，还需要摆脱对其他相关学科的依赖。在总结历史教训的基础上，以探讨教育学的逻辑起点和教育学本身特有的概念、范畴、体系等为突破口，教育学将会一步步走上一条学科的自主、独立之路，实现学科自立。世界教育学发展的历史告诉我们，任何时代的教育学学科的自主性与独立性的获得，都是需要一定的社会文化条件支撑才能形成并长久存在下去的。教育学学科的独立、自主绝对不是一种普遍化、无条件的存在状态。因此，希望教育学完全摆脱政治、西方和其他学科的影响而实现学科的绝对自立是不可能的，新时代的中国教育学必须处理好与政治、西方和其他相关学科的关系。

新时代的教育学学科建设，特别要处理好教育学和其他相关学科的关系。教育学学术生产具有跨学科生长的特点，教育学知识体系不能脱离任何一门科学，需要其他科学的参与来发展教育理论和教育实践，教育学要借鉴其他学科的最新成果，以求形成促进教育学发展的巨大合力。教育学已与哲学、心理学、社会学、经济学、政治学、管理学、人类学、统计学、文化学、生态学等学科融合而生成了诸多新学科，大大地拓展了教育学可能的发展空间。这就需要我们积极开展跨界协同，打造中国教育学研究的学术共同体。

为了实现教育学的学科自立，我们要特别重视教育学研究方法的研究。教育属于社会现象和社会问题的范畴。教育中的许多问题需要借助科学的方法来研究，进而得出具有普遍性的科学结论。我们要规范并综合运用研究方法，提升中国教育学学科研究的科学性。当前，中国教育学的科学化水平有待进一步提高，我们需要积极引入定性和定量的多元研究方法，提高学科研究的信效度，注重方法运用的规范性，不仅体现出中国教育学研究的世界水准，而且要结合当代社会学科交叉发展的大背景，利用好与社会科学其他学科之间开展交叉研究的有利契机，通过研究手段和研究方法的大力创新，增强自身理论对当代社会复杂教育现象的解释能力，提升对新时代中国教育问题的解决能力以及指导人们教育实践的能力。需要明确的是，在教育学研究方法上我们要鼓励开展教育叙事研究、教育案例研究、教育统计研究等，但教育学以人的发展作为研究的起点和基础必然涉及伦理、价值、意义等层面的具体问题。因而，教育学研究不能简单以"叙事""案例""数据""统计"为标准，试图对教育现象做出深刻的新诠释、新判断和新建构。教育学学科建设必须要以事实为基础、以知识为核心、以思想为归宿。如果我们仅仅以事实为基准，那远离了教育学学科建设的最终目标。

（三）坚持教育学的学科自尊

教育学的学科自尊在于构建起完善的知识体系。从夸美纽斯的《大教学论》问世开始，中外的教育学研究者一直以来的一个理想追求便是构建科学的教育学体系。在当代中国，近年来教育学界的一个响亮声音便是构建科学的并具有中国特色、中国气派的教育学。[①]无论是一般化地呼吁构建科学的教育学体系，还是在特定的语境下呼唤"中国教育学"的创生，其实质都是在为教育学寻求一种确定的、刚性的知识体系。

这种追求如果追溯其哲学基础，可以还原到本质主义的认识论。在本质主义哲学被奉为经典、神圣的教条的年代，教育学理论和建构的确定性、刚性知识体系追求是唯一的努力方向。但是，近年来，随着后现代哲学的风行，鲜活的教育实践对封闭性知识的挑战，本质主义的哲学观在教育学领域受到了越来越多的质疑。作为一种非常有力的挑战，质疑本质主义的声音所持的哲学观往往被称为反本质主义、反普遍主义。可以预见，随着这股与本质主义、普遍主义相逆的思想潮流的涌动，即使教育学体系建构的堤坝不会被冲垮，中国的教育学界也会出现一种可以与教育学体系建构分庭抗礼的理论追求，那就是摆脱非历史的、非语境化的知识生产模式，追求教育学知识生产的历史性、地方性与语境性。教育学研究领域叙事潮流的蔚为壮观，在一定程度上就是这一趋势的反映。

对于这一趋势的出现，不少教育学研究者也许不无深深的忧虑：

---

① 侯怀银、王喜旺：《教育学中国化——一个世纪以来中国学者的探索和梦想》，载《教育科学》，2008(6)。

教育学是否会因此而完全失去其理论底色？事实上，在反本质主义者的头脑中，本质主义的对应词应该是"建构主义"。因为反本质主义给人的感觉是完全否认本质的存在，而建构主义则承认存在本质，只是不承认存在无条件的、绝对的普遍本质，反对对本质进行僵化的、非历史的理解。尤其不赞成在种种关于教育本质的理论中选择一种作为"真正"本质的唯一正确的揭示。在教育这样一个人文、社会世界，不可能存在无条件的、纯粹客观的"本质"，所有的本质都是有条件的，它必然受到社会历史等因素的制约。因此，我们对所谓教育的"本质"，应该采取一种历史的与反思的态度，把所谓教育原理、教育学知识系统事件化、历史化。原理、知识系统的事件化、历史化必然不是完全体系化的，但其丰富的理论内涵依然存在，只是其理论意蕴与特定的社会文化条件结合在一起了，绝不是完全丧失理论品格。

（四）坚持教育学的学科自强

教育学的学科自强主要从自身而言，是教育学学科分化和综合的过程中形成的强大体系。目前的教育学研究虽然出现了一定的分化趋势，但是，这种分化还不够，许多深层、细微的研究对象还有待我们从新的学科视角去发现、认识它们。因此，大范围的学科分化的保持与扩大是必要的。随着学科分化的进一步加剧，一些新的交叉学科、专门学科，如教育环境学、教育物理学等学科，会渐次出现在研究者的视野中。不过，这种大面积的学科分化并不排除在局部发生教育学学科综合的可能。随着学科分化的深入，当在某一层面研究者发现几门学科可以相互融通之时，学科的综合便会发生。只是学科的分化、深入没有达到一定程度的时候，这种学科之间的暗道相通不会被人发现，学科的综合就无从谈起了。

教育学的学科自强体现在教育学不仅要立于学科之林，而且要在中国教育实践中确立其应有的地位。中国教育学是根植于中国教育实践的教育学。我们的眼光既是世界的，又是民族的，我们应该在全球视野基础上，积极地关注、研究和解决中国教育的实际问题，进行基于中国立场、反映中国问题、凸显中国风格、汇聚中国经验的中国教育学建设。中国教育学前行的每一步都必须根植于反映独特国情的中国教育实践，结合新时代政治、经济、文化的变化，结合教育生态的变化，结合教育实践面临的新问题，扎根中国教育实践的沃土，生长出真正的中国教育学。特别值得指出的是，随着人工智能、信息技术的发展，教育变得更加无时不在、无处不在。同时随着技术化向纵深方向发展，信息技术从工具变成教育关系的一部分，教育的目的、内容和形式都在发生着改变，这就导致人机交互可能会在很大程度上改变传统的教育关系模式。基于教育实践活动的时代变化，新时代中国教育学的发展必须扎根新的教育实践，研究教育的新现象和新问题，构建顺应时代发展的新的理论体系，尝试从人工智能时代的研究视角探讨教育与社会、与人、与自然的关系，以发现新的教育基本规律。

（五）坚持教育学的学科自信

教育学的学科自信主要表现在教育学人的自信。首先，就中国教育学与国外教育学的对话方面，中国教育学人是自信的。我国教育学界在一系列重大的教育学理论问题上，有不同的见解和观点，形成了独特的中国风格的教育思想和理论。中国教育学人可以与国外教育学人互通有无、公平对话，而不是依赖国外教育学的发展而发展。其次，中国教育学人对教育学实践的发展是有发言权的。新中国成立 70 年来，中国教育学人依据中国教育实践的发展创造了很多本土的思想和理论，如主体教育、新基础教育、情境教育、生命教育、新教育，等等。再次，中国教育学人在其他学科的学人面前是自信的，因为中国教育学再也不是钱锺书先生笔下的被人瞧不起的学科了。教育学的综合复杂性决定了其与其他学科之间的密切关系。最后，中国教育学人在教育学的学习者面前是自信的。因为中国教育学人可以给学生讲清楚中国教育学，而且讲的是中国的教育学，而不是从其他国家照搬照抄来的教育学。这启示中国教育学人要坚持教育学的学科自信。

（六）坚持教育学的学科自觉

70 年来，中国教育学的发展历程就是一个学科建设从引进、建立到带着自觉的体系意识去建设的过程。从这一发展逻辑顺延，教育学理论建设的体系化是一个必然的路径。只是我们目前的教育学体系化建设，仍然存在着浮躁的不良倾向。我们不能忙于通过引进西方的相关学科或匆忙地移植其他学科以"填补空白""抢占阵地"，而应踏踏实实地对大的学科或某一学科的体系应如何构建进行创造性研究。抛弃浮躁之风，更为从容而扎实地对一个个子学科与大教育学的逻辑起点、建构的内在逻辑、体系构架等问题进行深入研究，将会成为中国教育学研究者未来努力的方向之一。特别需要指出的是，中国教育学不仅要突出"中国"两字，还要在新时代背景下，从人类命运共同体出发，通过缩小与西方之间的"话语逆差"，增强设置国际议题的能力等方式，建成世界一流教育学学科，在学科竞争力和学术话语权上进入世界前列，整体提升国际教育学界对中国原创和中国贡献的显示度、能见度、理解度、接受度、认同度和运用度。中国教育学既要为中国教育实践提供理论指导，又要在国际社会共同关注的教育问题上做出"中国贡献"，在世界教育学知识谱系中增添"中国智慧"，在国际学术标准和规则的制定中发出"中国声音"，最终促进教育学的整体进步。

四、中华人民共和国教育学史的研究价值和本丛书的研究宗旨

站在 70 年的节点，我们很有必要提出"中华人民共和国教育学史"。"中华人民共和国教育学史"这一概念和命题的提出，正是回顾、反思与展望中华人民共和国教育学 70 年发展历程的学术结晶。

中华人民共和国教育学史研究具有独到的学术价值：第一，有助于拓展中国教育学史的研究领域。第二，有助于推进中国教育学的学科发展。教育学史在教育学发展过程中的重要作用越来越凸显。研究中国教育学史既是为了镜鉴于现实，也是为了推动我国教育学术的传承发展。中华人民共和国教育学史，实际上给我们提供了一面镜子，让我们更清楚地认识到，中国教育学人以前做了什么，现在还需要做些什么。我们系统梳理前人之思，有利于进一步明确中国教育学发展方向，推进教育学在中国的建设和发展。第三，有助于中国教育理论的完善和教育改革的推进。第四，有助于推进中国人文社会科学的建设和发展。教育学与人文社会科学各个学科的发展都有着密切联系，中华人民共和国教育学史的研究涉及中国人文社会科学各学科发展史的研究。中华人民共和国教育学史的研究不仅从一个侧面反映出中国人文社会科学的发展历程，而且也有助于推进中国人文社会科学相关领域的探索。

中华人民共和国教育学史研究具有独特的应用价值：第一，有助于推进中国教育系科的改革。教育系科史是本丛书的重要研究内容，通过对中华人民共和国教育学史的研究，一方面可以提供中国教育系科改革的历史经验，另一方面可以推进中国大学教育系科对已有传统的传承创新，形成其发展特色。第二，有助于推进中国教育学教材的系统建设，特别是作为一门学科的教育学教材的建设。第三，有助于整体推进中国目前"双一流"大学建设背景下教育学的学科建设。在当下高校追寻"双一流"的背景下，教育学在大学中如何存在越来越受到重视。一流大学，应该有一流的教育学学科。中华人民共和国教育学史的研究，既有利于我们总结教育学曾经的发展状况，又可为当下教育学发展路径的寻求、学科地位的确立、发展危机的解决，提供基于历史的经验和策略。第四，有助于我们在梳理和总结中华人民共和国教育学史的基础上，让民众更好地认识教育学、走进教育学，提升教育学的社会地位，使教育学不仅成为教师的生命性存在，而且成为一切与教育工作有关的人的生命性存在。

纵观中华人民共和国教育学 70 年研究历程，虽然研究者对中华人民共和国成立以来的教育学分支学科发展史、教材史、课程史等进行了相关研究，但总体上看，研究还不够充分和深入。特别是中华人民共和国教育学史这一主题还未有人研究过，已有研究与之相似的也只是对 20 世纪中国教育学发展的梳理，尚未将 21 世纪初的教育学发展统整融合。21 世纪初的教育学发展有何变化，中华人民共和国的教育学发展至今有何特点，是否形成了自己的一套体系，教育学发展到了何种规模，已有研究都尚未论及。具体来讲，需要进一步探讨、发展或突破的空间主要有以下三个方面。

第一，历史研究需要拓展和深化。已有研究多是在回顾 20 世纪中国教育学史时，将 20 世纪下半叶的中国教育学史以改革开放为界限分为两个阶段进行研究的，但是对中华人民共和国成立以来，特别是 21 世纪初的中国教育学发展史尚未进行专门研究。国人在 20 世纪 20 年代就意识到，仅仅移植国外的教育学并不能解决中国的教育问题。有鉴于此，国人提出教育学中国化、本土化的口号，但是教育学真正的中国化是在中华人民共和国成立之后形成的。因此，我们认为有必要在研究国外教育学的引进及其影响的基础上，对中国教育学的发展历程及其特征进行专门研究，进而对教育学主要分支学科发展史和教育系科发展史进行研究。

第二，预测研究需要巩固和加强。历史研究的一个追求就是要预测未来。教育学在 21 世纪初的中国如何发展，需要根据教育学中国化以来的教育学发展进行前瞻式研究，在此基础上进行科学的预测。我们注意到，已有研究对教育学史进行历史研究的较多，但是对教育学的未来发展趋势进行预测研究的尚显薄弱。有鉴于此，我们认为应该在整理史料、理性反思的基础上进行未来学意义上的研究。

第三，研究方法需要深入理解和诠释。关于中华人民共和国教育学史的研究，最好的研究方法当然是历史研究，但是仅仅用历史研究法研究教育学史远远不够。我们需要突破收集和整理史料的局限，在理解、解释的基础上总结并反思教育学的发展规律。

正是基于中华人民共和国教育学史研究的不足，我们申报了国家社会科学基金"十三五"规划 2018 年度教育学重点课题"中华人民共和国教育学史"，并获立项（课题批准号 AOA180016），本丛书是该课题的结题研究成果之一。感谢全国教育科学规划领导小组办公室对本课题的支持。

中华人民共和国教育学史研究的核心关键词为"中华人民共和国"与"教育学史"，前者指明研究范围，后者明确研究对象。展开中华人民共和国教育学史研究，需要厘清的主题为：教育学史的性质、教育学教材的发展、教育学二级学科的演变、教育学课程的状况及教育学者的相关论争等。

正是在这个基础上，我们本着"为国家著史，为学科立传，为后世留痕"的信念，遵循历史与逻辑相统一的原则，准确定位逻辑主线，注重把握中华人民共和国教育学史与 20 世纪上半叶教育学发展的连续性，注重从学科史切入，并将学科史与思想史相结合，注重对重要的教育学专著、教材等进行深入研究，带着历史的厚重感与时代的责任感，开始了对中华人民共和国教育学史的研究和写作。

本丛书旨在对中华人民共和国成立以来教育学各分支学科的发展进行全方位的研究，梳理各学科 70 年来的发展历程、取得的进展与成就，分析出现的问题与不足，展望未来的建设与发展。本丛书一方面力图"全景式"呈现教育学体系内分支学科知识体系的全貌，另一方面力图"纵深式"探究教育学及其分支学科内在的逻辑理路。研究坚持逻辑与历史相统一、整体与部分相协调、事实与论证相结合的原则。各卷的研究，突出了中国教育学的发展过程，对其形成、特点和争论等进行了必要的讨论，并以此为主线确定了各学科的阶段划分、进展梳理与学科反思。特别是对 70 年来各学科的重要专著、教材和论文进行了梳理和评述，既在书中呈现中国特色社会主

义教育学学科的发展状况，又要凸显研究者及其专著、教材和论文
对中国特色社会主义教育学形成和发展做出的贡献。需要说明的是，
由于各学科的发展现状及已有研究基础不同，因此，承担各卷写作
任务的作者根据实际情况采取了相应的撰写方式。对于教育哲学学
科、教育社会学学科这两个教育学原理学科下属的分支学科，作者
在对学科历史发展做总体性叙述后，据学科理论思想采取专题撰写
的方式展开；对于其他二级学科，采取了大体按历史分期的方式叙
述。发展阶段的划分尽量按学科内在发展逻辑进行，不拘泥于社会
历史分期。

在丛书撰写的过程中，我们提出了研究的要求，明确了三个方
面的意识：各学科的 70 年发展史如果是前人没有或少有涉及的，那
就要有明确的标杆意识，研究成果应该体现当代中国学者的最高水
平；如果学术界已有先期成果，那就要有明确的超越意识，达到新
的高度；如果作者曾有过相应成果，那就要有明确的突破意识，寻
找新的角度，进行新的思考，突破自己，切忌重复、克隆自己。

具体来讲，本丛书确定了以下八个方面的要求。

第一，丛书各卷研究的时限为 1949—2019 年，不向前后延伸。
研究中把握好重大时间节点。有的学科发展考虑到问题本身的连续
性，必要时可适当向前延伸，但不宜过多。

第二，丛书各卷的撰述范围限于中华人民共和国内各学科的发
展，以中国共产党领导下的教育学发展为主。

第三，不刻意回避教育学发展中的意识形态属性，撰写时不做
主观评价，撰写的原则是立足史实、客观叙述。

第四，坚持"以史为主，史论结合"的研究宗旨。研究以史实为
依据，在梳理清楚基本事实的基础上，做出准确分析和客观评价。
书中所阐述的史实应经得起不同时代不同读者的推敲和质疑，在写
作中应避免将历史和现实"比附"。

第五，充分掌握国外教育学学科的发展历史，以及国内外研究

的最新动态，使自己的研究有一个高的起点。研究方法上以历史法和文献法为主，兼及访谈和数据分析。

第六，坚持广博与精深的结合。一方面，应立足中华人民共和国70年的发展，全方位呈现自己所写学科的发展进程，不宜只介绍某几个方面；另一方面，写作中要抓住重点，对于学科发展的主要方面，着重笔墨、深入研究，避免史料文献的盲目堆积，在撰写中对于还不成熟的资料与推理以不介绍为宜。

第七，梳理学科发展史，既要见人又要见事。对于在学科发展中做出突出贡献的代表人物及其思想，写作时需有体现。

第八，处理好教育学学科发展和教育事业发展的关系，把共和国教育学70年的研究与共和国70年教育事业发展的研究结合起来。特别是教育学原理、课程与教学论、学前教育学、高等教育学、成人教育学、特殊教育学学科的研究，要处理好学科发展史与基础教育事业、学前教育事业、高等教育事业、成人教育事业、特殊教育事业的关系，要分别以各领域教育事业的发展为基础进行阶段划分、进展梳理和学科反思。

本丛书的出版，对于中国教育学史研究和中国教育学的发展是大事，更是幸事，具有重要的学术价值和现实意义。

从学术价值来看，教育学史越来越凸显其在教育学发展过程中的重要作用。我们开展中国教育学史的研究，既是为了推动教育学术的传承，也是为了在传播中促进教育学的发展。

从现实意义来看，学习和研究教育学的人也需要很好地了解本学科的发展史，明确研究基础和学科定位。本丛书以教育学分支学科为经，以学科发展为纬，其研究成果可为学习、研究教育学的人提供阅读书目和参考资料。

本丛书成书之际，北京师范大学出版社推荐其申请了《"十三五"国家重点图书、音像、电子出版物出版规划》项目，在此表示感谢。

本丛书共12卷。总论卷分上、下两卷，由山西大学侯怀银教授等撰写；教育哲学卷由南京师范大学冯建军教授等撰写；课程与教学论卷由山西大学郑玉飞副教授撰写；德育原理卷由江苏大学张忠华教授撰写；教育史学卷由山西大学孙杰教授撰写；教育社会学卷由青岛大学王有升教授撰写；比较教育学卷由西南大学王正青教授撰写；学前教育学卷由山西大学王福兰副教授撰写；高等教育学卷由山西大学侯怀银教授等撰写；成人教育学卷由山西大学桑宁霞教授撰写；特殊教育学卷由南京特殊教育师范学院马建强教授等撰写。

　　本丛书得以出版，要感谢来自各个高校的专家学者，感谢每一卷的作者，感谢北京师范大学出版社郭兴举、鲍红玉等老师的支持和辛勤工作。由于水平有限，本丛书难免有疏漏，恳请专家和读者批评指正。

侯怀银

2019 年 9 月 26 日

目　录

绪　论

　　新中国辉煌发展的 70 年，也是新中国教育学全面发展的 70 年。70 年中，新中国的教育学科由一元走向多元，由借鉴走向自主，由单一走向多样。新中国 70 年教育学科发展的历史，是教育学科逐步繁荣的历史，是多机构、多部门、多主体凝神聚力，为教育学科添砖加瓦的发展史。教育学科的繁荣，离不开每一个学科的发展。课程与教学论学科作为教育学的一个重要分支学科，其发展历程与新中国教育学同呼吸、共命运，既反映了新中国教育政策的变迁史，也见证了我国教育改革，尤其是基础教育改革的发展史，也是众多课程与教学论研究者为学科奉献智慧的历史。站在新中国教育学 70 年发展的历史末端，回顾学科发展的成就与得失，需要从政策发展、学科发展、学人发展、实践发展等领域进行全面梳理，方能对课程与教学论学科的发展全貌进行概览，以为日后该学科的发展奠定扎实的基础。

一、课程与教学论学科发展阶段

　　现在我们提及的课程与教学论学科，多是指教育学一级学科下的一个二级学科。学科的分类为学科发展提供了依托，也为学科发展提供了范围，使学科能够在教育学一级学科内，与其他学科各自独立又相互支持地发展。新中国成立 70 年来，课程与教学论学科的发展阶段、发展成就是与具体的事件和人物密切相关的。本书的研究与写作依托过往相关研究、事件、人物，在尊重具体事实与研究的基础上，进行梳理与总结。

课程与教学论学科是两个学科的整合，是教学论与课程论在一起的整合。从世界教育发展史上看，教学论的发展源自欧洲大陆，1632 年夸美纽斯《大教学论》一书问世，标志着教学论有了独立的地位；而课程论的发展则是到了 20 世纪初期，1918 年博比特《课程》一书的出版，标志着课程论有了独立的发展。新中国成立后的 70 年间，课程与教学论学科的发展大概可以分为以下几个阶段。

第一阶段，依附阶段（1949—1977 年）。从新中国成立到改革开放前，我国的教学论隐藏在教育学中，课程论则作为教学内容而存在着。换言之，在新中国成立之初，教学论与课程论都没有独立的学科发展状态，这样的状态一直持续到改革开放之后。已有的相关研究在谈及改革开放前教学论的学科发展时，大部分将这一阶段作为一个相对独立的发展阶段。1989 年，董远骞在回顾教学论发展的40 年历程时，将发展特征定位为"曲折的路"①，并且将新中国成立后教学论的发展划分为三个时期：①新中国成立初期（1949—1966 年）是引进苏联教学论、批判旧教学思想并开始为新中国教学论初步探索的阶段。②"文化大革命"时期（1966—1976 年），是教学论的低潮时期。③新时期（1976—1989 年），特别是 1978 年 12 月中国共产党第十一届三中全会的召开，迎来了教学论发展的春天。该时期是为创建具有中国特色的社会主义教学论而探索的时期。1993 年，王策三在书写教学论的历史与现状时，将新中国成立之后的教学论发展阶段特征概括为三个：①新中国成立初期全面学习苏联；②独立

---

① 董远骞：《一条曲折的路——教学论发展的四十年》，载《华东师范大学学报（教育科学版）》，1989(3)。

的探索和严重的挫折；③开创新局面。① 张传燧在总结新中国成立
以来教学论的发展阶段时，也持有类似的划分标准，将这个阶段划
分为独立的阶段。1950—1978 年为第一阶段，我国教学论发展以引
进、学习凯洛夫为代表的苏联教学论为主，同时开始了当代教学论
的初步探索。② 新中国成立之后，教学论的发展以引进和学习苏联
教学论为主要任务，在学习与借鉴中，逐渐结合中国的教学实践，
印证和丰富苏联的教学理论。

　　新中国成立之后，课程论的发展阶段与教学论类似，也在引进
苏联教育学的过程中，学习苏联的课程理论。例如，张敷荣、张武
升关于新中国成立以来课程理论与实践的回顾与展望研究中，也将
课程论的发展分为四个阶段：①第一阶段是从新中国成立初到 1958
年"教育革命"开始前。这一阶段主要进行了两个方面的相互交错的
工作，即全面引进和学习苏联的课程理论与教材，同时创建自己的
课程理论与教材。②第二阶段是从 1958 年"教育革命"到 1966 年"文化
大革命"开始之前。③第三阶段是从 1966 年到 1976 年的"文化大革命"
时期。④第四阶段是从"文化大革命"结束到现在的历史新时期。③

　　从以上研究可以看出，新中国成立到改革开放前，课程与教学
论的发展还不能作为一个独立发展阶段，其基本特征是学科发展依
附于教育学发展，在学习与引进苏联教学论的过程中，进行了最初
的独立探索。

　　第二阶段，独立阶段（1978—1989 年）。这一时期，教学论与课
程论逐步成为独立发展的学科，分别有了独立的学科发展意识。独

　　① 王策三：《教学论的历史和现状》，见成有信：《教育学原理》，开封，河南教育出
版社，1993。
　　② 张传燧：《论 21 世纪中国教学论发展趋向》，载《广西师范大学学报（哲学社会科
学版）》，2002(3)。
　　③ 张敷荣、张武升：《建国以来课程理论与实践的回顾与展望》，载《华东师范大学
学报（教育科学版）》，1990(4)。

立发展的意识在上个阶段已经有潜在的萌芽，改革开放之后，随着教育学科迎来新的春天，教学论与课程论的独立意识更突出。这一意识主要表现在：有一批学者专门从事教学论与课程论的研究，发表了系列研究论文，探讨教学论的学科独立问题；有一批教材出版，供在校大学生、广大中小学教师及相关研究者使用；成立了专门的学术组织，召开学术年会讨论学科的相关问题。在树立独立意识的同时，学界也积极引进和介绍世界其他国家的教学理论研究成果，针对我国教学实践的问题以及理论发展的需要，积极探讨学科的基本问题。例如，课程论的独立。1980 年，人民教育出版社正式成立了课程教材研究所，1981 年创办发行了专门研究课程等问题的杂志《课程・教材・教法》，课程理论研究进入了一个新的阶段，其最显著的标志是课程理论逐渐从普通教育学教学论中分离出来，成为一个独立的研究领域，其研究的范围扩大了，涉及的问题包括知识与课程的价值观、课程的学科位置与性质、课程的现代化、课程编订的理论与方法、教材的建设等。[①] 这一时期，相关学者发表了数篇论文讨论学科发展的问题，主要的文章有：陈侠的《课程研究引论》（载《课程・教材・教法》1981 年第 3 期），王策三的《简谈教学论的研究对象、任务和方法》（载《教育研究》1985 年第 9 期），陈侠的《课程论的学科位置和它同教学论的关系》（载《课程・教材・教法》1987 年第 3 期）。这一时期的教材主要有：游正伦编著的《教学论》（教育科学出版社 1982 年），董远骞、张定璋、裴文敏著的《教学论》（浙江教育出版社 1984 年），王策三著的《教学论稿》（人民教育出版社 1985 年），吴杰编著的《教学论——教学理论的历史发展》（吉林教育出版社 1986 年），路冠英、韩金生的《教学论》（河北教育出版社 1987 年），关甦霞编著的《教学论教程》（陕西师范大学出版社 1987 年），

---

① 张敷荣、张武升：《建国以来课程理论与实践的回顾与展望》，载《华东师范大学学报（教育科学版）》，1990(4)。

罗明基主编的《教学论教程》(黑龙江人民出版社 1987 年)，刘克兰编著的《教学论》(西南师范大学出版社 1988 年)，陈侠著的《课程论》(人民教育出版社 1989 年)①，钟启泉编著的《现代课程论》(上海教育出版社 1989 年)。

第三阶段，发展阶段(1989—1997 年)。进入 20 世纪 90 年代，教学论与课程论学科进入了兴盛发展时期，主要表现为两个学科各自有独立研究的问题域，并持续深入探讨其中的问题。教学论学科体系努力摆脱苏联教学论的体系范畴，构建有中国特色的教学论体系。课程论学科在吸收外域理论与经验的过程中，注重与我国课程改革实践结合起来，努力为实践提供理论支撑。教学论注重自身理论体系的探索，形成新的范畴体系。李秉德主编的《教学论》构建了学生、教师、目的、课程、方法、环境、反馈七要素为框架的新的、完整的教学论体系，并在 1991 年由人民教育出版社出版，反响良好，"此教材体系完整，结构严谨，观点新颖，有较高理论水平，是目前国内同类教材中较好的一部"②。这一时期，教学论的著作主要有：唐文中主编的《教学论》(黑龙江教育出版社 1990 年)，李秉德主编的《教学论》(人民教育出版社 1991 年)，吴也显主编的《教学论新编》(教育科学出版社 1991 年)。

第四阶段，融合阶段(1997—2001 年)。1997 年，国务院学位委员会公布新的学科调整规划，将课程论、教学论、学科教学论融合起来，设立新的二级学科"课程与教学论"。从此，课程与教学论学科就以新的姿态迎来了新的发展机遇。许多高校开始对课

---

① 陈侠回忆说：我写的《课程论》于 1987 年 8 月发稿，经过 20 个月的排校、征订、印装过程，终于在 1989 年 4 月底看到样书。参见陈侠：《〈课程论〉出版以后》，载《课程·教材·教法》，1989(12)。

② 李定仁：《一丝不苟　精益求精——记李秉德先生主编〈教学论〉经过》，见王嘉毅、李瑾瑜、王鉴：《当代课程与教学研究新进展：李秉德先生诞辰一百周年纪念文集》，12 页，北京，人民教育出版社，2012。

程论与教学论学科进行整合，具体表现在将共同的学科问题进行整合研究，原先从事两个学科研究的人员逐步合并，研究队伍壮大起来。在学科建制上，教学论与课程论融合为一个学科，但各自关注的问题还是各有特点。21 世纪以来，教学论学科专注于建立面向新时代的教学论，并对当时和以往的教学论进行了深刻反思，或者说是在反思的基础上，谋求建立新的教学论。而课程论研究则专注于与当时课程实践的结合。1997 年，中国教育学会批准成立全国课程专业委员会，并于当年在广州召开了首届全国课程学术研讨会，1999 年在广西师范大学召开的第 2 届课程论年会主题是"21 世纪中国课程研究和改革发展"。连续两届年会关注课程改革，展现出课程论研究关注当时课程实践的基本趋势。

第五阶段，繁荣阶段（2001 年至今）。2001 年《基础教育课程改革纲要（试行）》的颁发，启动了新一轮基础教育课程改革。这一次由中央教育行政部门启动的自上而下的全国范围的课程改革，直接推动了课程与教学论学科的发展，使其成为教育学一级学科中的显学。这一时期的显著特点是理论研究与改革实践紧密结合，学科边界逐步扩展，形成了课程与教学论学科群。它与其他学科相互渗透，借助其他学科的研究成果，丰富课程与教学论的研究内容，拓宽了学科的研究范围。这一时期，相关研究成果大量涌现，著作、论文、实践改革经验标志着学科发展的繁荣。

二、课程与教学论学科的发展成就

梳理新中国成立至今 70 年的发展历史，课程与教学论学科发展取得了极大成就。作为教育学学科的重要分支，课程与教学论推动了教育学学科的发展，为教育实践改革与发展提供了重要的理论支撑。课程与教学论成为大学教育学专业的核心课程，并作为研究生招生专业，学习过该课程或受过专业训练的人员有力地推动了课程与教学理论和实践的发展。

第一章

课程与教学论的依附阶段
(1949—1977 年)

新中国在成立之初就借鉴苏联教育经验，确立了基础教育教学体系。我们将苏联教育中注重扎实的理论支撑、重视教师的作用、使用科学系统的教材、组织规范有序的课堂等适合我国基础教育发展的有益经验借鉴过来，逐步建立起了正规、有序的教学体系。而教育界对有效支撑、论证这些经验的苏联教学论的引进和学习，则成为新中国课程与教学论学科的开端。虽然当时的苏联教学论并没有独立，是苏联教育学"三分科"（教育原理、教学论、德育论）①中的一科，但其作为苏联教育学中最重要的部分，有清晰的研究对象、完整的话语体系，能够有效指导教学实践，引起了广大学习者的重点关注。即便是苏联教学论依附于苏联教育学，但在新中国成立之后的近 30 年中，其在我国教育理论领域和实践界依然有着举足轻重的地位。

在这近 30 年中，苏联教学论作为苏联教育学的重要组成部分，依附于苏联教育学，与苏联教育学同呼吸、共命运，经历了大起大落的坎坷，显示出苏联教学论的影响力。近 30 年间，苏联教学论在

---

① 石鸥：《面临考验的教育学边界——关于教育学三分科的理论思考》，载《教育研究》，2000(2)。

我国经历了引进、批判、批倒三个阶段。苏联教育学的总论、教学论、教育理论、学校行政和领导四个部分中，教学论所占比例最大，也是最吸引学习者目光的部分。在引进学习苏联教学论的过程中，我国也进行了一些自主探索。"文化大革命"期间，苏联教育学和教学论受到批判，教学论学科遭到严重破坏。此时教学论学科的基本特点是依附于教育学；教学论与课程论及学科教学论混合在一起，尚未明显分化；学科的研究方法主要是经验总结法与古今中外法。

第一节　苏联教学论依附于苏联教育学

新中国成立前，东北解放区在建设新型正规教育过程中，有的学校就开始学习苏联的办学经验，编辑出版关于苏联教育的理论著作，开启了中国引进与学习苏联教育学的序幕。中国学校最先认识苏联学校的教学经验，是从"五级计分制"（又称"五级制计分法"）的教学评价开始的。同时，大量关于苏联教育理论的著述被翻译和介绍进来，其中关于苏联教学理论的内容占有很大比重。学习和利用这些理论指导教学实践，建设正规的学校教学，成为当时关于教学论的主要内容。苏联教学论作为苏联教育学的重要组成部分，两者共荣辱、同命运。在引进和学习时，教育界将其作为重要内容对待，批判和摒弃时也将其作为主要部分丢弃。

一、苏联教学论与苏联教育学共享盛誉

新中国成立之初，学校要以教学为中心，努力提高教学质量，是当时学校教学的主要任务。苏联教育中关于教学的理论自然就成为译介内容的首选。当然，这时关于苏联教学理论的译介是与苏联教育理论一起引进来的，是作为苏联教育理论的一部分翻译和介绍的。从东北教育社主办的《东北教育》杂志 1950—1952 年刊载的苏联教育文章，以及《人民教育》杂志 1950—1952 年刊载的苏联教育论文

看，其中以教学为主题的论文占比较大。这些主题多关注教学思想性、教学的具体方法以及教材的编写等。教学思想性方面，主要学习苏联教学论的方向性，以及批判资产阶级的教学论。《人民教育》创刊号刊载了苏联教育学者冈察洛夫的《教育学》一书中的《实用主义与实验主义的教学论批判——教育原理教学论节录》，旨在强调教学思想正确的方向问题。学界也通过译介《克鲁普斯卡娅论在教学过程中培养共产主义世界观》(载《人民教育》1950 年第 3 期)等类似的研究来把握教学的思想与方向。

(一)教学论是重要内容

20 世纪 50 年代初，在教育领域全心全意学习苏联教育学的过程中，苏联教学理论是主要学习内容之一。在多种多样学习苏联教育理论的活动中，无论是聆听专家讲座还是研读交流苏联教育学著作，苏联教育理论中关于教学的部分即教学论部分，是当时学习的重点(见表 1.1)。一方面，当时翻译介绍过来的苏联教育学著作中，教学理论部分都占有很大的篇幅。例如，凯洛夫主编的《教育学》(1950 年版)中教学理论(教学法)部分占了三编中的一编内容，上、下册正文共 568 页，教学理论部分有 167 页，占 30%；奥戈罗德尼科夫和史姆比辽夫著的《教育学》(1951 年版)中教学理论(教学法)部分占了四部中的一部，全书共 652 页，教学理论部分有 180 页，占 28%。另一方面，在各位专家的讲座报告中，教学理论也是重点内容。为什么为广大中小学教师开设的讲座报告都重点讲授苏联的教学理论呢？因为当时的教师需要苏联先进的教学理论做指导；还因为"苏联是最重视教学理论的研究的"，而且"苏联的教学理论是世界上最先进、最科学的教学理论"[①]。苏联教育学论著的重点在于教学理论部分，说明当时苏联的教育研究中关于教学理论的研究是重要内容，也取

---

① 曹孚：《教育学通俗讲座》，54～56 页，北京，人民教育出版社，1953。

得了重要的研究成果。而中外专家的讲座也关注教学理论，主要是应听众的需要而开设。经过专家通俗易懂的讲解，加上各地各学校创设条件，积极开展学习活动，广大教师模仿、试用，苏联的教学理论很快进入了中国广大教师的脑海中，进入中国的中小学课堂。

表 1.1　部分专家开设的讲座报告内容

名称\ 讲座内容	曹孚的《小学教育讲座》①	《普希金教授报告记录》②	《普希金教授教育学讲演录》③
	第一讲：全面发展的教育	第一讲：教育和教学的历史性、阶级性；教育学上的基本概念	第一讲：苏联和人民民主国家教育的任务和原则
	第二讲：苏联先进的教学基本原则	第二讲：教学理论的概念及基本的教学原则	第二讲：科学的马列主义的教育学的本质及教育学上的几个基本概念
	第三讲：苏联的课程教学制度	第三讲：教学方法	第三讲：普通教育学校及大学的教导工作和原则
	第四讲：教学法（上）	第四讲：班级授课制及教学过程中的基本形式——上课	第四讲：普通教育学校的教学方法（七～十年级）
	第五讲：教学法（下）		第五讲：班级授课制及普通教育中教导工作的基本组织形式——上课
	第六讲：学业成绩考查与五级制计分法		第六讲：课外活动及教养、教育的意义
			第七讲：学校与家庭及学校对家长的工作

---

① 1952 年秋和 1953 年春，曹孚先生应上海市教育局邀请，为上海市小学教师做教育学的学习报告，报告的记录稿曾在上海《文汇报》发表，经过修订后由人民教育出版社在 1953 年 12 月出版。

② 1952 年 6 月，苏联专家普希金为北京市中小学行政领导干部及部分教师做了讲座报告，讲稿在《教师月报》上陆续发表，在 1952 年 11 月由教师月报社结集，内部出版。

③ 1952 年年底的寒假，普希金被邀请到中南区学校做了一系列讲座，讲座内容后被武汉教育社在 1953 年印行。

续表

名称	曹孚的《小学教育讲座》	《普希金教授报告记录》	《普希金教授教育学讲演录》
讲座内容			第八讲：班主任及其工作
			第九讲：普通教育学校及校长、教导主任的工作

　　苏联教育学中关于教学理论的部分是苏联教育工作者在几十年的教育实践中逐步积累起来的，"在实践中经过考验，证明它是正确的、有效的"[①]。更重要的是，苏联的教学理论是建立在"科学的辩证唯物主义的认识论的基础上的"，也"批判地接受了过去人类教育史上的文化遗产中的有用部分，克服了它们的片面性"[②]。凯洛夫在《教育学》中论述了教学基本理论，它包括教学过程、教养和教学的内容、上课是苏维埃学校教学工作的基本组织形式、教学法、学生知识的测验方法和评分方法五个部分。[③] 这些内容涉及学校教学工作的基本问题，也是现代学校教学中最基本的问题，即课程、教材、教法、考评等。苏联教学理论中对这些基本问题的主张，既有科学的辩证唯物主义做理论基础，也吸取了前人的理论研究与实践成果，还经过实践检验证明，一定程度上满足了我国教师提升理论水平的需求。

　　苏联的教学理论是一个较为完整的理论体系，它包含了教学任务、教学过程、教学原则、教学内容、教学方法、教学组织形式、教学评价等一系列概念或范畴。苏联教学论揭示了不少教学的基本规律，在人类学校教学发展史上做出了重要贡献。例如，它将人类的认识过程与学生的认识过程加以区分比较，运用马列主义认识论

---

① 曹孚：《教育学通俗讲座》，56 页，北京，人民教育出版社，1953。
② 曹孚：《教育学通俗讲座》，56 页，北京，人民教育出版社，1953。
③ 参见 [苏联]凯洛夫：《教育学(上册)》，53～220 页，北京，人民教育出版社，1950。

原理，将教学过程看作一种特殊的认识过程，揭示了教学过程的一般规律。又如，苏联的教学经验完善了班级授课制理论，在继承夸美纽斯和赫尔巴特等人的相关理论基础上，将课堂教学中的班、课、时进一步制度化、规范化。"上课是学校教学工作的一种组织形式，这种组织形式要求教师按照固定的课表，在规定的时间内对固定数目的学生——对一个班级，采取各种不同的方法进行教学，以便完成根据教学大纲的要求所规定的教学任务。"[①]这就为普通学校的课堂教学提供了一个最基本的框架，教师既可以按照此框架进行日常教学，也可以在此基础上变通，采取其他形式进行教学。

苏联的教学理论还提出了课的类型和结构的理论，将课按照课的任务和目的分为单一课、综合课、新授课等类型。苏联教学论中按照"实践—理论—再实践"的马列主义认识论公式，结合学生的认识特点，将教学过程分为"感知、理解、巩固、应用"四个阶段。具体到课的结构上，把一堂课分为"组织教学—检查作业—讲授新课—巩固新课—布置作业"五个环节。这样的环节反映了一般的认识规律，使教师在课堂教学时有了可以依据的程序和规范。教师在这样的程序组织下能够顺利完成教学任务，从而保证了课堂的教学质量。

苏联教育学中关于教学理论的部分主要有教学概念、教学原则、教学制度、教学方法等内容，而这个体系也构成了传统教学论的基本框架，也是我国教学论学科的基本体系。其中关于教学内容的部分，苏联教学理论将其作为教学的一部分，并不是独立内容，这是与当时苏联的具体教学实践紧密结合的，也与我国教学实践有很大的相似之处。因此，这一时期，教学内容就是教学理论的一部分，没有课程论的空间，课程论也就不可能是独立的学科，相关研究内容存在于教学论中。

---

① ［苏联］姆·阿·达尼洛夫、勃·朴·叶希波夫：《教学论》，441 页，北京师范大学外语系 1955 级学生译，北京，人民教育出版社，1961。

（二）苏联教学论受到盛赞

在学习苏联教育学的过程中，我国学者结合中国教育的具体实践，将苏联教育学的理论与之相结合，撰写出大量研究性文章，在当时作为学习苏联教育的成果呈现，也出版了一些著作。例如，1954年山东人民出版社出版的傅统先的《教学方法讲话》一书，就是学习苏联教学论的成果。该书在内容提要中写道：本书用讲话的方式，系统地介绍了苏联先进的教学方法，内容包括传授新知识的方法、加深和巩固知识的方法、训练技能和熟练技巧的方法、复习和检查的方法等。在讲述中尽量结合了一些实例，并着重讲述了各种教学方法的具体运用，以及选择和运用教学方法应注意的原则等。[①]这是结合中国实际的学习成果，可以算作苏联教学论中国化的成果之一。与此类似的还有何天林的《怎样学习苏联教学理论》一书，也是根据苏联先进教学理论，结合我国小学教学情况和作者自己的若干体会，通俗阐述关于教学理论、教学原则、教学制度、教学方法等问题的著作。[②] 融入作者体会的著作，既是在阐释苏联教学论，也是在尝试苏联教学论的中国化。

在全心全意学习苏联教育学的背景下，苏联教育学被视作当时最科学的教育理论，苏联的教学论也与其共同分享着一切盛誉，苏联教学论拥有"先进""科学"的名号，受到广泛关注与学习。像这样的句子成为描述苏联教学论的通用句式："科学的教学方法，它批判地接受了历史上所有各个社会在教学方法方面的遗产，再加上苏联三十多年的先进教学经验，因而它已获得了充分的发展。这些教学方法是世界上最科学、最进步的教学法。"[③]"苏联的教学理论是世界上最科学的、最先进的教学理论。它是建筑在辩证唯物主义的哲学

---

① 傅统先：《教学方法讲话》，"内容提要"，济南，山东人民出版社，1954。

② 何天林：《怎样学习苏联教学理论》，汉口，湖北人民出版社，1955。

③ 傅统先：《教学方法讲话》，4页，济南，山东人民出版社，1954。

基础上，批判地接受了人类教育史上的有用部分……"①"只有以马克思列宁主义哲学、社会学和巴甫洛夫高级神经活动学说为基础的科学教育学，才能彻底地和全面地阐明教学原则的科学基础或理论根据，才能真正地和充分地阐明教学原则的体系、本质和实施途径。"②这样的结果就是：苏联教学论被当时学习者心安理得地接受，成为学习者的不二选择。

当然，在学习苏联教学论的过程中，用什么样的态度学习以及怎样学习，也是备受关注的内容之一，因为这直接影响学习的效果，影响教学论中国化的程度。例如，"我们要认真地学习这种苏维埃的教学方法。但是在我们学习苏联的教学经验时，还必须密切结合中国的实际情况。目前我们中国的教学改革是以改革教学内容为中心工作，相应地改革教学方法。假如我们不掌握住这个方针，那末我们的学习就会本末倒置。这就是说，我们首先要领会教材的精神实质，要在认识上首先明确：通过这一课内容的教学，我们要求学生在知识、技能和熟练技巧方面达到什么程度，在他们的思想品德方面发生怎样的影响；只有在充分掌握了教学内容的目的性、思想性和科学性之后，我们才真有可能进一步考虑到如何把教材的精神实质传达给学生的问题。假如我们只学习了一套苏联的先进的教学方法，而对于教材本身的目的、思想却模糊不清，甚至于歪曲误解，那末我们就决不能正确地运用这些科学的教学方法。即使照样地搬用，也势必流于形式，达不到应有的教学效果"③。这是当时对待苏联教学论谨慎、理性的态度和方法。

二、苏联教学论与苏联教育学齐遭批判

在全心全意学习苏联教育学的过程中，学习者会发现苏联教育

---

① 何天林：《怎样学习苏联教学理论》，2 页，汉口，湖北人民出版社，1955。
② 车文博：《教学原则浅说》，"序言"2 页，武汉，湖北人民出版社，1958。
③ 傅统先：《教学方法讲话》，4～5 页，济南，山东人民出版社，1954。

学并不是完美无缺的，其中也有许多不符合中国教育理论传统，与中国教育实践不相符之处，也会遇到一些埋怨和抵制的声音。但是，这些并不是当时的主流，也并未公开讨论与批判。随着中苏关系的恶化，人们对苏联的态度发生了180度的大转弯，对苏联教育学的批判也公开化了。在批判程度上，人们对苏联教育学中的所有内容全盘否定，进行彻底批判；在批判内容上，重点揭露苏联教育学中的修正主义与资本主义的一面。作为苏联教育学的重要内容，苏联教学论也一起遭到批判。整体上看，当时对苏联教育学与教学论的批判是意识形态上的批判，并未从学术批评的角度进行深入的学术探讨。这样的批判对教学论的学科发展有百害而无一利。

（一）批判的动机与过程

从现有研究中可以看到，当时对苏联教育学的质疑和批判从学习苏联教育学之初就存在，只是比较零星，也没有公开化。直至在学习中走了弯路，发现了苏联教育有时难以与中国教育实际相结合时，质疑和批判才逐渐公开。当时的批判言论主要有两种：一种是对苏联教育和文化的反思，批判的对象是苏联教育；另一种是对学习苏联教育的行为和活动的批判。也即一种指向外部的苏联，一种指向内部的自我。现在所能见到的批判言论，由于是经他人转述，是反驳者出于自身需要，对这些言论进行了筛选和修饰。这些言论严格意义上是二手资料，在引用类似言论时，需要谨慎而为。例如，当时有人为了攻击学习苏联就提出，苏联先进经验就是"教条"，学习苏联先进经验者就是教条主义者，学习苏联先进经验是一种"殖民地学风"。[①]

随着中苏关系的恶化，原先对苏联教育学的那些零星的、不公开的批判逐步增多并且公开化，被许多人视作圣典的、"先进"的苏

---

①　张健：《学习苏联经验的成绩不是主要的吗》，载《人民教育》，1957(8)。

联教育学开始遭受一轮接一轮的批判。这些批判与政治相关联，与当时的国际局势相关联，国人对待苏联教育学及苏联教学论的态度发生了彻底的变化。以对苏联教育学经典著作——凯洛夫的《教育学》的批判为例，"因为学习或者是批判凯洛夫《教育学》，在很长的一段时间来讲不仅是教育工作上面的问题，而且可以这么说，它是政治态度、政治立场的问题。至于学不学它，是和当时在政治上向苏联靠拢紧密联系起来的。后来在批判它时，也是这样，你批不批它，你认为它不是一本修正主义的著作，也是一个政治态度、政治立场的问题，没有讨论商量的余地"①。

(二)批判的步骤与结果

批判分为若干阶段，"最初的批判就是直接表示对现状之不满意，批判方法以负面描述指出当前现状之恶，要求改善、改进、改革或改变"②，当时对凯洛夫《教育学》的批判就是处于批判的最初阶段，指陈批判对象的负面，直接指向其恶的一面。只是当时批判的主导思想被意识形态化，将学术的不全面一面升级到了意识形态的层面，批判缺少了学术味道，没有对批判对象进行学理分析，没有从学科发展角度进行有效批判，虽然对其进行了很大力气的批判，但批判的学理效果极差。

批判的步骤，一般而言，第一步是对于人文和社会事物从力求完美角度寻求其各种缺失、遗漏和错误。第二步是建构"新现实主义"，能解构其各种缺失、遗漏和错误；或者建构新世界观，攻击其错误命题。第三步是进行判断和掌握前，比较新旧时代、新旧社会和新旧制度的差异范围。第四步是通过批判进行意识形态思考，获

---

① 沈适函：《如何评论凯洛夫的教育思想》，见山西省教育学院教育教研室资料室：《评凯洛夫〈教育学〉论文选辑　教学参考资料》，66～67 页，出版年代不详。
② 刘胜骥：《科学方法论：方法之建立》，308 页，武汉，武汉大学出版社，2014。

得新时代、新社会或新制度的新知识，也就是建构批判理论。[①]从这个一般步骤看，对凯洛夫《教育学》的批判似乎也遵循着这样的步骤。例如，按照完美意识形态的标准，从凯洛夫《教育学》不符合这个标准的证据，发现其有不符合马克思主义教育学的观点，进而发现其"反对马克思主义的认识论"，认为是"伪科学"。然而，在当时的批判中，还运用了许多"小技巧"，或者说不全面、不客观的方法，如"掐头去尾"，抓住只言片语，分割语言情境，不从整体上分析，这就没有遵循批判的科学精神。同时，还运用夸张的语言、词语，把具有煽动性的语言和片面分析的技巧相结合，使批判产生了很大的影响力。这样的批判方法当然不可能带来科学的批判后果，也不会带来批判步骤中比较完美的一面，即形成新知识、建构新的理论体系。

当时批判凯洛夫《教育学》的后果，从大的方面而言，"把古今中外长期积累的丰富的教育遗产，一概污蔑为'封资修、黑货'……给我国教育事业造成一场前所未有的灾难性的大破坏"[②]，否定了新中国成立后17年的教育改革成果；从小的层面看，"大肆攻击学校里传授知识的工作，大肆攻击学生以学习间接经验为主，极力散布取消教育的反动谬论"[③]，极大地破坏了中小学教育的正常教学秩序，对我国教学论持续发展的影响是致命的。

第二节　学科未分化

新中国成立之初，教育学中的一些学科名词如"教学论""教学法""学科教学法"等在使用之时并没有明确的区分。在苏联教育学体

---

① 刘胜骥：《科学方法论：方法之建立》，310～312页，武汉，武汉大学出版社，2014。

② 方天培：《教学理论的批判继承和发展问题——兼评〈谁改造谁〉中"两种对立的认识论"》，载《杭州师范学院学报(社会科学版)》，1979(1)。

③ 鲁毅、吴林：《学校教育的主要任务是传授知识——兼批黑文〈谁改造谁〉》，载《南京师院学报》，1978(3)。

系中，"教学论"一词并不是学科意义上的专业称谓，其经常是做"教学理论"的简称。而"教学法"一词在我国使用比较早，在新中国成立之前，关于一般教学理论的探讨称作"教授法"。我国清末废科举、兴学校后，效法西方学制，师范教育广泛兴起，学校课程中设置了教授法一类课程，这些课程仍以教为主，学还处于后者。后来，在陶行知的主张下又改称为"教学法"，教学法是研究教学过程的规律，有普通教学法和学科教学法之分。研究各科教学的一般法则叫普通教学法，研究各学科的具体教学法叫学科教学法，如语文教学法、数学教学法等。

师范学校和高校使用的教材多是从国外引进，后逐步过渡到编译教材和书籍。当时相关人员曾译介、编著一些著作。称为教授法的著作有：孔文的《教授法通论》(时中学社 1903 年版)，商务印书馆编译所的《教授法原理》(商务印书馆 1913 年版)，蒋维乔的《教授法讲义》)(商务印书馆 1916 年版)，余奇的《教授法要览》(商务印书馆 1917 年版)，钱体纯的《教授法》(商务印书馆 1917 年版)。称为教学法的著作有：朱鼎元的《现代小学教学法纲要》(商务印书馆 1929 年版)，罗廷光的《普通教学法》(商务印书馆 1930 年版)，赵廷为的《小学教学法通论》(商务印书馆 1933 年版)，吴研国、吴增芥的《(新中华)小学教学法》(中华书局 1932 年版)，张瑞策的《小学教学法》(文化书社 1932 年版)，程其保的《教学法概要》(商务印书馆 1933 年版)，傅彬然的《小学教学法》(开明书店 1931 年版)，徐松石的《(实用)小学教学法》(中华书局 1931 年版)，郭鸣鹤的《现代教学法通论》(文化书社 1933 年版)，王镜清的《普通教学法大纲》(南方印书馆 1933 年版)，陈云涛的《新教学法大纲》(光华书局 1933 年版)，俞子夷、朱晸旸的《新小学教学法》(儿童书局 1934 年版)，俞子夷、朱晸旸的《新小学教材和教学法》(儿童书局 1937 年版)，赵演的《小学教材及教学法》(世界书局 1935 年版)，李清悚的《小学教材及教学法》

（正中书局 1936 年版），赵廷为的《小学教材及教学法》（商务印书馆
1935 年版），卢正的《教学法纲要》（上海广益书局 1929 年版），赵廷
为的《教材及教学法通论》（商务印书馆 1944 年版）。这些著作的内容
包括普通教学法、小学教学法、小学教材和教学法，主要受杜威教
学思想、桑戴克心理学等的影响，也仍保留了赫尔巴特的思想和
方法。①

　　虽然当时的"教学论"一词还没有明确的学科指向，但其基本指
向是普通的教学理论，而非具体的教学方法，这与新中国成立之后
的叫法不同，是受苏联教育学的影响而致。按照苏联教育学的思路，
我国学者也进行了拓展性研究，挖掘了古今中外教育家的教学论
思想。

一、教学论指称模糊

　　"论"字"从言从仑"，言明条理，与名词连在一起，通常指系统、
体系、条理的主张或学说，如"系统论"。按照这个解释，"教学论"
就是指关于教学的理论。当时人们学习的凯洛夫《教育学》共有三编，
分别是教育学总论、教学理论（教学论）、教育理论。按照这样的划
分，教学论还没有学科意义上的含义，就是"教学理论"的简称。查
阅相关资料可以发现，"教学论"一词是新中国成立之后，我国教育
学界从苏联教育学中借鉴来的名称，在此之前我国教育界并无此种
称谓。近年来，有学者在研究教学论学科发展历史时，会将学科发
展史追溯至民国时期，甚至考察民国时期教学论的演变，不免存在
"张冠李戴"之嫌。民国时期的教育学将我们后来的教学理论称作"教
授学"，后叫作"教学法"，并无"教学论"。何志汉在其《教学论稿》一
书中叙述了几个称谓的变化过程，"1912 年 2 月，陶行知在《时报副
刊》发表《教学合一》一文，生动而深刻地指出，当时在学校里做先生

---

　　①　董远骞、施毓英：《俞子夷教育论著选》，101 页，北京，人民教育出版社，1991。

的称'教员'，做的工作是'教书'，用的方法叫'教授法'，只有教师的教，没有学生的学，'学校'变成了'教校'"，"大约从这个时候开始，'教授法'就称为'教学法'了"。①他还评价说，这是一种进步的表现。他认为我国学习苏联教育学之后，开始使用"教学论"，这和"教学法"所研究的是同一范畴的问题。也有称为"教学原理"和"普通教学法"的，意思都是一样的。

新中国成立后，教育学界模仿苏联教育学中的叫法，在论述某位思想家或某位人物关于教学的主张，概括其教学理论时，也将其称为教学论，如卢梭的教学论、赫尔巴特的教学论、杜威的教学论等，有时也用来指某本书中的教学理论，例如，凯洛夫教学论就指凯洛夫主编的《教育学》中的教学理论。"教学论"这一具体叫法也是新中国成立后才广泛流行的。大家熟知的夸美纽斯的《大教学论》，在 1939 年曾以《大教授学》为名，在商务印书馆出版发行。新中国成立后，当时的译者傅任敢先生修改译名为《大教学论》，至于为何要修改名称，译者没有给出解释。我们只能猜测是受到了苏联教育学的影响，为了统一称谓而做出的改动。

滕大春在 1962 为纪念卢梭的《爱弥儿》问世 200 年，专门写了一篇题为《卢梭——教学论发展史上的丰碑》的文章，总结了卢梭关于教学的理论，主要从教学内容与教学方法两个方面进行论述。"扼要地说，卢梭在知识教育方面企图完成的任务有二：一是粉碎古典主义的教学内容，二是摧毁教条主义的教学方法。"②在教学内容上，卢梭反对古典主义，呐喊学以致用。他反对书本诵习而要求探索具体的知识，反对学习迂腐的理论而要求探索有用的知识。在教学方法上，卢梭反对教条主义，主张行以致知。为实现行以致知的教育

---

① 何志汉：《教学论稿》，6 页，重庆，西南师范大学出版社，1988。
② 滕大春：《卢梭——教学论发展史上的丰碑》，载《河北大学学报（社会科学版）》，1962(3)。

方法，卢梭曾发表不少有益的意见：他要求教学启发儿童青年的自觉性，要求教学适应儿童青年的发育水平；要求教学注重对事物的直观。文章第三部分的标题为"卢梭改革教学论的哲学基础"，具体内容指的是卢梭的智育理论。"卢梭的智育理论是他整个哲学和教育理论的组成部分，我们必须从卢梭的自然主义哲学理论和教育理论来理解卢梭的智育理论，以便进一步地掌握它的精神实质。"①文章用智育理论来言教学论，将智育理论等同于教学论。文章第四部分"卢梭改革教学论的贡献"有这样的语句："就十八世纪看，法国的启蒙学者是欧洲煊赫一时的俊杰。但不管狄德罗也好，爱尔法修也好，拉·美特里也好，他们没有关于教学的系统理论，别国也没有人在教学论上堪与卢梭相提并论。所以卢梭的教学论是十八世纪瑰宝。——卢梭的教学论对于后世的影响也极为宏伟。只须看看十九世纪以来，欧美资产阶级教育家和哲学家，如康德、裴斯太洛齐、巴西多、海尔巴特、托尔斯泰、杜威，都受着卢梭的启发，就必然首肯这一历史事实的。"②这里又将卢梭的教学理论等于教学论。其实，从这篇文章的标题看，"教学论发展"暗含了一个学科的发展意味。文章对历史上一些教育家的教学思想进行了比较，含有些许教学论发展史的味道。从文章的主旨来看，主要目的是论述卢梭教育思想中关于教学的理论与主张。

又如，常道直在 1957 年曾发表《赫尔巴特的教学论再评价》一文。文章按照阶级分析的观点，对赫尔巴特的哲学、心理学观点进行了批判，进而对赫尔巴特关于教学的思想如教学的教育性、兴趣的全面性、教学的形式阶段思想进行分析和评价，提出"总结赫尔巴

---

① 滕大春：《卢梭——教学论发展史上的丰碑》，载《河北大学学报(社会科学版)》，1962(3)。

② 滕大春：《卢梭——教学论发展史上的丰碑》，载《河北大学学报(社会科学版)》，1962(3)，其中，"裴斯太洛齐"今多译为"裴斯泰洛齐"，"海尔巴特"今多译为"赫尔巴特"——编辑注。

特学派的教学论对中国近代学校教育的影响，应该作为一个专题来进行科学研究"，还阐述了德国研究者对赫尔巴特教育学遗产的评价。评价特别肯定赫尔巴特在教育学上（主要是在教学论方面）的贡献，并引用了这些结论："阐明心理学对教育学的意义；第一个更明确地规定了教育性的教学这一概念；提出兴趣概念以及教学必须做到培植多方面兴趣的要求；由他担承起来的自然认识阶段和教学阶段之结合，就在今日也还值得重视；他强调教学中系统化的和直观的观念形成的价值和必要性；他在重视古典的教养的同时，也重视自然科学的教养意义。"①常道直评价说"这一估价是审慎的，也是一般所能接受的"。从文中可以看出，作者所言的"赫尔巴特的教学论"就是赫尔巴特的教学思想或关于教学的理论，通俗地说，就是"赫尔巴特论教学"。

人们在批判某位教育家的思想时，也习惯将其关于教学的理论称为教学论，通常这种称呼有"贴标签"效应，即划定一定的范围，其所指范围也有些模糊。加上当时的批判是意识形态化的批判，往往会将批判对象脸谱化，导致其"教学论"指向更为模糊。在 1950 年《人民教育》创刊号上，一篇译自苏联的文章《实用主义与实验主义的教学论批判——教育原理教学论节录》中，关于杜威教学论的批判也是关于实用主义教学理论的批判。这样的批判模式也为我国学者提供了批判样本，他们在批判杜威教学论时，同样将教学理论、教学主张概括为教学论，或者说就是换一个表达方式。无论是当时模仿苏联教育学中对杜威、赫尔巴特等人的批判还是后来我国对苏联教育学的批判，批判的基本原则是按照阶级进行划分，按照阶级的不同性质定性后，再对其相关观点进行仔细批判。其中关于教学论的批判，其实是对教学主张、理论、思想的批判。

---

① 常道直：《赫尔巴特的教学论再评价》，转引自瞿葆奎：《教育学文集（第 10 卷）·教学（上册）》，425、426~427 页，北京，人民教育出版社，1988。

二、探究与借鉴教学法

教学法具有较强的实用价值，理论界与实践界都非常关注教学法的研究和探讨。新中国成立前，基础教育领域曾先后介绍和试行过国外的一些"新教学方法"，如设计教学法、道尔顿制、文纳特卡制、自学辅导法、分团教学法、蒙台梭利教学法、德可乐利教学法等。也有多位以研究教学法而著称的研究者，如李廉芳、俞子夷、沈百英、舒新城等人。新中国成立后，一些研究者仍然从事教学法的实践与研究，他们努力尝试用新民主主义理论来研究教学方法，其中的代表性人物有徐特立、俞子夷等人。

(一)徐特立的教学法研究

广大中小学进入正规教育阶段之后，在教学实践中会遇到许多具体问题。从当时的教育类杂志可以看出，遇到的问题主要集中在几个方面：总结我国传统教学理论，挖掘我国教育家的教学思想，探讨教学中的教学经验①，教材与教学大纲的编写，教材内容的选择与编排②等。理论上也有开拓性的教学法研究。1951年《人民教育》连续刊载徐特立的《各科教学法讲座》系列文章，这是新中国成立之后较早进行教学理论探索的尝试。在前言中，作者指出："我们要讲各科教学法，是根据我们新民主主义的新的社会关系和物质条件(包括人力、物力在内)，来解决我们教学中的具体问题，而不是纯学术的、抽象的，供一般的研究，我们写的内容虽然是新的，我们力图用马克思主义的方法，用辩证唯物论的方法，而在形式方面，还是尽量采取民族形式，使他实施方便，还有些东西，还必须在学理方面清算旧的、从外国贩来的反动成分。"③文章运用马克思主义

---

①　江山野：《我在中学国文教学中找到的方法》，载《人民教育》，1950(3)。
②　严济慈：《对于普通中学高初级物理学教材精简细则的两点意见》，载《人民教育》，1950(3)。
③　徐特立：《各科教学法讲座》，载《人民教育》，1951(2)。

的方法对教学内容、教学方法及教学规律等进行有益的尝试与探索，为灵活运用马克思主义理论探讨教学树立了榜样。熊明安主编的《中国教学思想史》中有这样的评价："徐特立的教学理论在新中国教学思想发展史占有光辉的一页，对教学理论的发展起到了积极的推动作用。"①该评价中所用的"教学理论"指的是徐特立关于教学的思想与方法。

（二）俞子夷的教学法探究

俞子夷是一位以研究教学法而著称的教育家。早年他曾赴日本考察复式教学法，也曾赴美考察其小学教育和数学教育。他还在国内小学开展"不彻底"的设计教学法实验，被认为是国内提倡设计教学法最力之人。同时，他还在江苏第一师范、南京高等师范、杭州女子中学师范部、浙江大学等高校任教，担任教授法、算术和英文等科教学，教授"初等教育""教育概论""普通教学法""小学教材教法""民校教材研究""教育行政"等课程。他也曾担任乡村小学教师，调查乡村小学教育状况，曾主持小学工作、实验区工作，担任浙江省文教厅副厅长、教育厅长、中小学教育研究班副主任等职务。关于俞子夷，有这样的评价："他的一生，从小学教师、中学教师到大学教授、厅长，始终在工作中坚持自学，并联系小学教育实际开展教育研究（包括教育实验），在我国近代教育家中是罕见的。"②

作为一位有着丰富实践经验与理论底蕴的研究者，俞子夷在新中国成立后在浙江大学教育系任教，继续从事教学法的研究。1950年出版《复式教学法》（华北联合出版社）、《小学各科教学法》（北新书局）。1951—1952 年，他在《浙江文教》杂志发表系列文章，专门探讨教学方法，这些文章有《漫谈教学方法——先谈目标》《漫谈教学方法

---

① 熊明安：《中国教学思想史》，446 页，重庆，西南师范大学出版社，1989。
② 董远骞、施毓英：《俞子夷教育论著选》，"本卷前言"4 页，北京，人民教育出版社，1991。

二——谈教学的培养性》《漫谈教学方法三——谈系统知识的培养性》《漫谈教学方法四——谈教育的科学性与共产主义思想性》《漫谈教学方法五——谈教育的科学性与共产主义思想性(续)》《漫谈教学方法六——谈理论与实际一致原则》《漫谈教学方法七——续谈理论与实际一致原则》《漫谈教学方法八——谈系统教学》等。① 这些文章关注教学方法的多个方面，注重外国教学法与本土教学实践相结合，"努力创建适合我国国情的教材教法"②。

俞子夷关于教学理论和教学方法有许多主张。以教学法的名称为例，他说："'教学'二字，决不是'教师教，学生学'那样简单，教学法的成为专书，就是要我们做教师的，勿再因陈袭旧，去走人家已经走过的不经济的老路，我们要根据教育原理、学习心理，去引导我们的小学生，走上正当的学习途径。""教学本来就是教学生如何学的。学生学，当然是他们自动的工作。教员的教，不过是帮助、引导等等作用。所以学生自动的学是主体，教员的教如何学是辅导。""所谓教法，其实就是学法。从教师的立场说，是教法；从学生的立场说，便是学法。合起来想一个双方通用的名称，可以叫作'教学法'。其实，也可以名叫'做法'。教师做的叫作教，学生做的叫作学。"③

在学科教学法方面，俞子夷是小学算术教学法的专家。新中国成立后，他继续从事小学算术教学法的探究，结合苏联教学经验，专研教学法，研究、编写算术教材，撰写、发表了大量教学法文章④，为广大教师做讲座，展现了新的研究热情。他在回忆新中国

---

① 转引自董远骞、董毅青：《俞子夷教育实践研究》，254 页，杭州，浙江教育出版社，2008。

② 董远骞、施毓英：《俞子夷教育论著选》，"本卷前言"4 页，北京，人民教育出版社，1991。

③ 董远骞、董毅青：《俞子夷教育实践研究》，102 页，杭州，浙江教育出版社，2008。

④ 董远骞、施毓英：《俞子夷教育论著选》，520～524 页，北京，人民教育出版社，1991。

成立后的研究情形时写道:"解放以来,条件无比好,工作有计划有系统,忙而不乱。我的积极性空前高,衰老多病,早应退休,而仍视工作为权利,不肯轻易放弃,某时竟特往肖山湘师附小听课。党的关怀照顾,领导人之热忱规划,乃主要动力。制度优越,政策英明,贯彻有方。回忆体会,感动益深。"①

(三)借鉴苏联的教学法

当时学习苏联先进经验中最重要的就是关于如何教学的教学法。用苏联先进的教学经验来指导和改进当时的学校教学,是许多学校的工作中心,具体做法是全心全意学习苏联经验,将其中适合本地本校的教学经验运用到教学实践中来提升学校的教学质量。从实践的角度看,模仿和借鉴他人的有效经验,对改进本地实践收效明显。通过学习苏联教学中的教学过程经验,课堂教学环节清楚,保证了教学任务的完成,同时,教师对教学的认识、学生的学习积极性都明显提高。从理论的角度看,运用先进经验指导的实践获得了良好的效果,在检验经验有效性的同时,也印证了苏联教学理论的指导价值,这从另一面丰富了苏联教学理论。

当然,由于苏联教学经验源自苏联的教学实践,对于指导中国的教学实践也肯定存在不切合的地方。同时,先进经验也需要用科学的方法来学习与借鉴,如果采取照搬照抄、生搬硬套的学习方式,就会加剧和凸显外域经验指导本土实践时的不适应。这个过程中产生的种种不良现象,促使实践者和理论者反思苏联教学经验的适用性,也促成了本土实践者的总结和提升,催生了本土教学理论的出现。

20 世纪 50 年代初,各地中小学全心全意学习苏联教学经验,以改善与提升自己的课堂教学。1952 年 11 月,北京市组织小学教师到

---

① 董远骞、施毓英:《俞子夷教育论著选》,463 页,北京,人民教育出版社,1991。

旅大地区参观、学习苏联课堂教学经验，回来撰写的收获与体会在多个杂志刊登，供更多教师学习。教师们参观的重点是课堂教学工作，特别着重俄语和算术的教学。参观教师体会较深的是：第一，苏联教师在教学中的主导作用是与学生学习的自觉性和积极性有机地联系的。第二，苏联教师在每一节课中都贯彻了全面发展的教育精神。第三，正确地掌握教学原则、灵活地运用教学方法，是苏联教师们的特点之一。第四，正确地掌握教学环节、科学地评定学生成绩，也是苏联教师们的教学特点之一。[①]

在借鉴苏联的教学法过程中，当时影响最深的是中学语文教学中的"《红领巾》教学法"。这次语文教学法的改革与苏联教育专家亲自指导中国教育实践密切相关。1953 年 5 月 20 日下午，北京市第六女子中学举行初中一年级语文课的观摩教学。任课教师是吴健英，内容是文学作品课文《红领巾》，当时吴老师采用的教学方法是讲述讲解。这次观摩教学是在北京师范大学的学生实习期间。观摩结束后，在课后评议上，当时指导北京师范大学教育实习的苏联教育专家普希金做了评议。普希金针对此次语文授课提出了修改意见，主要有：课文各节的分量分配不恰当，课时量太长，浪费时间；在检查学生完成情况时，教师的评分没有及时反馈给学生，且评分过高；教师课堂讲授时间过长，学生没有处于积极状态；语言和文学的因素太少。

这次观摩课结束后的第二天，北京师范大学中文系三年级实习生在师大女附中进行试教，正好也有《红领巾》一课，于是，按照普希金的评课意见进行了授课试验。授课主要在两方面做了修改：第一，压缩课时数，由原来的 7 课时压缩为 4 课时；第二，采用谈话法，鼓励学生参与课堂讨论，同时结合讲解法，引导学生一同思考，

---

① 李志平：《参观大连苏联小学课堂教学工作的几点体会》，载《江苏教育》，1953(4)。

一同分析。此次教学改革试验的效果很好。

为了更好地宣传苏联专家的教学意见，也为了更好地总结、介绍和推广教学试验，《人民教育》1953 年第 7 期发表了叶苍岑的文章《从〈红领巾〉的教学谈到语文教学改革问题》①，以及评论文章《稳步地改进我们的语文教学》。这两篇文章的发表，引起了全国广大语文教师的关注。他们纷纷学习《红领巾》教学经验，各地掀起了语文教学改革的高潮。两篇文章针对当时我国语文教学中的问题，进行反思与总结，提出"我们不要乱打冲锋，而是要认真地学习苏联的先进的教育理论，结合学生的实际，从实践中总结、批判我们的教学经验，稳步前进"②。

同时，针对各地在语文教学改革中出现的问题，《人民教育》1953 年第 10 期又发表了叶苍岑的《普希金专家再论语文教学》，以及实践者的文章《试教〈红领巾〉的经过与体会》和短评《语文教学在改进中》，持续推进语文教学改革。这些讨论使新中国成立初期的语文教学有了很大改观，也引起了广大教师对语文教学的研究。

"《红领巾》教学法"的经验对于我国中学语文教学改革起到了促进作用，推广和学习这一经验是有成绩的，发展是基本健康的，但是，必须客观地看到，也存在一些缺点。首先，"《红领巾》教学经验只能作为教师进行创造性教学活动的一种参考，生搬硬套是不行的"；其次，"片面强调谈话法"；最后，"《红领巾》教学的经验是针对文学作品的教学提出的，它可以供其他文体课文的教学参考，但是各有自己的特点和应注意的地方，更不能生搬硬套"。③

这一时期，许多学科都建立了自己的教学法课程。新中国成立后，中小学的"国语"和"国文"统一称为"语文"，师范院校就相应地

---

① 叶苍岑：《从〈红领巾〉的教学谈到语文教学改革问题》，载《人民教育》，1953(7)。
② 《稳步地改进我们的语文教学》，载《人民教育》，1953(7)。
③ 王兆苍、吴英：《对〈红领巾〉教学的回顾》，载《语文教学通讯》，1980(4)。

开设了"小学语文教材教法"和"中学语文教材教法"课①，"数学教学
法课程""外语教学法课程""物理教学法课程""化学教学法课程"等课
程在师范院校成为学生的主要课程。虽名曰"教学法课程"，但所涉
及内容并不限于教学方法，还包括教材分析、学科知识、教学设计
等内容。

第三节　经验总结法占主导

中国在学习苏联教学经验及苏联教学论的过程中，主观目的都
是更好地为我国的教学现实服务。各校结合当时的中小学教育实践，
或模仿，或照搬，或创造性地运用苏联教学论，促使苏联教学论中
国化。从当时关于教学论的研究成果看，教学论的研究主要运用经
验总结法，总结学习苏联教学论的心得与收获，同时在各学科中探
索教学经验。

一、学习苏联教学论的成果总结

学习苏联的教育经验有多种方式，主要从起初的照搬与照抄逐
步过渡到灵活运用。当然，这是从大趋势看到的学习方式，具体到
个人或局部地区的学习，仍旧呈现多样性。但总体来看，当时学习
苏联教学论的成果主要还是套用苏联的具体教学方法，将苏联的一
般理论或主张与自己的具体教学实践结合起来。当时的学习总结性
成果主要包含以下几类。

第一类是专家的理论性解读成果。这些成果主要由国内的理论
专家结合自己对苏联教学论的理解，与中国的教学实践相结合，进
行通俗化的解读。这个过程既是对一般理论阐释的过程，也是努力
将苏联教学论中国化的过程。这些成果多以通俗的语言来表达，聚

①　王文彦、蔡明：《语文课程与教学论》，13页，北京，高等教育出版社，2002。

焦于如何理解苏联的教学论，对其中的核心理论进行通俗化解释，目的是让更多的教师理解和领会苏联的教学理论。例如，1953 年人民教育出版社出版的曹孚的《小学教育讲座》，主要讲述教学原则、教学组织和教学方法，文字通俗，并能结合实际，是供小学教师学习苏联教学理论的重要参考书。1954 年人民教育出版社再版时，该书改名为《教育学通俗讲座》，先后累计印行 80 余万册。[①] "通俗"既是广大教师学习苏联教育理论的需要，也是专家解读理论的目标，当然，这样的目标也并非一般人所能实现。刘佛年先生曾评价说："由于曹孚同志的教育学根底很深，他很快就深刻地掌握了苏联教育学，而且有一些自己的新颖而周全的见解。"[②]虽然该书是为上海小学教师做的讲座的书面展示，但其影响力遍及全国。刘佛年还认为该书"不仅文字通俗，一般小学教师都能看懂，而且说理深入、全面，使读者心悦诚服，并善于联系小学教育实际，生动活泼，这非一般枯燥的、教条式的教科书所能比拟"[③]。当然，还有其他研究者编著的带领大家学习苏联教学理论的书籍。例如，何天林的《怎样学习苏联教学理论》一书，就是根据苏联先进教学理论，结合我国小学教学情况和作者自己的若干体会，供小学教师使用的普及性书籍。该书内容包括四个部分：关于苏联教学理论的一般问题；怎样学习苏联的教学原则；怎样学习苏联的课堂教学制度；怎样学习苏联的教学方法。[④] 这些内容是教学论的核心部分，也是教师们特别关注和难以轻易领会的内容。傅统先的《教学方法讲话》一书采用讲话的方式，系统介绍苏联的教学方法，也尽量结合实践例子，着重讲述

---

① 瞿葆奎、马骥雄、雷尧珠：《曹孚教育论稿》，"曹孚传略"3 页，上海，华东师范大学出版社，1989。

② 瞿葆奎、马骥雄、雷尧珠：《曹孚教育论稿》，"序"3 页，上海，华东师范大学出版社，1989。

③ 瞿葆奎、马骥雄、雷尧珠：《曹孚教育论稿》，"序"3 页，上海，华东师范大学出版社，1989。

④ 何天林：《怎样学习苏联教学理论》，汉口，湖北人民出版社，1955。

如何运用这些方法，作为教师的参考资料使用。① 该书的主要内容包括：教学方法的意义；怎样才算是良好的教学方法；传授新知识的教学方法；加深和巩固知识的教学方法；训练技能和熟练技巧的教学方法；复习和检查的方法；选择和运用教学方法的几个主要原则。对这些关于教学方法的主要内容进行解释，能够指导教师的实际操作。车文博的《教学原则浅说》一书着重阐释了七个教学原则的概念、理论依据、实践意义以及贯彻原则的基本途径②，并引用我国学校教师的一些教学实例来加以说明。从研究者编著的书名看，"通俗""怎样学习""讲话""浅说"等词，既说明了作者的基本用意，也显现出他们编撰时对苏联教学论采用的基本原则就是一般地加以介绍以及进行通俗阐释，可以算作经验的研究与总结。

也有研究者和机构专门选编了介绍苏联教育理论的文章，供大家学习。这些资料虽然没有进行具体阐释，但对内容的选择和取舍本身就属于阐释的一种方式。例如，1950 年 6 月，河南省人民政府教育厅选编了凯洛夫、冈察洛夫、米丁斯基、杜伯洛维娜等当时苏联教育学知名专家关于教育的论述文章，编成《苏联教育理论》③一书供大家学习。

第二类是先进学校的学习经验总结。在学习苏联教育经验的热潮中，有些学校和个人在学习苏联经验方面逐步产生了良好的学习效果。这些经验或被刊物刊载，或被其他学校和个人学习与模仿，成为学习的典范。这些学习成果多是朴素的经验总结，能够供其他学校和教师模仿与借鉴。当时，在全国各地有许多学习典型，东北、北京等地区的学校由于先天的地理和人缘优势，加上政策照顾和个人努力，这些地区涌现出许多学习苏联教育经验的典型。而对这些

①　傅统先：《教学方法讲话》，济南，山东人民出版社，1954。
②　车文博：《教学原则浅说》，武汉，湖北人民出版社，1958。
③　河南省人民政府教育厅：《苏联教育理论》，1950。

学习经验的总结，能够解释、印证乃至丰富教学理论，对教学理论的发展具有极大的意义。例如，北京师范大学第二附属小学的王静校长就是学习苏联教学经验的先进人物。她根据苏联教育专家的报告，结合阅读教育学著作，在本校内探索、实践，总结出大量的学习体会文章，这些文章后来结集出版，名为《学习苏联课堂教学》。①该书第一部分是作者理论联系实践，学习苏联课堂教学制度的体会；第二部分是学习五级计分制的体会，对于五级计分制存在的问题提出了一些具体的意见；第三部分是本校制订教学计划和领导工作的体会。她与同事们的学习经验总结对其他教师学习苏联教学有引领意义，并为丰富我国教学理论奠定了实践基础。

另外，一些学习者在研读苏联教育学著作之后，写出了详细的学习总结和体会，部分有代表性的、学习深刻的则被报纸杂志刊登出版，全国发行，用以学习研讨，相互交流。当时许多杂志大量刊载学习心得，例如，孟宪承在《新教育》上发表的 2 篇学习提纲——《凯洛夫〈教育学〉第一编学习提纲》和《凯洛夫〈教育学〉第二编学习提纲》，青士在《人民教育》上发表的《学习凯洛夫〈教育学〉第一章后的一些体会》，山西省洪洞第一中学语文教学研究组的集体学习心得《学习凯洛夫〈教育学〉五六两章的一些收获》，沈阳二中的《怎样学习〈教育学〉?》，长沙五中的《我们是如何学习教育学的》等。这些学习总结文章在国家权威性教育刊物的发表，对于全国各地教师学习苏联教育经验起到了很大的帮助作用。教师们可以借助这些文章互通有无，完善自己的学习经验。这些文章同时也传达了各地教师对苏联教育学的认识和理解水平等信息，阅读者和学习者可以在此基础上继续努力提升学习效果。

二、结合学科教学进行的经验总结

教育经验总结法是将大量丰富多彩的经验提升为理论的方法，

---

① 王静：《学习苏联课堂教学》，北京，大众出版社，1953。

这种方法是"指在不受控制的自然状态下，依据教育实践提供的事实，通过思维加工，分析概括教育经验，使之上升为理性认识的思维加工过程。因此，它往往以既成的感性经验为研究内容，即它总是在某一教育实践已经结束或已告一段落的基础上进行，是对过去的回顾与发掘，通过对过去的回溯，探寻经验形成的相关因素，并用理性的思维之光，使它对实践指导具有普遍性"[①]。教育经验总结法将朴素的实践经验上升为理论，对丰富教学理论、夯实教学论学科基础有极大的帮助。在当时学习苏联教学论的背景下，一些文章对我国丰富教学实践的经验进行了很好的总结，对教学理论的中国化和奠定我国教学论学科的实践基础做好了必要的准备。广大一线教师最常用此种方法。有些成果被公开发表，被他人阅读，被其他教师模仿与借鉴。这些总结性成果对将苏联教学理论落到实处，对我国的教学实践与理论结合，有一定的帮助。

从当时已经发表的成果来看，它们结合各自学科，借鉴苏联教育经验，对提升教学质量进行了积极探索，文章名中"怎样""如何""为什么"等词最常用，表达出一线教师关注的问题核心，重在解决具体的实践问题；而"略谈""浅论""几点体会""一些经验""几点意见"等词，则能看出教师们的经验是从自身实践出发的，同时也展示出教师们的视野、眼光与态度。

---

① 　华国栋：《教育科研方法》，144页，南京，南京大学出版社，2005。

第二章

课程与教学论的独立阶段
(1978—1989 年)

跟随改革开放的步伐，我国的教育学迎来了新的发展机遇，在反思"文化大革命"对我国教育学学科发展造成巨大破坏的教训中，教学论与课程论学科也逐渐重建，学科体系逐渐壮大，理论研究不断深入，研究成果日益丰富。具体表现在：教学论作为一门学科开始独立发展，学科体系日趋完善，出现了深入研究课程与教学论的自觉意识，成功地推进了教育实验的发展和课程方面的改革；同时，在改革开放的浪潮下引进了苏联、美国、德国等国家不同流派的理论，促进了我国教育理论及实践的发展；在对本国课程与教学理论和实践不断反思以及对国外课程与教学理论和实践不断学习的过程中，进一步对课程与教学论的基本问题进行了深入探讨，不断推动着本国课程与教学论的发展。

第一节　学科独立发展

改革开放以后，教学论蓬勃发展，学科体系日趋完善，研究成果日益丰硕，到 20 世纪 80 年代，教学论从教育学中分离出来，实现了学科独立。为发展教学论，人们进一步对教学论与马克思主义哲学、"三论"(信息论、控制论、系统论)、教育史、分科教学法的联系进行了研究，对教学论的体系和观点进行了更为透彻的探究。
这一时期，人们对课程论的研究开始出现，队伍逐渐壮大，引进了
国外课程方面的相关思想，成为我国课程论发展的借鉴对象。在广
泛学习国外课程与教学理论的基础上，我国的课程与教学论研究进
入了自觉阶段，人们开始在研究理论的基础上观照实践，出现了蓬
勃发展的教学实践和课程改革。

一、教学论的春天

1978—1989年是中国特色社会主义的新时期，也是教学论发展
的春天。1949—1977年，大学教育系的课程中无教学论课程，更无
所谓学科建设。1977年，教育系恢复招生后，教学论学科逐步开设
起来。① 1978—1989年，教学论教材的发展已经突破了凯洛夫《教育
学》的束缚，逐渐呈现出改革开放后的多样化色彩。在新时期问世的
教学论著作多达10余种，例如，1982年游正伦出版的《教学论》着重
吸收了新中国成立以来中小学的教学实践经验，将心理学研究成果
应用于研究教学问题；1984年出版的董远骞、张定璋、裴文敏的《教
学论》着重探讨了教学过程中各种矛盾的本质联系；王策三在1985
年出版的《教学论稿》一书，在纵（教学论逐步科学化的历程）、横（当
前世界范围教学论科学化的新探索）两个大方向上对具有中国特色的
马克思主义教学论进行了探讨。类似著作还有一些，这些著作的结
构和内容大部分类似，有的也在一定程度上有所创新，满足了新时
期我国高校教学论课程对教材的迫切需求。由此，教学论学科建设
开拓出了一片新天地。

与教学论学科建设相伴而生的是一系列新课题的衍生。人们在
这一时期开始站在教育学的立场上对教育过程进行研究，并由此引

---

① 董远骞：《一条曲折的路——教学论发展的四十年》，载《华东师范大学学报（教育
科学版）》，1989(3)。

发了对教学本质、教学规律的探讨。随着 1980 年"课程教材研究所"的成立，1981 年《课程 · 教材 · 教法》杂志的创办以及一系列课程论研究成果的出现，如 1989 年陈侠《课程论》的出版，新中国成立以来没有独立地位的课程论获得了新生。而这一时期，教学论领域更值得注意的是，随着 1982 年邹有华《教学认识论》的发表而出现了新课题——教学认识论。可以说从 20 世纪 80 年代初开始，伴随着教学认识论的诞生、系统化、完善以及质疑、批判，加上系列研究成果的不断涌现，我国教学论学科不断发展。

教学认识论以马克思主义为指导，以教学认识为对象，研究教学这一特殊过程中的认识论问题，是教学论与哲学认识论的交叉结合。凯洛夫在其主编的《教育学》中将马克思主义认识论引入了教学论中。他从马克思主义认识论出发，认为"教学过程是一种在教师引导下学生学习前人已经认识了的知识、技能的认识过程，即认识客观世界活动中的一种特殊形式"①。在学习苏联教育学的大背景下，这种观点被我国理论界接受，尽管之后凯洛夫的《教育学》遭到不少批评，但"凯洛夫教育学"依旧对我国的教育理论产生了深刻影响。这一点在人们对于教学的反思和检讨中可以发现。改革开放之后，人们在反思中逐步认识了关于教学认识的特殊性，教学认识论再次走进人们的视野。1979 年在第一次全国教育科学规划会议上，于光远发表了《教育认识现象学中的"三体问题"》的演讲，"教学认识现象学"这个与"教学认识论"极其相近的名词被提出。1982 年，邹有华在《课程 · 教材 · 教法》上发表了《教学认识论》一文，文中说"应该研究怎样使一般认识规律透过教学过程的特点去形成它的具体表现形式这个问题"②。至此，我国教学论领域正式提出了教学认识论这个新

① 转引自王开敏：《对教学认识论的再认识》，载《安徽教育学院学报（社会科学版）》，1988(4)。

② 邹有华：《教学认识论》，载《课程 · 教材 · 教法》，1982(1)。

课题。1983年，在全国教育研究会第三届年会上，曾成平、熊明安等人提交的《试论教学认识论及其特点》一文，提出了教学认识论的定义并规定了其研究任务。① 随后，王策三在《教学论稿》一书中提出了教学认识论的性质——"特殊认识说"。作为研究教学活动本质的"特殊认识说"的主要代表，王策三认为教学认识论包含两方面的意义："其一，教学过程本质上是一种认识过程；其二，这种认识又不同于一般认识或其他形式的认识，有其特殊性。"②这标志着持"特殊认识说"的教学认识论的形成。1988年，北京师范大学教育系编写的《教学认识论》由北京燕山出版社出版，该书明确提出，教学认识论既不同于哲学认识论，又有别于教学论，是以教学认识作为研究对象的。③ 这就为"特殊认识说"划定了界限，也完成了教学认识范畴体系的建构。其后，王策三教授和北京师范大学的其他学者如裴娣娜、丛立新、王本陆、郭华等在对教学认识论进行深入研究的基础上，结合存在的问题，分别对《教学论稿》和《教学认识论》进行了补充、修订、拓展、更新，使其得以多次再版，并发表了大量捍卫"特殊认识说"的学术论文，使教学认识论体系更趋完善。④

可以说，作为"特殊认识说"的教学认识论是在学习和借鉴"凯洛夫教育学"、反思"文化大革命"时期对待"凯洛夫教育学"的教训上，结合我国新时期教育发展状况，不断发展、完善而来的。正如郭华所认为的："教学认识论的确立，标志着中国教学论正在独立自主地向着探索教学规律的科学化道路上前进。教学认识论能够高度解释教学实践的理论，它的基本概念和命题已成为广大学校教学实践的

---

① 北京师范大学教育系《教学认识论》编写组：《教学认识论》，北京，北京燕山出版社，1988。

② 王策三：《教学论稿》，111页，北京，人民教育出版社，1985。

③ 北京师范大学教育系《教学认识论》编写组：《教学认识论》，北京，北京燕山出版社，1988。

④ 王鉴、李晓梅：《当代中国特色教学论的发展历程及启示》，载《社会科学战线》，2016(6)。

基本理论并成为一般常识。"①

在中国特色社会主义理论蓬勃发展的新时期，教学认识论称得上是中国特色教学理论建设的初步尝试。以马克思主义教学论为指导的教学认识论相关著作填补了我国高等院校教学论教材的空白，最终促成了教学认识论学派的形成。教学认识论的确立，标志着中国教学论正在独立自主地向着科学探索教学规律的道路前进。20 世纪 60 年代至 90 年代，教学认识论几乎主导了教学论领域，影响了学校实践领域和学校的课堂教学过程②，并在促进教学论学科体系完善方面发挥了重要作用。

二、学科体系

（一）教学论

1977 年恢复高考后，许多高校的教育系恢复招生，教学论学科逐步开设起来。教学论作为大学的一门课程开始于 1978 年。许多相关论著就是当时的任课教师根据讲义整理而来的，例如，王策三著的《教学论稿》一书就是北京师范大学本科生"教学论"这门课程几个学期的教学成果。③ 改革开放以来，为了适应新时期的要求，教学论学科不断走向理论化、科学化，中国的教学论工作者开始引进多国不同流派的理论，并总结中国传统教学论思想，同时，借鉴系统科学的研究成果，开始了建构教学论新体系的尝试。

1. 学科独立

在改革开放之前，我国多用"教学法"一词。"教学法"作为学科名称，开始于 1917 年陶行知在南京高等师范学校建议把学校全部课

---

① 郭华：《"教学认识论"在中国的确立及其贡献》，载《山西大学学报（哲学社会科学版）》，2015(4)。

② 王鉴、李晓梅：《当代中国特色教学论的发展历程及启示》，载《社会科学战线》，2016(6)。

③ 王策三：《教学论稿》，"说明"3 页，北京，人民教育出版社，1985。

程中的"教授法"改为"教学法"，之后"教学法"一词才流行起来，学
习苏联教育学之后，"教学论"一词开始被运用。改革开放以后，教
学论学科逐步独立。丁邦平认为："我国教学论(包括普通教学论和
学科教学论)学科可以说是从教学法学科演变而来的。"到了 20 世纪
80 年代，教学论受到了普遍关注。丁邦平还说，据王策三先生的回
忆，称之为教学论的"理由似乎很简单，就是要提高理论性，区分层
次性"①。

　　具体到各门学科，名称变化并不一致，"学科教学法"的名称还
在使用。1980 年，由 12 所院校集体编写的高等师范院校中文系(科)
语文教学法教材名称就叫《中学语文教学法》。该书试图从我国语文
教学的实际出发，研究和吸收我国传统语文教学法和现代科学教学
法的成果，总结语文教学实践经验，将语文教学法建立在科学规律
的基础上，促进语文教学的科学化。"这本专著的问世，对当时高师
中文系科的学科教学产生过重大影响。"②"中学语文教学法虽然要研
究教学论的各个部分，要以教学论的一般原理为根据；但它研究的
却又不是教学的一般原理，而是中学语文科教学的特殊理论和方
法。"③与此同时，为了使各学科逐步走向科学化，相关专业人员组
建专业机构，共同推进学科的发展。

　　这里仍以语文学科为例，在改革开放之初，语文学科建立了自
己的专业组织，这些组织有国家层面的，有省级层面的，也有市级、
县级层面的，同时开展连续性的专业活动，持续探讨语文学科的科
学化问题。

　　1980 年 10 月，全国语文教学法研究会成立。研究会呼吁各师范

---

　　①　丁邦平：《"教学论"与"教学法"的关系探析——(跨文化)比较教学论的视角》，载
《教育学报》，2015(5)。
　　②　于满川、杨履武、顾黄初：《语文教学论》，3 页，南京，南京大学出版社，1989。
　　③　武汉师院、西南师院、北京师院等十二院校中文系：《中学语文教学法》，1～2
页，北京，人民教育出版社，1980。

院校中文系(科)要重视教学法课的开设与教学。在成立大会上，来自全国各高等师范院校中文系的教学法教师等与会代表，就本学科的学科体系、教材编写、教学实际和科研目标等重大问题进行了讨论。① 随后，各地区的语文教学研究会陆续成立，并开始了常规的研讨。例如，1980 年 12 月，江西省中小学语文教学研究会成立大会暨首届年会在南昌召开②；1980 年 12 月，山东省中学语文教学研究会在济南成立③；1981 年 4 月，山西省中学语文教学研究会成立大会暨首届年会在临汾召开④；1981 年 6 月，东北地区语文教学法学术讨论会在牡丹江市召开⑤；1981 年 10 月，全国中学语文教学研究会第二次年会在福州举行⑥；1981 年 11 月，江西省中学语文教学研究会第二次年会在南丰县举行⑦；1981 年 12 月，湖北省教育学会中学语文教学研究会成立大会在武汉召开⑧；1981 年 12 月，山西省中学语文教学研究会召开年会⑨；1982 年 10 月，江苏省中学语文教学研究会第二次年会在常州市举行⑩；1982 年 10 月，山西省太原市中学语文教学研究会成立大会暨第一次年会举行⑪；1983 年 8 月，东北地区语文教学法第二次学术讨论会召开⑫；1983 年 11 月，江苏省中

① 《全国语文教学法研究会成立大会暨第一次年会在开封举行》，载《语文教学通讯》，1980(12)。
② 《江西省中小学语文教学研究会成立》，载《语文教学通讯》，1981(2)。
③ 《山东省中学语文教学研究会成立》，载《语文教学通讯》，1981(3)。
④ 《山西省中学语文教学研究会成立》，载《语文教学通讯》，1981(5)。
⑤ 《东北地区语文教学法学术讨论会在牡丹江举行》，载《语文教学通讯》，1981(7)。
⑥ 《闽海今知秋获丰——记全国中学语文教学研究会第二次年会》，载《语文教学通讯》，1982(1)。
⑦ 《江西省中学语文教学研究会举行第二次年会》，载《语文教学通讯》，1982(2)。
⑧ 《湖北省中学语文教学研究会成立》，载《语文教学通讯》，1982(2)。
⑨ 《山西运城地区召开中学语文教学研究会》，载《语文教学通讯》，1982(3)。
⑩ 《江苏省中语会举行第二次年会》，载《语文教学通讯》，1982(11)。
⑪ 《太原市中学语文教学研究会成立》，载《语文教学通讯》，1982(11)。
⑫ 《东北地区语文教学法第二次学术讨论会召开》，载《语文教学通讯》，1983(11)。

学语文教学研究会第三次年会在南通举行①；1984 年 5 月，山西省中学语文教学研究会在太原召开第二次年会②等。

　　综观各地召开的教学研究会讨论内容，许多议题都围绕当时语文教学中的热点和难点问题，结合时代和社会背景对语文教学的要求，着力提高语文教学的科学水平。这些话题的聚焦和探讨，提升了语文教学的研究层次，推动了语文学科教学论发展。进入 20 世纪 80 年代，《中学语文教学法》《中学语文教学论》等著作问世，在研究的深度和广度上都有新的拓展，教学原理、教学原则、教学内容、教学过程、教学方法等都是研究的内容。"其基本特点是在完善操作性研究的基础上增强了理论性研究。这种发展大大提高了这门学科的科学性，使语文学科教育的教学和研究出现了空前活跃和迅猛发展的大好局面。"③

　　学科名称的叫法不统一，引起了许多专家学者的不满。化学学科的专家学者就曾在开会时讨论学科的名称问题。著名的化学教学论专家、北京师范大学的刘知新教授曾描述过这样的过程："这门课程(化学教学论)，从本世纪(20 世纪)30 年代初至今，在我国曾采用过'中学化学教材教法''中学化学教学法'和'化学教学法'等名称。由于课程名称不一，往往引起对它的不同理解，给教学工作和学术交流以及师资培训等带来不便。为此，近些年来，我化学教育界同行对本课程和学科的名称曾多次提出过新的倡议，迄今未实行。1988 年 11 月国家教育委员会召开了'高等师范院校本科化学专业化学学科基本要求审定会'，与会的化学教育组的专家、学者，在审定《高等师范学院化学系本科化学教学法课程的基本要求(草案)》时，经过认真讨论，一致认为用'化学教学论'这一名称替代现在仍沿用

---

①　《江苏省中语会举行第三次年会》，载《语文教学通讯》，1984(1)。

②　《山西省中学语文教学研究会召开第二次年会》，载《语文教学通讯》。1984(7)。

③　王文彦、蔡明：《语文课程与教学论学科的历史与现状》，载《语文建设》，2007(1)。

的容易让人产生不同理解的学科名称是必要的、适宜的。"①从这个过程看，每个学科都可能会因为名称的问题而引起混淆，也可能讨论过采用统一的叫法。当然，一门学科是否有相对固定的叫法，本身也是该学科是否成熟的标志之一。

针对化学教学论的学科地位问题，2018 年，刘知新教授专门撰文详述了化学教学论与其他相关学科的关系，认为化学教学论是教育学二级学科"课程与教学论"的一个分支学科，名为"化学课程与教学论"，并不是独立的二级学科。②

如前所言，从 20 世纪 80 年代，我国教学论从教育学中分离出来，成为一门独立的学科。学科的分离受到了国外教学论学科发展的影响。首先是德国，到了 20 世纪六七十年代，德国的克拉夫基、克林伯格、瓦·根舍因、海曼、舒尔茨、奥托、布兰卡茨等一批著名的教学论学者推进了教学论的发展，形成了多个流派，使其达到一个新的高峰。德国等欧洲大陆国家的教学论从教育学中分离出来，成为独立建制的一门分支学科，在大学设立教学论教席。改革开放后，我国引进了多国教育思想，德国教学论的发展对中国教学论的发展走向影响较大。美国在 20 世纪下半叶开始了教学理论的研究，虽然"教学论尚未形成一个曾经过交换意见的理论、实验和对话提炼出来的、公认的体系"③，但是加涅、布鲁纳、阿特金森等人关于教学论的研究成果，相较于欧洲的教学论研究，视角更为独特，丰富了对传统教学论的认识。这些理论成果的引进，对我国教学论的独立发展起到了一定的推动作用。除了其他国家教学论研究发展的这些外部因素之外，当时国内教学改革的实践成果及其对教学理论的需求，也在推动教学论成为独立学科。改革开放后，我国教学论学

---

① 刘知新：《化学教学论》，"前言"2 页，北京，高等教育出版社，1990。

② 刘知新：《对化学教学论学科名称的认识与建议》，载《化学教育（中英文）》，2018(9)。

③ ［美］希尔加德：《教学论》，邵瑞珍译，载《外国教育资料》，1979(3)。

者自己撰写的教学论专著和有关教学论的论文陆续出版或发表，教学论学科在高等师范院校发展势头迅猛。教学论学科的快速发展推动着它成为一门独立学科，使其得到了更好的研究，促进了学科理论的发展。

教学论学科独立是我国教学论发展需要和外国理论影响双重作用的结果。内因与外因共同推动，使教学论学科走向独立，教学论学科发展迈出了重要一步。

2. 学科成果

改革开放后，重新学习西方教学理论与教学思想、引进最新研究成果、发展中国本土的教学论成为这一时期的重要任务。在此期间介绍得较多的理论有：苏联赞科夫的"教学与发展"理论、巴班斯基的"教学过程最优化理论"、苏霍姆林斯基的"全面和谐发展"教学理论，德国克拉夫基和瓦·根舍因的"范例教学"理论，保加利亚洛扎诺夫的"暗示教学法"，美国布鲁纳的"结构主义"教学理论、布卢姆的"掌握学习"理论、奥苏伯尔的"有意义言语接受学习"理论、罗杰斯的"人本主义"学习理论、班杜拉的"社会学习"理论等。

在国外教学理论的引进和传播方面，影响最大的当数人民教育出版社和教育科学出版社陆续出版的多套成体系的国外教育名著。例如，人民教育出版社出版了一套至今仍有广泛影响的"外国教育名著丛书"，教育科学出版社推出了一套涵盖 20 世纪苏联教学论思想的"苏联教育经典译丛"。这一时期有许多著名的外文著作被翻译引进，如赞科夫的《和教师的谈话》、苏霍姆林斯基的《帕夫雷什中学》、巴班斯基的《论教学过程最优化》等，这些著作都是从事教学论学习与研究工作的基础文献。

我国学者对外国教育思想及著作的学习，为发展我国教学论提供了基础借鉴，推动了这一时期我国关于教学论的大量书籍出版。其中有代表性的包括：董远骞、张定璋、裴文敏的《教学论》，王策三的《教学论稿》，吴杰的《教学论—教学理论的历史发展》，路冠英和韩金生的《教学论》，刘克兰的《教学论》等。这些研究成果的出版有效推动了学科发展。有研究曾总结道："党的十一届三中全会以来教学研究界对教学论的一系列重大问题开展了深入的研究和探讨，如关于教学过程的本质，掌握知识与发展智力、能力的关系，教学过程中的师生关系与地位。重新探讨和界定了教学论的一些基本范畴，如对教学规律、教学原则、教学方法、教学内容、教学评价等展开了认真讨论，其中许多理论探讨的成果，已经或正在转化为教学实践，涌现出一大批数量相当可观、质量在逐步提高的教学论专著、教材和论文，填补了学科体系中的许多空白，为教学论的民族化迈出了坚实的一步。"[1]这些教学论研究成果有效地表明了教学论的学科地位。

3. 学科建设

改革开放以后，教育学课程得到恢复，教学论从教育学学科中分化出来，并于 1981 年在全国范围招收教学论专业硕士研究生，其中，西北师范大学教学论学科被批准为博士点，具备招收教学论博士研究生资格。这是我国获批最早的教学论专业博士点。同时，华东师范大学、北京师范大学等高校获准开设教学论专业硕士点。1984 年，教育部又批准了第二批教学论专业博士点和硕士点，原西南师范学院(今西南大学)获得教学论专业博士授权点，原杭州大学(今浙江大学)、华中师范大学、东北师范大学、华南师范大学等高校获批为教学论专业硕士学位授权点。[2] 这一时期，全国大部分师范院校和教育科研机构中设立了教学论专业，每年培养出一批从事教学理论研究的硕士、博士。

① 蔡宝来：《传统教学论的产生及发展历程》，载《教育研究》，2000(6)。
② 吉标：《改革开放以来我国课程与教学论学科建制的历程》，载《西南大学学报(社会科学版)》，2016(1)。

20世纪80年代初，北京师范大学、西北师范学院(1981年更名为西北师范大学)、西南师范学院(1985年更名为西南师范大学，2005年组建"西南大学")等高校的教育系(学院)都较早地设立了教学论(教学法)教研室。教学论(教学法)教研室是当时教学论学科在高校的最基本组织单位，标志着教学论学科有了初步的组织建制。1985年6月成立的中国教育学会教育学分会教学论专业委员会，迄今已在全国范围内成功举办多届学术年会，并不定期地开展专题讨论会及国际国内各种类型的学术会议，加强了教学论研究者之间的联系，提升了研究队伍的专业化水平。[①] 教学论专业委员会的成立，有利于相关研究者确立研究方向，聚焦问题，解决问题，例如，合作编写教学论教材，满足各高校教育系(学院)对高校教学论课程教学用书的需求。1990年，全国教学论专业委员会《教学论》教材编写组编写的《教学论》出版。这本教材"早在1985年第一届全国教学论学术讨论会上就开始酝酿。二年后，在1987年第二届全国教学论学术研讨会期间正式讨论了这个问题，并推举本专业委员会主任唐文中同志担任主编组织编写"[②]。

学科教学论方面，20世纪80年代也出版了一些教学论著作。由北京等七省市教育学院编著的《中学语文教学论》[③]，参照当时教育部颁发的《中学语文教材教法教学大纲》共同编写，作为教育学院中文系教材。该书具备一些特点：体现了语文教学以教师为主导、学生为主体的教学论思想，以及全面培养和发展学生理解与运用祖国语言能力的思想；设专章讨论学生学习语文的方法；注意吸收语文教改的新经验、新成果；运用信息论、系统论、控制论的某些原理

---

① 李森、张东：《教学论研究三十年：实然之境与应然之策》，载《西南大学学报(社会科学版)》，2009(6)。

② 唐文中：《教学论》，"前言"1页，哈尔滨，黑龙江教育出版社，1990。

③ 北京、陕西、江苏、上海、广东、四川、辽宁七省市教育学院：《中学语文教学论》，西安，陕西人民教育出版社，1987。

研究语文教学。

1989 年，由于满川、杨履武、顾黄初等人主编的《语文教学论》由南京大学出版社出版。该书试图用教学论的理论范畴来集纳语文学科所涉及的问题，这些范畴包括课程论、教材论、过程论、学习论、教法论、考核论和教师论。该书以这七论来建构语文教学论的理论框架，以"大语文教育"的观点和系统论、控制论、信息论的科学研究方法来考察和分析所列各项内容。[①] 相关著作还有田本娜、高恒利合著的《小学语文教学论》，1987 年由辽宁教育出版社出版；广西教育学会语文教学法研究会编写的《中学语文教学论》，1989 年由广西师范大学出版社出版。

数学学科方面，数学教学论著作出版得较晚，直到 1990 年，光明日报出版社才出版了周玉仁著的《小学数学教学论》[②]一书。该书力图体现 1987 年新颁布的《全日制小学数学教学大纲》精神，理论结合实际，努力根据小学生的认知规律，教会小学生学好数学，达到减轻负担、提升教学质量的目的。这是一部出版得较早的小学数学教学论著作。就在同一年，南海出版公司出版了《数学教学论》[③]，该书重点论述了中学数学教学的目的、内容、原则、方法和日常教学工作，以及数学"双基"教学、数学能力培养等，这也是出版得较早的一部数学学科教学论著作。

化学学科方面，1978 年党的十一届三中全会以后，全国各高师院校重新开设"中学化学教学法"课程，相关课程得到了恢复。1980 年，教育部颁发了《中学化学教材教法教学大纲》，使化学教学法课程在高等师范院校的课程体系中有了重要地位。化学教学的专业学术机构和团体也相继成立。1979 年，中国化学会成立化学教育专业

---

① 于满川、杨履武、顾黄初：《语文教学论》，5 页，南京，南京大学出版社，1989。
② 周玉仁：《小学数学教学论》，北京，光明日报出版社，1990。
③ 汪德菅、李铭心：《数学教学论》，海口，南海出版公司，1990。

委员会；1983年，中国教育学会化学教学专业委员会成立。相关的化学教学杂志也陆续出现。1979年，华东师范大学主办《化学教学》；1980年，中国化学会主办《化学教育》。这些专业杂志的创办与传播，为同行交流提供了平台。相关的学术会议也组织召开。1983年5月，首届全国高等师范院校"中学化学教材教法"教学经验交流及学术论文报告会在陕西师范大学召开。[①] 1985年，教育部高校理科教材中学化学教材教法编审小组开始工作。1983年，北京师范大学、东北师范大学、华东师范大学首次招收"化学教学法"硕士研究生[②]，开始培养专业的化学教学研究人才。从20世纪80年代开始，为适应高等院校教学的需要，化学教学论的教材相继出版。据不完全统计，几十年来，国内出版的化学教学论教材已有近百部，尽管教材名称不统一，有中学化学教材教法、化学教学法、化学教育学、化学教学论、中学化学教学论、化学课程与教学论等多种叫法，但这么多教材的出版，表明了学科繁荣的程度。在这些教材中，1990年由高等教育出版社出版，北京师范大学刘知新教授主编的《化学教学论》是化学教学论学科在本科生培养层次上统一名称后的第一部教材，也是化学教学论学科领域内公认的奠基之作。[③] 该教材历经3次修订，2009年出版第4版，是化学课程与教学论最重要的教材之一，也是影响最大的教材之一。

化学教学论人才培养方面，到2003年，全国已有33所高校招收"化学课程与教学论"方向的硕士研究生，到2012年，有44个单位招收化学课程与教学论方向的硕士生。1997年，北京师范大学、南京师范大学、东北师范大学等开始招收专业学位研究生——学科

---

① 刘知新：《对我国化学教学论学科建设与发展的反思》，载《化学教育》，2008(11)。

② 林长春：《化学课程与教学论学科建设的回顾与反思》，载《重庆师范大学学报（自然科学版）》，2004(1)。

③ 李广洲：《化学课程与教学研究：1979—2009》，2页，南京，南京师范大学出版社，2012。

教学(化学)方向教育硕士。2001 年，南京师范大学化学与环境科学学院在全国首次招收化学课程与教学论博士研究生，高层次人才培养有了突破。其后，华东师范大学、东北师范大学、北京师范大学、山东师范大学等多所师范大学先后招收博士研究生。2010 年，北京师范大学、华东师范大学、东北师范大学又开始学科教学(化学)方向教育博士的培养。硕士、博士点的逐步铺开，带动了学科的发展，同时，相关专业高层次人才的培养，也壮大了学科发展的人才队伍。

(二)课程论

改革开放后，随着教育科学研究的发展，我国对课程论的研究日益广泛、深入，课程论的学科位置及其同教学论的关系问题开始得到重视和研讨。课程理论研究进入了一个新的繁荣阶段，其最显著的标志是课程理论逐渐从普通教育学、教学论中分离出来，成为一个独立的研究领域，为后来课程论真正发展为独立学科奠定了基础。

伴随着政治、经济的改革、开放，课程领域开始打开门户，面向世界，引进了当代外国最新的课程理论，主要包括美国布鲁纳的结构课程理论，德国瓦·根舍因、克拉夫基等的范例课程理论，苏联赞科夫的发展课程理论等。除了引进学习西方的课程理论，中国学者在课程论领域也创造了不少成果。例如，靳玉乐在其文章中曾提到标志性的著作，1981 年全国性课程研究机构"课程教材研究所"的成立和学术专业刊物《课程·教材·教法》的创刊，标志着课程研究已经在依附中萌生了探索和独立的学科意识。[①] 除了专著，课程、教材研究论文大量涌现，而且教学论专著中还增加了课程论的章节。标志性的学术专著是陈侠的《课程论》及钟启泉的《现代课程论》。陈侠的《课程论》是关于本土课程实践和国外课程理论的专著，钟启泉

---

① 靳玉乐、李殿森：《课程研究在中国大陆》，载《教育学报》，2005(3)。

的《现代课程论》介绍了国内外课程理论和实践的发展。除此之外，还有廖哲勋的《课程学》、施良方的《课程理论——基础、原理与问题》、丛立新的《课程论问题》、张华的《课程与教学论》等著作。这表明课程论研究已具有独立的学科身份、独立的研究空间，开启了课程论发展的新征程。

　　1990 年，张敷荣和张武升曾总结过改革开放后十年间课程论的主要发展成就：课程论研究的范围扩大了，涉及的问题包括知识与课程的价值观、课程的学科位置与性质、课程的现代化、课程编订的理论与方法、教材的建设等。① 同时，他们认为课程论的研究方法也发生了变化，例如，在坚持马克思主义一般方法论的基础上，注意进行调查研究和实验探讨，定性研究与定量研究相结合，引进和借鉴其他学科的研究方法，这对提高课程论学科的科学水平和现代化水平有很大的帮助。

三、教学论与相关学科的关系

　　教学论学科发展不仅需要有自己独立的研究对象和成果，也需要吸取相关学科的研究成果，以充实教学论学科。教学论与相关学科的联系，也是一个极其复杂的方法论问题。教学论在发展过程中与其他学科的发展和内容有着不可分割的联系，弄清楚它们之间的联系与区别，有利于掌握教学论的研究对象，也有利于了解教学论的体系和特点。在独立阶段，相关研究主要探讨了教学论与马克思主义哲学、"三论"、教学论史、分科教学法的联系。

（一）教学论与马克思主义哲学的关系

　　在独立阶段，马克思主义哲学逐步中国化，成为教学论和课程论重要的理论基础及研究内容。在教学论学科起步和发展阶段，许

---

　　①　张敷荣、张武升：《建国以来课程理论与实践的回顾与展望》，载《华东师范大学学报(教育科学版)》，1990(4)。

多研究者自觉地将其作为学科发展的支撑。路冠英、韩金生在其著作《教学论》中写道："马克思主义哲学是教学论的方法论基础。纵观教学理论发展，教育家们都是自觉或不自觉地运用一定的哲学观点进行观察研究教学问题的，教学理论发展过程中也总是渗透着唯心与唯物、形而上学与辩证法的相互对立和斗争。马克思主义哲学是辩证唯物主义和历史唯物主义，它是人们对于整个世界（包括自然界、人类社会和人的思维）的根本看法的体系，是'关于自然知识和社会知识的概括和总结'。"①马克思主义哲学是无产阶级的世界观、方法论，是观察、研究一切事物现象的总观点和依据。因此，马克思主义哲学是建立我国教学论的方法论基础。在独立阶段，马克思主义哲学对教学论的影响主要体现在以马克思主义为理论基础而形成的教学认识论与教学要素论上。

1. 教学认识论

1979—1989 年，正是以马克思主义认识论为指导的教学认识论的理论建构时期。20 世纪 80 年代的教学论学科发展过程中，自成体系的教学论教科书大部分是依托苏联教学论的体系编撰的，缺乏自我构建体系的教学论书籍。北京师范大学王策三教授在给本科生教学的过程中形成了《教学论稿》教材，力图促进教学论科学化。在此基础上形成的"特殊认识论"在《教学认识论》一书中得到了系统、完整的表达，在教学论领域产生重大影响。有学者称其为具有中国特色的教学论学派，认为"中国特色社会主义理论始于 20 世纪 80 年代，教学认识论可以称得上中国特色教学理论建设的初步尝试，而且这一理论经数代人的不断完善，已经成为中国特色教学理论中十分重要的理论之一，并在中国特色教学理论建设中起着基础性的

---

① 路冠英、韩金生：《教学论》，5 页，石家庄，河北教育出版社，1987。

作用"①。

　　教学认识论的确立，标志着中国教学论正朝独立自主地探索教学规律的科学化道路前进。马克思主义教学论产生于苏联教育学，通过翻译与学习进入中国，就与中国的学术、教学理论及高等院校教学的需求相适应，形成了具有中国特色的"教学认识论"。有学者认为："在创建中国特色社会主义理论的背景下，王策三教授以马克思主义教学论在中国的产生和发展为起点，结合中国高等院校的需求，构建了中国的教学认识论这样一个学科体系，这是探索构建中国特色的教学论的有益尝试，对中国当代教学论学科的建设及其科学化发展作出了巨大贡献。"②教学认识论是我国教学论独立阶段学术发展过程中最初形成的理论之一，也是最有影响的学派之一，它的生命力是强大的。

　　认识是哲学上的范畴，即人脑对客观世界的反映，它对具体的教学认识是指导，不是取代。它也不等同于心理学上的认识，而是概括了心理学的认识、感情和意志过程，以及个性品质的形成过程。深入研究教学认识论，将丰富教学论的内容。哲学认识论的研究一般只限于认识，并不包括情感、意志和个性。也许来自教学认识论的挑战，将推动哲学认识论研究领域的扩展。③哲学认识论也影响到学科教学论的理论构建。例如，20世纪五六十年代，我国的化学教学法多以哲学认识论作为理论部分的主要内容。理论部分的单立对于强化化学教学论理论探究和创建意识有着鞭策作用。④

　　教学认识论与哲学认识论是在相互影响着的，马克思主义认识

―――――

　　①　王鉴、李晓梅：《当代中国特色教学论的发展历程及启示》，载《社会科学战线》，2016(6)。

　　②　王鉴、李晓梅：《当代中国特色教学论的发展历程及启示》，载《社会科学战线》，2016(6)。

　　③　董远骞：《一条曲折的路——教学论发展的四十年》，载《华东师范大学学报(教育科学版)》，1989(3)。

　　④　吴一凡：《我国化学教学论学科的形成(下)》，载《化学教学》，2012(7)。

论教导我们用辩证唯物主义和历史唯物主义的观点和方法去看问题，其中包括用全面的观点、发展的观点、从事物的相互联系中看问题的观点，等等。如果掌握并善于运用这些观点和方法去看问题，就能够看到事物的本质而不至于为其表面现象所蒙蔽。这样也就不会陷入教条主义或实用主义的泥潭中去。我们要用整体的观点去研究教学活动，要把教学活动置于整个社会活动中，置于学校教育的整体过程中，在与多种外部因素和内部因素的相互联系中去研究。同时还应该用历史唯物主义观点、发展变化的观点研究教学活动，要把教学活动置于动态中研究。

2. 教学要素论

教学要素论可看作 20 世纪 80 年代以后探索教学论体系的另外一个尝试，最终促成了教学论学派多元化的发展。王鉴、李晓梅在其文章中提到"教学要素论同样以马克思认识论和实践论为指导"[1]。对教学要素问题的探讨一直是教学论研究的热点问题，学者们从对教学要素的内涵分析入手，在建立划分教学要素标准的基础上，或从"单维"的角度提出了三要素、四要素、五要素、六要素、七要素，或从"多维"的视角提出了"'2＋2＋5'要素说"、教学要素层次论、"'2＋2＋4'要素"架构模式、"'3＋4＋2'要素"架构模式、教学要素系统论等。教学七要素的标志性成果是李秉德先生 1989 年在《对于教学论的回顾与前瞻》一文中阐发的"七要素说"。教学要素具有怎样的作用呢？李秉德先生从现代教学论学科发展的角度来阐释，认为："现代教学论就是从教学诸要素的联系中，探讨各要素的本质特点与基本内容，从中找出一些带有规律性的东西来，并在此基础上提出一些原则、方法与建议，以期能帮助教学工作者自觉地处理好各要

---

[1] 王鉴、李晓梅：《当代中国特色教学论的发展历程及启示》，载《社会科学战线》，2016(6)。

素之间的关系，使能达到最优化的程度，最后达到培养社会主义新人的目的。"①教学论研究者王兆璟曾这样评价："教学要素说命题的提出与发展，是中国教学论发展所必须探讨的一个命题，也是中国教学论发展到一定阶段的自然产物，它对中国教学论理论发展的理论承诺具有合法性，在一定意义上反映了中国教学论发展的时代诉求，对中国教学论理论发展的困境进行了破解，在它身上，有鲜明的时代性、发展性、开放性和方向性。"②教学要素论与马克思主义哲学紧密结合，是马克思主义教学论中国化的一次尝试，也是学者们努力将教学论科学化的尝试。

（二）教学论与"三论"的关系

由于教学论研究对象具有综合性、复杂性的特点，需要广泛吸收各相关学科的理论成果，更好地揭示教学系统诸要素的关系及其本质。在 20 世纪 80 年代，系统论、信息论、控制论(后统称为"三论")逐步影响我国人文社科领域。"三论"所渗透的思想对于教学论的影响，主要是指教学论学科体系的构建要注意以"三论"为指导，重点解决教学问题，并将"三论"作为构建教学论学科体系的现实基础。"三论"的发展能丰富哲学、心理学、教育学、教学论等学科的范畴和方法，是现代教学论学科发展的重要基础之一。"三论"的一般原理和方法用于教学论，主要作用在于更新观念、启发思想、提供方法。

"三论"在中国的发展是在改革开放后。1979 年全国教育学研究会第一届年会上，有人提出把控制论原理应用于教学论问题的研究，引起了与会者的兴趣。有人认为，系统论充实和丰富了马克思主义

---

① 李秉德：《对于教学论的回顾与前瞻》，载《华东师范大学学报（教育科学版）》，1989(3)。

② 王兆璟：《论改革开放以来中国教学论学者的学术自觉——以教学要素说的探讨为中心》，载《当代教育与文化》，2012(2)。

方法论，可以结合运用。即以整体综合的观点来研究事物，以结构、动态的方法来分析事物，通过反馈进行有目的的控制，以期达到最佳效果。这是教学论研究的方法论方面的新问题，有待在运用中进一步加深认识。①李秉德也在其著作中提及"三论"对教学论发展的意义，"由于系统科学本身就是现代科学技术整体化的产物，所以具有向科学的一切领域，包括教育科学领域广泛渗透的可能性。系统科学的运用使人们从对单一事物的研究过渡到对系统联系的研究。运用系统方法研究教学问题，有助于从整体上把握教学现象、建立教学模式，从控制、信息和系统论的观点对教学规律的研究具体化、深入化，还能得到许多新的启发和认识"②。

　　刘克兰在其著作《教学论》中对"三论"有详细的解释，她的解释是当时关于"三论"的较为完整、合理的解说。她提出："系统论所研究的是一切系统的模式、原则和规律。"③根据系统论思想，她将教学看作一个多要素、多层次构成的复杂系统，因此用系统论的原理和方法来研究教学论问题，就是要把教学论的各要素置于系统之中，分析整体与要素、要素与要素等之间的关系，系统、全面地探索解决教学问题。关于信息论，她有这样的解释："信息论所研究的是信息传递和信息交换的规律，其范围非常广泛。如电子计算机程序技术、电脑和机器人就是技术信息，人的语言是社会信息等。教学过程是不断传递交换信息的过程。"④她认为教师与学生之间的教与学就是信息交互的过程，"教师输入给学生的信息是教学内容，输入信息的方式是教学方法；学生通过感知、理解、记忆等接受信息，掌握学习方法，培养学习能力，都是信息加工活动；学生回答问题和

　　① 董远骞：《一条曲折的路——教学论发展的四十年》，载《华东师范大学学报（教育科学版）》，1989(3)。
　　② 李秉德：《教学论》，29页，北京，人民教育出版社，1991。
　　③ 刘克兰：《教学论》，17页，重庆，西南师范大学出版社，1988。
　　④ 刘克兰：《教学论》，18页，重庆，西南师范大学出版社，1988。

做作业就是信息输出，教师通过对学生的答案和作业进行评价，获取信息反馈，调节自己的教学，这样按信息流程来组织、分析和检查教学，就能有效地控制学生向着预定的教学目标发展"①。关于控制论，她认为："控制论研究的是在各种控制条件下一个系统运转的规律。教学过程是个复杂的过程，也是信息的控制和反馈的过程，是可以控制的。"②教学过程即信息控制过程，是对信息传输、接收、储存、变换加工过程的控制，它能尽可能使教学过程最优化。"在实现对系统的控制时，必须有信息反馈，学生通过对学习的自我判断和评价，实行自我调节，以改进自己的学习；同时，学生这种反馈信息传递给教师，可使教师检查和调节教学，借以提高教学质量。"③

"三论"对于教育学科的影响，主要是指导思想和方法论上的启示，促使各科教学论科学化。一些学者在教材编制、课程实施方面借鉴了"三论"的方法，例如，在语文教材编制中，"我们的教材编写和教程安排是受了系统论和控制论的一些原则启发的"，"控制论讲定向控制和定量控制，系统论强调科学的体系，我们的教材和教程是力图体现这一点的"。④

（三）教学论与教学论史的关系

研究教学论必然离不开对教学论史的探究，有学者提到："通过揭示过去的思想和事件对现在的影响，历史能给我们提供视角与方向。历史使我们能够区分什么是成就与有益的影响，什么是错误的转向和消极的影响。这些知识对我们判断当前情况下需要依靠什么

①　刘克兰：《教学论》，18 页，重庆，西南师范大学出版社，1988。
②　刘克兰：《教学论》，18 页，重庆，西南师范大学出版社，1988。
③　刘克兰：《教学论》，18 页，重庆，西南师范大学出版社，1988。
④　北京师范大学实验中学语文组：《探索中学语文教学的新途径》，载《教育研究》，1985(12)。

和需要改变什么是有用的，因为现在是过去积累的结果。"①在教育发展的历史长河中，我们必须掌握教育历史发展规律，批判地继承丰富的中外教育历史遗产，借鉴教育历史经验，明察教育发展的昨天，才有利于把握教育的今天和预测教育的未来。教学论作为教育学的分支学科，离不开对教育历史的研究，研究教育史也是研究教学论的必要条件。郑刚在其文章中也谈及研究教学论史的重要性，"教学论史研究，就是在挖掘、整理及分析历史上的教学活动、教学改革和教学理论的基础上，通过详尽描述和深度阐释，形成某种解释架构，从而为教学实践和教学理论构建提供借鉴与反思"②。同样，刘克兰在《教学论》中提到："教学论的产生有一个历史的发展过程。教学论在发展的初期，只是以一种教学思想的形式存在于各教育家、思想家的政治、哲学、伦理学及文学著作中。以后，随着生产力的发展和社会的变革，教育实践进一步丰富，教育学进一步发展完善，教学论也在教育学走向科学化的过程中逐渐从零星分散的经验性描述向系统化和科学化方向发展。深刻认识教学论发展的历史，有助于我们从发展的角度认识教学论中的各种理论和实践问题产生的源流，为创建具有中国特色的教学论体系提供思想基础和实践依据。"③

教学论学科发展起步较晚，对传统教学思想的研究比教育史要晚一些。但在改革开放后，随着教学论学科的分化和研究力量的壮大，教学论界对传统教学思想的讨论和研究也逐渐深入。为促进教学论的历史研究，一些高校召开了专门的学术研讨会，组织了不同学科领域的专家学者参与，对古代教育家的教学思想进行集中研讨。

---

　　①　[美]丹尼尔·坦纳、劳雷尔·坦纳：《学校课程史》，崔允漷等译，27 页，北京，教育科学出版社，2006。
　　②　郑刚：《传承与超越：教学论史研究的困境与新径》，载《教育科学研究》，2019(3)。
　　③　刘克兰：《教学论》，19 页，重庆，西南师范大学出版社，1988。

例如，1984 年 12 月，"孔子教学论学术讨论会"在华南师范大学召开，全国高校的 50 多名专家学者参会。会议对孔子教学论思想在中国古代教学论体系中的地位、孔子教学论思想中的辩证法及孔子教育心理思想等问题进行了讨论。[①] 很多教学论研究者花费很大精力对古代教育家的教学思想进行了系统梳理与分析，对传统教学思想、教学原则、教学方法、教学艺术等进行了深入阐释，在学术期刊上发表了大量论文，例如，毛礼锐的《儒家的"教学论"初探》[②]，马纪兴的《〈学记〉中的教学论思想》[③]，刘仲子的《我国古代教育家的学习论》[④]，周祺家的《从〈论语〉看孔子的"教学论"》[⑤]等。在此基础上，有些教学论学者对中西方教学思想史进行了系统整理，对中国古代经典文本中蕴藏的教学思想进行了深入挖掘，陆续出版了一批各具特色的教学思想史著作，例如，1989 年西南师范大学出版社出版的熊明安主编的《中国教学思想史》，1994 年初版、2001 年再版的人民教育出版社出版的田本娜主编的《外国教学思想史》。

　　徐继存和吉标对独立阶段教学论关于整理和总结传统思想有详细叙述，并提到这一时期除了对中国古代教学论历史进行总结外，还关注到了西方教学思想的归纳整理。"当时有一批中西方学养深厚的教育史学家，他们以高度的使命感与责任感，潜心教育史的研究，组织一批学术力量对古代和近代西方教育思想进行了系统梳理与整理，编写了一系列具有较高学术价值的教育通史、专题史，选编了一些颇具史料价值的教育论著选和教育家文选，对传统教学思想的整理作出了开拓性贡献。另外，一批具有较高学术素养的教育史学

---

　　① 陈汉才：《我校召开孔子教学论学术讨论会》，载《华南师范大学学报(社会科学版)》，1985(1)。

　　② 毛礼锐：《儒家的"教学论"初探》，载《北京师范大学学报(社会科学版)》，1979(6)。

　　③ 马纪兴：《〈学记〉中的教学论思想》，载《人民教育》，1979(11)。

　　④ 刘仲子：《我国古代教育家的学习论》，载《教育研究》，1981(8)。

　　⑤ 周祺家：《从〈论语〉看孔子的"教学论"》，载《新乡师范学院学报》，1981(1)。

者对中西方传统教育思潮的形成、发展和演变进行了详细梳理，对各种教育思想流派、教育思潮及其基本特征等进行系统归纳和分析，精编了多部中外教育思想通史和断代史，翻译出版了一批外国教育经典论著，极大扩展和丰富了对传统教学思想的研究。"[1]

（四）教学论与分科教学法的关系

教学论与分科教学法有不可分割的关系。20世纪80年代以前，教学论这个学科一般叫作"教学法"。此后，随着该学科的发展，"教学法"开始更名为"教学论"。之所以叫作一般性的"教学法"，因为它研究的是各专门学科教学法的共同原理和方法，有别于专门学科教学法的特殊研究。胡克英曾说过："把'教学论'从各专门学科教学法中抽绎出来、区别开来，而又与学科教学法并存，看来是有其客观根据的。这是教育科学发展史上学科分化的必然结果。可以说，两者在教育思想史上是'孪生的姊妹篇'。"[2]其实，在这一时期，有许多学者对学科教学法进行了研究，在1980—1989年这十年间，关于语文教学法的图书就有200多本，例如，1981年出版的周仁济的《语文教学法》，谢先模、徐冰云的《语文教学法集锦》等，大多数是关于中小学教学法的著作。关于中小学的数学教学法就有240多本著作，例如，郭涤尘等1981年出版的《数学教学法》。除此之外还有关于体育、音乐等科目的教学法，甚至是关于大学课程的教学法。

1988年11月，国家教委在北京师范大学化学系召开了"高等师范院校本科化学专业化学学科基本要求审定会"。与会的化学教育组的专家学者在审定《高等师范学院化学系本科化学教学法课程的基本要求（草案）》时，一致认为改用"化学教学论"这一名称代替"中学化

---

① 徐继存、吉标：《我国教学论研究三十年的回顾与反思》，载《中国教育科学》，2014(4)。

② 胡克英：《教学论研究》，"说明"1页，北京，教育科学出版社，1982。

学教学法"或"中学化学教材教法""化学教学法"等学科名称是必要
的。① 从此,化学教学论学科有了新的叫法,名称也初步统一了。

教学论和分科教学法在教学领域的研究中是一般与特殊的关系。
分科教学法以各科教学活动为对象,揭示各科教学的特殊规律,其
研究成果是丰富和发展教学论的重要源泉。而教学论所揭示的教学
一般规律,又为分科教学法提供了理论基础。杨启亮曾指出,学科
教学法的"研究者分散在不同学科群体里,从来就缺乏相互沟通,而
教学论的基础研究,也不关注它们(具体学科),这就把问题边缘化
了。结果是有一种新教学模式或新方法,各学科都可以拿来用,也
就避免不了牵强附会"②。这就要求我们必须厘清教学论与分科教学
法的关系,正确进行两者的研究。

教学论研究的是整体性的、一般性的问题,这些研究往往涉及
整个教学计划或课程设置乃至教学制度全局的问题。各门学科教学
法就是以教学论中一系列的共同指导思想和方法论作为核心,"从一
般到特殊",进行改革实验和研究,"从抽象上升到具体",求得其发
展。这就需要教学论日益向探索教学过程内部规律性的纵深之处发
展,要求提高教学论的理论性和科学化程度,为学科教学法的发展
提供一般性的理论基础。教学论又必须以各专门学科教学法作为基
础或主要的理论立脚点。教学要理解不同的对象,区别不同的学科,
这几乎是一种常识。教学论必须注重不同学科的特殊性,不能忽视
教学实践,这些特殊性往往在分科教学法中体现。教学论和分科教
学法之间的相互促进,有共同发展的历史趋向。教学论在某一个或
某几个关键问题的研究上有所突破,有所前进,则势必会带动各专
门学科教学法或多或少的改变。教学论和学科教学论是相互联系、

---

① 林长春:《化学课程与教学论学科建设的回顾与反思》,载《重庆师范大学学报(自
然科学版)》,2004(1)。

② 杨启亮:《教学论基础研究的几个边缘问题》,载《教育研究与实验》,2013(3)。

不可分割的两部分，它们在相互促进中共同发展。

四、课程与教学论研究的自觉意识与本土发展

在这一时期，教学论开始反思自身，在理论与实践领域进行了新的探索，实现了中国教学论的本土发展。课程论也实现了自身在教育原则、教育内容、教育方法上的革新，立足中国本土发展。

(一)理论层面——课程与教学理论的革新

教学论学科在新时期蓬勃发展的同时，教学理论却不再受到广泛追捧。人们开始"抱怨"教育理论与实践脱节，理论难以指导实践，即理论与实践"两张皮"。这引起了许多教育学术期刊的讨论，并引发了整个教学论界的热切关注。在对教学理论与实践关系的讨论中，相关学者也开始自觉反思和自我批判，不断探寻更好的研究路径。很多教学论学者开始发现自身在研究方法和原则上的短板，他们认为当时的研究者在教学论方面的研究更多的是"从理论到理论"，而没有很好地观照实践。由此，新的教学论研究方法呼之欲出。1985年，在第一届全国教育学研究会教学论专业会议上，教学论研究方法就作为教学论的一个重要专题而被热烈讨论。很多学者纷纷提倡运用多样化的研究方法丰富研究形式，进行多方面、多层次的深入调查和研究。此后，中国教育学会教育学分会教学论学术委员会连续三届年会(1987 年、1989 年、1991 年)都将教学论研究方法作为重要的议题。可以说，经过对教学论研究方法的系统思考，人们对教学论的理论反思逐渐深入，对教学论学科及其本性的认识也日趋深刻。这一时期还有学者基于本国实际，对国外教学论的基本原则和理论进行了述评。例如，路冠英、韩金生在其 1987 年出版的《教学论》中就介绍了布鲁纳的动机原则、结构原则、程序原则和反馈原则，赞科夫的以高强度、高速度进行教学等原则，以及巴班斯基的教学过程最优化原则，开拓了我国教学论学者的视野，丰富了我国教学论学者对教学原则的进一步认识，从而得以更好地反思自身理

论存在的不足。

我国课程的发展基本上与培养人才的需要相适应，以马克思列宁主义、毛泽东思想为指导的课程在这一时期也显现出了自身的时代性，反映了实现四个现代化和面向世界、面向未来的需要。[1] 改革开放后，为进一步提高教学质量，"双基"理论得以恢复和发展；为适应科学技术发展的需要，课程的主要内容也不断更新。通过1978年《全日制十年制中小学教学计划试行草案》对"双基"的强调，正常的教学秩序得以恢复。随着"双基"理论在中小学课程内容中的确立，我国中小学的各科目也逐渐意识到要以实际操作的方式将中小学生所学的基础知识加以巩固。除了革新教学内容外，刘克兰等学者还对苏联、美国中小学教育改革进行了梳理，为我国进一步实施课程改革提供了可资借鉴的对象；路冠英、董远骞等人看到了国外学科中心的课程、经验中心的课程以及布鲁纳的结构主义课程，深入分析其中优劣并提出了可资借鉴的地方，丰富了我国对课程编制的研究；路冠英等人还结合改革开放以后新时期对人才培养的要求，更新了我国中小学的启发性原则、直观性原则、理论联系实际原则、系统性原则及巩固性原则。

(二)实践层面

理论为学科发展提供了构架，拓展了发展方向，而实践则是落实理论、检验理论的重要途径。尤其是改革开放之后，"实践是检验真理的唯一标准"思想逐步深入，以拓展和验证教学理论的专题实验在广大中小学展开，同时，自上而下和自下而上的综合课程改革也逐步推广开来。

1. 教育改革实验的萌芽

改革开放为基础教育实践带来了发展的春天。基础教育层面的

---

[1]　路冠英、韩金生：《教学论》，石家庄，河北教育出版社，1987。

教学改革实验既是人们热情实践教育的体现，也是丰富教育理论的途径，同时也为教学论学科的发展提供了丰富的实践资源。1978 年以后，一线教学改革实验开始萌芽。改革开放之前，教学改革实验很少；中共十一届三中全会以后，尤其是 1985 年《中共中央关于教育体制改革的决定》颁布之后，教学改革实验有了明确发展的方向："按照理论联系实际的原则，在辩证唯物主义的思想指导下，改革教学内容、教学方法、教学制度，提高教学质量，是一项十分重要而紧迫的任务。要针对现存的弊端，积极进行教学改革的各种试验。"1982 年，当时的华中师范学院(今华中师范大学)主办的《教育研究与实验》杂志创刊。该杂志的编者写道："党的十二大把教育和科学作为建设社会主义的战略重点之一，给教育事业展示了新的光辉前景，也给广大教育工作者提出了新的课题。教育理论领域十分广阔，需要我们努力探索；教育实践丰富多彩，需要我们认真总结。为了建设高度的社会主义精神文明，使教育有一个新的突破，以适应'四化'的需要，我们必须具有求实的精神和理论上的勇气。"①从总体上看，当时的教学改革实验是一项非常重要的工作。1983 年，邓小平为北京景山学校题词："教育要面向现代化，面向世界，面向未来。""三个面向"提醒我们，必须站在现代化建设的立场进行人才培养，教学论学科应关注中小学教学质量提升的核心问题，也需要进行新的探索。各地掀起的教学改革实验就在为教学论学科发展贡献实践资源。教育工作者边实践边反思，践行"实践出真知"的基本准则。一些曾因"文化大革命"被迫中断的教学改革实验，如北京景山学校、上海育才中学、中国科学院心理研究所的中学数学自学辅导等教学改革实验得以恢复并增加了新的要求、新的内容。另外，这一时期涌现出许多著名的教学改革实验，效果颇佳，成为教学改革实验的典范。

---

① 编者：《编后》，载《教育研究与实验》，1982(2)。

　　当时的教学改革实验形式多样，改革重心各不相同(见表2.1)。其中已取得显著效果并取得全国性影响的有上海师范大学教育科学研究所的中小学教育体系整体改革实验、上海青浦县(今青浦区)顾泠沅小组的中学数学教学实验、北京师范大学实验中学的中学语文教学改革实验、湖北省武汉市武昌实验小学的教改实验、黑龙江省的"注音识字，提前读写"小学语文教学改革实验、北京市幸福村中心小学马芯兰的小学数学教材教法改革实验，等等。[①] 由于改革重点不同，各实验对于教学论主题的研究与探讨均发挥着推动作用，能够将理论探讨的一般原理在实践中试用和检验，进一步拓展理论的解释力。关于小学生全面发展的实验，就是在"探索一条从儿童实际出发，综合设计和组织教育教学过程，力求以不超过规定限度的时间和精力，取得对该具体条件来说是尽可能高的教育效果的途径"[②]。这项由杭州市天长小学和杭州大学教育系联合进行的"小学生最优发展综合实验"就是对当时教学论理论界热议的全面发展问题的实践回应。根据实验者记录的四条基本实验原则——全面发展的方向性和整体性原则、教师主导和学生自觉主动活动结合原则、综合性方法原则和最优化原则，能够发现当时教学理论中有多个探讨主体，巴班斯基的最优化理论成果也作为实验的原则。

表 2.1　中小学教学改革实验(1978—1989年)

领域	名称
语文	江西省潘凤香教读法
	江西省张富四分法(一课多次教学法)
	江西省抚州地区的语文双基落实和作文教学实验
	江苏省常州市博爱路小学语文教学改革实验

---

① 孙耕民:《大力提倡教学实验》，载《教学与管理》，1987(2)。
② 张定璋、郑继伟:《整体性的观点与综合性的方法——小学生全面发展综合实验第一学年述评》，载《教育研究与实验》，1984(3)。

续表

领域	名称
语文	北京市第八十中学语文教学改革实验
	李吉林小学语文情境教学实验
	天津师范大学教科所小学语文教学改革实验
	北京师范大学实验中学语文教学改革实验
	黑龙江省小学语文"注音识字，提前读写"教学改革实验
	河北省沧州地区小学语文"部件识字和语言训练的系列化"实验
	山西省临汾市高堆小学语文教学改革实验
	江苏省南京市长江路小学"提前阅读，大量阅读"语文教学改革实验
	上海师院附中语文教学改革实验——在八年中学完小学、中学十二年的内容
	安徽省黄山汤口小学分类识字法教学实验
	江西省萍乡市语文"单元教学试验"
	江苏省常州市新闸中学"初中语文展开式综合训练实验"
	湖北省教研室语文教学改革实验
	河北省邢台八中"大语文教育"实验
	广西壮族自治区"拼音学话，注音识字，提前读写"中小学语文教学改革实验
	湖北省汉语拼音教学改革实验——"拼音学话，注音识字，提前读写"
	江西省余江县小学语文"三段式"课堂结构改革实验
	黑龙江省中学语文"分类定型，放手读写"的教育改革实验
	江苏教育学院附中"语文教学整体化改革"实验
	天津市开辟两个渠道，搞好两个结合，注重两个因素——作文教学改革实验
	黑龙江省虎林市小学语文"注音识字，提前读写"教学改革
	山东省华东石油学院附小的"两异入情教学法"
	吉林省辽源市第十九中学柳玉峰的综合性语文教学改革实验
	吉林省农安县巴吉垒中学张延华的语文"读写日程训练"实验
	黑龙江省青冈实验学校改革语文教学方法
	江苏省徐州市第二十四中学语文教学实验改革——运用"自学十步法"
	安徽省宿县行署教研室进行小学作文教学整体改革实验

续表

领域	名称
语文	湖南省安化县梅城小学语文教学改革实验——采取多种训练方式培养小学生说话能力
	河北省唐山市初中语文整体改革实验
	青海省乐都县"注音识字，提前读写"语文教学改革实验
	烟台地区"大量读写，双轨运行"小学作文教学整体改革实验
语文数学	吉林省长春市宽城区铁北二路小学语文、数学双科同步改革实验
数学	赵宋光的"综合构建法数学教学新体制"，具体包括：北京市西城区育民小学数学教学体制改革实验，北京市光明小学数学教学体制改革实验，北京师范大学实验中学数学教学体制改革实验，北京市第八中学数学教学体制改革实验
	北京市幸福村中心小学马芯兰的小学数学教材教法改革实验
	卢仲衡的"初中数学自学辅导教学实验"恢复并扩大规模(1965年开始，1980年恢复并扩大)
	辽宁省黑山县北关实验学校《现代小学数学》的教育改革实验
	北京市第二十二中学"结构教学"改革实验
	江西省萍乡市中学数学"启发尝试，效果回授"教学改革实验
	江西省萍乡市小学数学"三环六步自学辅导"教学改革实验
	河南省实验小学"应用题不分类型"教学实验
	重庆市中学以培养学生自学能力为主的教学改革实验
	江西省余江县小学数学应用题教学系列化实验
	吉林省舒兰市第十七中学数学"导学单元教学实验"
	湖南省醴陵市"同级复式，分类推进"数学教学实验
	昆明市大渔小学数学教学改革实验
	课程教材研究所关于改革小学数学教学内容和教学方法的实验
	浙江省慈溪市鸣鹤小学"珠算式心算"实验
	梅县地区"加强知识发生过程，改革数学课堂教学结构"的实验
	大庆市让胡路区小学数学"三算结合"教改实验
	黑龙江省肇东市"三算结合"教学改革实验

领域	名称
数学	湖北省课程教材研究所的小学数学教材实验
	江苏省徐州市第三中学数学自学辅导教学实验
	东北师范大学附属中学数学教学"超前自学实验"
	河南省郑州市中原区伏牛路小学数学单元知识教学改革实验
	江苏省武进湖塘桥小学倍数关系应用题教改实验
	浙江绍兴皋埠中学数学课堂教学改革实验
俄语	辽宁省实验中学六年一贯制"俄语"过关教学改革实验
英语	四川省开县中学英语课堂教学改革实验
	四川省重庆棉纺织一厂子弟中学"拼读入门，阅读主导"的四级共管英语教育改革实验
	上海市"小学英语听力"实验
	东北师范大学附属中学英语教学"过关实验"
思想政治	江西省萍乡市小学思想品德课"乐中学"教学实验
	湖北省武汉市实验学校思想政治课改革实验
	河北省华北石油技工学校附属中学政治课教学试行"议议、读读、赛赛"模式
	上海市青浦白鹤中学《公民》课教育改革实验
	贵州省贵阳市第二十六中学改革初一政治课考核办法
	北京师范大学附属实验中学"中国社会主义建设常识"教学的实验与改革
地理	江西省萍乡市中学地理"图导图练"教学实验
	天津市第四十九中学地理教学整体改革实验
	重庆市第三十中学地理教学改革实验
历史	江西省萍乡市中学历史"情感教学"实验
物理	内蒙古赤峰市第十中学改革初中物理教学的心理学实验
	安徽省马鞍山第二中学初中物理教学改革实验
	江西省萍乡市中学物理"四环法"教学实验
	广东省肇庆中学"改革学生实验教学，提高物理教学质量"
	广西壮族自治区南宁市第二十六中学"指导探究法"物理教学改革实验
	山东省潍坊市第二中学"加强实验，改革课堂教学结构"实验

续表

领域	名称
物理	江苏省苏州市第三十三中学物理教学改革——运用启发式综合教学法
	中学物理教学改革初步——边讲边实验
	福建省农村山区物理实验教学改革
	东北师范大学附属中学物理教学"自学探究法"实验
	北京市第五十四中学"阶梯式教学法"实验
化学	中学化学实验仪器改革
	北京师范大学第二附属中学化学实验教学改革
	"中学化学能力培养的纲和序的制定及其实施"的教学改革实验
	安徽省合肥市第六中学"预习、讨论、讲练"三结合的化学课堂教学改革实验
	四川省旺苍县中学化学总复习结构教学实验
	山东省济宁市第二中学的化学自学辅导教育改革实验
	山东省济宁市第十八中学化学"四环节教学法"
	山东省烟台市"化学四课型单元教学"教育改革实验
	湖北省石首市第一中学"激发兴趣，提高能力"化学实验教学改革
	北京师范大学第二附属中学初三化学教学改革实验
	湖南省株铁第一中学"自学辅导法"化学课堂教学改革实验
生物	江西省萍乡市中学生物"自学、辅导、反馈"教学实验
	华南师范大学附属中学改革生物实验教学，培养学生能力
自然	中央教育科学研究所小学自然课教学改革实验
	贵阳市实验小学"改革自然教学，促进学生全面发展"教学改革
	湖北省 29 所城乡不同类型实验学校小学自然课教学改革实验
音乐	以欣赏为中心的音乐教改实验——辽宁省朝阳市、大连市、抚顺市联合进行
体育	北京市第十九中学改革学校体育教学工作　增强学生体质——保证初中学生每天一学时体育锻炼的实验
	北京市阜成路学校改革学校体育教学工作　增强学生体质——保证初中学生每天一学时体育锻炼的实验
	广东省潮安第一中学体育教学改革实验——新教学程序课
	黑龙江省齐齐哈尔市冰上体育教学改革实验

续表

领域	名称
体育	辽宁省义县北街小学体育教学改革实验
	江苏省徐州市第六中学体育教学法改革——教学锻炼综合课实验
	东北师范大学附属中学"音乐、体操、游戏、运动相结合"的教学实验
美术	东北师范大学附属中学"音乐伴画、电视引情教学法"实验
计算机	北京市福长街小学计算机教学改革实验
整体改革实验	北京市第八中学指导学生学习方法的改革实验
	上海师范大学教育科学研究所的中小学教育体系整体改革实验
	黎世法"六课型单元教学法"(或称"最优教学法")
	湖北省武汉市武昌实验小学的教改实验
	天津市河西区上海道小学"改革课程结构,优化学生发展"整体改革实验
	山东省海阳市榆山街学校"九年义务教育学校德育序列化"实验
	山东省"五·四"学制改革实验
	南京师范大学附属中学课程和教学结构改革实验
	辽宁省大连市中小学情·知教学实验
	广西壮族自治区天桃实验学校的"五·四"学制衔接实验
	广西壮族自治区博白镇中学全学科并进改革实验
	广西壮族自治区柳州市第二中学全学科并进改革实验
	江西省教育科学研究所的中小学"德育序列研制与跟踪实验"
	山东省潍坊市综合文科教学改革实验
	吉林省白城市明仁小学"全面培养,发展个性"教学改革实验
	大连市教育整体改革实验
	东北师范大学附属中学三年教学整体改革实验
	北京市崇文区茶食胡同小学教育整体改革
	北京市丰台区第二中学建立"科学型"评价方法
	吉林省扶余县实验小学"第一、二渠道结合,培养四有新人"的整体化改革实验
	山东省幼小中"一条龙"教学改革实验
	吉林省蛟河七年教改实验总体计划
	甘肃省兰州市七里河区课堂教学结构改革实验

续表

领域	名称
整体改革实验	辽宁省鞍山市小学整体改革
	宁夏银川城区"作文观察—分析—表达"三级训练体系的联合实验
	浙江省舟山市洞岙中心小学"同班分组，分类推进"农村小学课堂教学组织形式的改革实验
	吉林省农村初等教育整体改革实验
	北京市东城区"大面积提高初中教学质量"整体改革实验
	张熊飞"诱思探究教学改革实验"
	内蒙古赤峰市宁城县头道营子民族联合实验小学农村小学整体改革与发展策略实验研究
	山东省烟台市"面向全体，分类指导"教育改革实验
	山东省枣庄市薛城区"四环节教学法"
	山东省泰安市郊区良庄镇延中联中"班级分组教学"
	浙江省杭州市天长小学和杭州大学教育系合作的"小学生最优发展综合实验"
	上海师范大学教育科学研究所的"开发中上智力水平的少年儿童学习潜力"实验
	华东师范大学教育科学研究院、华东师范大学附属小学的"小学教育综合整体实验"
	北京市教育科学研究所、北京市宏庙小学的"小学生全面发展整体教育实验"
	辽宁省大连市初中全学科整体化教学改革实验
	辽宁省瓦房店市初中全学科整体优化教学改革实验
	青岛市平安路第二小学"低年级语文教学整体改革"实验
	华东师范大学教育科学研究院成功教育实验研究组和上海市松江区教师进修学校物理组的"教学共振"实验研究
	山东省单元达标教学改革
	湖北省沔阳师范附小教学改革——在多种因素的结合中提高后进生
	上海市华东模范中学教学改革——培养能力，发展智力
	天津市静海县实验小学从局部性改革向整体性改革发展
	江西省安福县城关中学全方位教育教学整体改革实验
	北京市第四中学整体性改革实验

续表

领域	名称
整体改革实验	上海市大同中学高中课程结构整体改革实验
	江西省萍乡市中小学"目标教学"实验
	江西省萍乡市湘东区"两基并举，三试结合"考法改革实验
	湖北省当阳市半月镇初中数学目标教学与评价实验
	云南省昆明市春城小学整体综合改革实验
	山东省济宁市霍家街小学"实施和谐教育，全面提高学生素质"整体改革实验方案
	浙江省教育科学研究所与绍兴市、县教委组织实施的"柯桥实验"
	宁波市教育科学研究所主持的"农村小学整体优化教育实验"
	山东省枣庄市第三中学的"三段教学法"教育改革实验

注：本书中各时段的教学改革实验列表是依据各种资料按一定规则总结的，而正文中阐述的代表性实验是一定时期内比较有名的实验，有的实验持续时间非常长，可能跨越两个甚至三个时段，因考虑到所涉学科、影响力等而归入该时段具体阐述，且由于各研究者对某一实验名称的表述并不完全相同，所以正文和列表所述并非完全一致。

资料来源：笔者整理自中国知网。

这一时期，教学改革实验开展得如火如荼，几乎各级各类学校都不同程度地进行了教学改革实验，包括小学、中学、中专及高等学校，实验学科涉及语文、数学、英语、政治、历史、地理、物理、化学、生物、音乐、体育、美术等不同科目和教育学、心理学、生物学、医学、药理学等领域，从主题看，主要集中在语文、数学、物理等学科及教育学领域。很显然，基础教育阶段的教学改革实验是将自然科学领域的思想借鉴过来，力图通过有意识地改变某些教育条件或手段来检验某些理论假设，或者验证某些理论，这对教学论的发展是一种有益的补充。

不同学科的相关人员在教学方法、教学过程等方面进行了一系列改革，关注单项改革，着手整体改革，进行综合改革，目的性非常明确，主要是为提高教学质量服务。中小学繁荣的教学改革实验推动了系列组织和活动的产生。第一，为了总结与交流实验成果，这一时期出现了一大批实验教学会议及实验改革经验交流会。这些会议的组织与召开对于繁荣和发展教学实验起到了很好的推动作用，也有效地发挥了教学实验对教学论的促进和补充作用。这一时期召开的教学论学术年会上，教学实验中的问题与经验是讨论的话题之一。第二，教学实验规范、正规，实验草案、阶段性实验总结等为实验效果提供了保障。例如，黑龙江省教育厅小学语文实验领导小组推行了《"注音识字，提前读写"小学语文教学改革实验方案(试行草案)》[1]，华中师范学院教育科学研究所编写了《小学计算机教学实验大纲(草案)》[2]。第三，对教育实验的广泛关注也促进了一些机构的成立、刊物的发行和教材的编写。例如，黑龙江省教委在佳木斯市成立了一个实验学校，专门搞自学辅导教学实验，自编了物理、化学、生物等自学辅导教材；吉林市教育学院编订了高中一年级的中学数学自学辅导教材；主持了"初中语文自学辅导实验"的特级教师颜振遥编了一套初中语文自学辅导教材；中国科学院心理研究所卢仲衡在首创了"初中数学自学辅导教学实验"后，也参考国外"程序教学"原理并结合自身的实验经验，编出了一套中学数学自学辅导教材。[3]

　　总体来说，这一时期教学改革实验处于蓬勃发展阶段，取得了一定的实验效果，在验证、发展教学理论的同时也有效地提高了教学质量。但是，这时的教学改革实验发展仍然不平衡，地区上集中在北京和上海等发达地区，学科上主要集中在语文、数学两科，因

---

[1]　黑龙江省教育厅小学语文实验领导小组：《"注音识字，提前读写"小学语文教学改革实验方案(试行草案)》，载《文字改革》，1983(12)。

[2]　华中师范学院教育科学研究所：《小学计算机教学实验大纲(草案)》，载《江苏教育》，1984(20)。

[3]　卢仲衡：《〈中学数学自学辅导教材〉的编写与教学实验研究》，载《华东师范大学学报(教育科学版)》，1989(1)。

此，教学改革实验还需要在广度和深度上继续发展，以提高教学水平和质量。

2. 课程改革的持续推进

如果说我国在教学论方面的实践体现在蓬勃发展的教学改革实验上，那么在课程论方面的实践则凸显于自新中国成立以后一直在进行的中小学课程改革过程中。按照后来学界公认的观点，从新中国成立到 2001 年新课程改革，我国一共进行了八次课程改革。其中，第五次和第六次课程改革就处于课程与教学论的独立阶段这个时期。1978 年教育部颁发了《全日制十年制中小学教学计划试行草案》，编写了各科教学大纲（试行草案）和教材（试用本），强调"双基"，注重智力培养，逐步恢复了正常的教学秩序，提高了教学质量。但在教学实践中出现了学生负担过重等问题。学生负担过重是由多方面原因造成的，中学五年的学制太短是原因之一，因此，中学学制由五年逐步改为六年。1981 年颁发的《全日制六年制重点中学教学计划试行草案》和《全日制五年制中学教学计划试行草案的修订意见》，进一步总结了 1978 年以来我国课程改革的经验教训和国外的经验，将初中、高中学制均修改为三年，同时，在高中开设两种选修课：一为单科性的选修课；二为分科性的学生自由选修课。除此之外，还开设了劳动技术课。

1985 年 5 月 27 日，《中共中央关于教育体制改革的决定》颁布，为学校课程的进一步改革指明了方向。我国开始了简政放权、分级管理的探索。1986 年《中华人民共和国义务教育法》出台，国家教委公布了义务教育教学计划初稿，突出了新教育方针的具体要求，适当增加了基础学科的教学时数，在教学计划中给课外活动留出固定的、足够的空间。1988 年，国家教委颁发《义务教育全日制小学、初级中学教学计划（试行草案）》和 24 个学科教学大纲（初审稿），改革课程结构，调整课程比例，增加课程的灵活性和多样性。总之，这一时期的课程改革为九年制义务教育的实行奠定了良好的基础。课程改革的实践催生了课程理论的发展,而课程理论的发展也有意识地指导了课程改革的实践。

第二节　外国理论助推学科发展

改革开放初期,教学论与课程论研究空前活跃,教学改革与课程改革普遍开展,教学论与课程论学科发展取得了重要进展。这一进展与我国全方位引进国外教学研究成果是分不开的。随着世界各国教学改革的进行,多种多样的教学论流派形成了,不断丰富和发展了教学理论。我国在不断引进、吸收和本土化的过程中,广为借鉴的外国教学理论主要有三大来源——苏联、美国及欧洲现当代教学论流派,形成了我国引进外国教学论的又一高潮。

一、苏联教学理论的新进展

20 世纪 50 年代,第三次科技革命对学校教育提出了挑战,要求提高教学质量和学习效率,所以世界各国普遍关注智力教育的发展。这一时期,苏联教育打破过去的思维定式,重视研究学生的学习心理和发展心理,对凯洛夫的教学论体系做出了修订和补充,并且出现了一些新的教学流派。

(一)赞科夫的教育实验和发展性教学理论

20 世纪 50 年代以后,苏联以凯洛夫为代表的教学论不仅带有浓重的滞后性和封闭性,而且对教学问题的处理具有严重的绝对化和机械化,不能提出新的教育理论与解决新的实际问题。因此,苏联教育界在之后的总结和反思中提出研究教学与发展之间的关系问题,同时开展教育实验。

1957—1977 年,赞科夫用实验心理学和心理分析法进行教育实验,揭示了教学结构和儿童发展的关系,并在《教学与发展》一书中创立了一套"以尽可能大的教学效果来促进学生的一般发展"①为指导思想的实验教学论体系。"所谓一般发展，就是不仅发展学生的智力，而且发展情感、意志品质、性格和集体主义思想。"②一般发展不同于智力发展，一般发展也不同于全面发展。"当谈到一般发展的时候，人们所指的乃是人的发展问题的心理学和教育学方面。'一般发展'的概念并不取代'全面发展'的概念，也不跟它等量齐观。当谈到全面发展的时候，首先是而且主要是指该问题的社会方面或者广泛的社会和教育学方面。"③

赞科夫的实验教学论体系不仅对苏联教育理论与实践起到了重要的促进作用，而且对我国教育理论与实践产生了很大的影响。首先，赞科夫的教育实验开创了理论与实践相结合的教育科学研究范例，主张将教学论与心理学研究相结合，使中国教育界开始采用实验这一基本方法，关注科学化的教学研究。其次，在实验研究过程中，以矛盾论和系统论为理论基础，从整体出发，论证教学与发展之间的关系问题，使我国教学论界有了马克思主义哲学理论的意识指导。最后，总结实践经验，其提出的高难度、高进度、理论知识起主导、理解学习过程及所有人都得到一般发展的教学原则是对传统教学原则的重要补充，对我国今后的教学改革具有积极意义。

(二)巴班斯基的教学最优化理论

20 世纪 60 年代初，巴班斯基根据苏联顿河-罗斯托夫地区学校实施教学最优化的经验，运用系统的、联系的、最优化的观点，对教学中的各个要素和环节进行了综合研究分析，力求通过有效组织教学过程取得最佳教学效果。在辩证唯物主义观的指导下，他将作为一般科学方法论的系统方法引进教学论研究，要求用完整的、联

---

① [苏联]赞科夫：《教学与发展》，杜殿坤等译，21 页，北京，文化教育出版社，1985。

② [苏联]赞科夫：《和教师的谈话》，杜殿坤译，142 页，北京，教育科学出版社，1980。

③ [苏联]赞科夫：《论小学教学》，俞翔辉译，20 页，北京，教育科学出版社，1982。

系的、动态的、最优的观点对教学过程的本质进行综合的探索，提出了教学过程最优化理论。

巴班斯基用辩证的系统观点揭示了教学最优化的实质，即"教学过程最优化是在全面考虑教学规律、原则、现代教学的形式和方法、该教学系统的特征以及内外部条件的基础上，为了使过程从既定标准看来发挥最有效的(即最优的)作用而组织的控制"①。其中，"最优化"一词不等于"理想的"，也不同于"最好的"，而是"运用对于具体条件来说是最有利的综合方法来达到提高效率的目的"。②

巴班斯基系统的方法体系和活动程序在其各个阶段相互联系、前后推进，使学生在教学、教育和发展方面的水平不断接近学生在该时期的最大可能性。这一理论被认为是行之有效的教学理论，不仅在苏联，而且在我国都受到重视。一方面，该理论总结了大量的教学实践经验，对于提高教学质量、克服留级现象具有实际意义，对于推动现代教育改革也具有积极作用；另一方面，该理论引进系统论的原理和方法，用辩证唯物主义思想指导教学研究，为人们整体认识教学过程开辟了一条新的路径，对我国教学论形成自己独特、完整的理论体系是十分有益的。

(三)苏霍姆林斯基的个性全面和谐发展理论

20 世纪 60 年代中期，苏联在第二次世界大战后进行了第二次教育改革，提出学校的主要任务是"使学生获得牢固的科学基础知识，具有高度的共产主义觉悟，培养青年面向生活并能自觉地选择职业"③。在这种背景下，苏霍姆林斯基明确提出"培养全面和谐发展

---

① [苏联]尤·克·巴班斯基：《教学过程最优化——一般教学论方面》，张定璋等译，57～58 页，北京，人民教育出版社，1984。

② [苏联]巴班斯基、波塔什尼克：《教育过程最优化问答》，利兰译，7 页，北京，北京师范大学出版社，1985。

③ 瞿葆奎、杜殿坤等：《教育学文集(第 18 卷)·苏联教育改革(下册)》，90 页，北京，人民教育出版社，1988。

的人"的学校教育目标，形成了极具特色的教育思想体系。

个性全面和谐发展，要求从德育、智育、体育、美育、劳动教育相互联系、相互渗透的整体观点出发进行教育。个性特长的发挥与全面和谐发展并不矛盾，而是相辅相成的。苏霍姆林斯基强调，在实现或完成全面和谐发展的同时，还必须使人的多种多样的才能、天资、意向、爱好、兴趣等个性特点也得到充分发挥。① 学校教育的目标应该在培养学生全面发展的基础上，充分挖掘其才能，发挥其个性特长。

苏霍姆林斯基的个性全面和谐发展理论在总结苏联教育经验的基础上，将理论与实践相结合，力图运用马克思列宁主义的观点、方法，全面地论述教育问题，而且详尽地阐述了实现个性全面和谐发展理论的途径和方法。他对苏联教育理论和实践做出了重要贡献，而且对我国教育产生了深刻影响。我国将促进学生全面发展作为学校教育的理念和培养目标，开始出现了一批紧密结合教育教学实践进行理论探讨的教育理论工作者和教师，他们运用辩证唯物主义方法论和马克思列宁主义教育基本原理指导教育教学研究。

当代苏联的教学理论还有以阿莫纳什维利等人为代表的合作教育学派的教学思想、舒金娜的认识兴趣学说、马赫穆托夫的问题教学理论、伊里伊纳的算法化教学等。这些理论不仅打破了苏联教育理论界的僵化局面，而且给我国教育教学理论工作者很大的启发，例如，重视教学理论研究和实践的关系，开创科学、系统、独立的教学理论体系，引进新的教学研究方法和思维方法，推动了我国教学理论体系的建设与发展。

二、美国基于课程论和心理学的教学理论

20 世纪 60 年代以来，为了适应激烈的国际竞争和培养急需的高

---

① 王天一：《苏霍姆林斯基关于个性全面和谐发展的理论》，载《外国教育研究》，1990(4)。

科技人才,美国也在积极地进行一系列教学改革,出现了许多新的教学理论。其中,对我国影响较大的理论主要有布鲁纳的结构主义教学理论、布卢姆的掌握学习理论。

(一)布鲁纳的结构主义教学理论

20世纪60年代以来,美国积极进行以课程改革为中心的教改实验,加快学校科技教育和"天才教育"的发展。在这种背景下,布鲁纳把皮亚杰关于儿童认知结构发展的理论应用到教学和课程改革上,形成了结构主义教学理论,成为当时教育改革的方向。

首先,布鲁纳强调学科基本结构的学习。在他看来,课程的知识结构是教学论的中心问题,教师要以结构的观点来促进学生的智能发展。因此,他提出了"任何学科都能够用在智育上是正确的方式,有效地教给任何发展阶段的任何儿童"[1]的假设,并且主张使儿童尽可能早地开始学习某些学科的基本结构,为其早年学习打好基础。

其次,布鲁纳提倡发现学习法。他指出,"发现"不限于寻求尚未知晓的事物,确切地说,它也包括用自己的头脑获得知识的一切形式。学生发现学习的过程是一个主动的过程,而教师是教学过程中的主要辅助者,为学生发现学习创造一些基本的条件。在教学过程中运用发现学习法,对改善教学效果有不可忽视的优势:一方面,可充分发挥学生内在的潜力,激发学生的内在学习动机;另一方面,发现学习可以帮学生将知识有组织、有联系地保存在记忆中。

结构主义教学论把认知发展和教育统一起来,提出了一些值得研究的问题,如教什么、什么时候教、怎么教等。在结构主义思想的指导下,学习学科基本结构、重视早期学习、提倡发现法等观点对世界各国教育教学改革都产生了广泛的影响。特别是在我国,教

---

① [美]布鲁纳:《教育过程》,邵瑞珍译,49页,北京,文化教育出版社,1982。

学界开始深入探讨掌握知识与发展智力的关系问题；减轻学生负担，发展学生智力，培养学生能力成为当代教学理论研究的重要课题；以课程为基础的教学改革浪潮涌起；发现学习法很快成为广泛应用的教学方法之一，在强调发挥学生积极性、主动性的同时，也非常重视教师在教学过程中的主导作用。

(二)布卢姆的掌握学习理论

20 世纪以来，由于科学技术的迅速发展，现代社会发生了深刻的变化，各国教育都面临着系统的、深刻的改革，它已不再满足于选择和培养少数优秀人才，而要求大力普及义务教育，努力提高劳动者大军的科学文化素质。1968 年，布卢姆在美国《评价论坛》杂志上发表了著名论文《为掌握而学》，系统阐述了一个改进课堂教学的计划——"掌握学习"。①

掌握学习理论主张"任何教师都能帮助所有的学生很好地学习"②，教师创造适当的教学条件，最大限度地挖掘学生潜力，使学生通过努力学习掌握所学内容。在卡罗尔学习模型的基础上，布卢姆将影响学习的五种变量归结为能力倾向、教学质量、理解教学能力、恒力和允许用于学习的时间，这五种变量共同对教学产生影响。此外，他提出了掌握学习的基本实施程序，包括准备和操作两大阶段。在准备阶段，教师尽可能做好充分准备，确定掌握的内容、目标和成绩准则，制订单元学习计划。在操作阶段，教师重视定向作用，运用反馈评价，着眼于全体学生的发展。

布卢姆的掌握学习理论提出后，所获得的教学效果显著。不仅在美国引起强烈反响，而且受到各国学者的强烈关注，包括中国在内的许多国家也开始进行大规模的实验。布卢姆的掌握学习理论将

---

① 刘克兰：《教学论》，434 页，重庆，西南师范大学出版社，1988。
② ［美］本杰明·S. 布卢姆等：《布卢姆掌握学习论文集》，王钢等译，140 页，福州，福建教育出版社，1986。

大多数学生获得发展作为核心思想，重视形成性评价，着眼于所有学生对所学知识达到掌握水平等，对传统教学理论产生了很大的冲击，推动了教学理论研究发展和教学实践改革。

除了上面提到的理论，当代美国教学论界还有新行为主义教学理论、人本主义教学理论、奥苏伯尔的意义言语学习理论等，它们大大丰富了当代教学理论，将心理学研究和教育教学研究相结合，推动了教学理论和实践的发展。

三、欧洲现当代教学理论

20 世纪 50—60 年代，为了适应科学技术的发展，各国对教育提出了更高的要求。在美、苏激烈竞争的国际背景下，各国竞相涌现出各种各样的教学理论流派。此时，欧洲有影响的教学理论主要有联邦德国的范例教学理论、保加利亚的暗示教学理论。

(一)联邦德国的范例教学理论

为了使教育跟上科技发展的步伐，联邦德国不断扩充教学内容，搞"百科全书"式的教育，导致学生负担重却能力低。1951 年，联邦德国学校教师和政府代表们在图宾根会议上对此提出尖锐的批评，并设想用范例教学理论来寻求解决方法。其代表人物有瓦·根舍因、克拉夫基。

范例教学，简单地说，就是根据典型的示范性材料，使学生掌握规律性的知识和方法。瓦·根舍因对教学内容提出三个重要的原则：基本性、基础性和范例性。教学依据这三个原则进行，力求内容具有代表性、典型性和启发性。在教学过程中，通过四阶段，即范例地阐明"个"—范例地阐明"类"—范例地掌握规律—范例地获得关于世界性和生活的经验，让学生从个别到一般、从具体到抽象、从客观教学内容到个体精神世界，认识世界、认识自己。在范例教学中，要遵循传授知识与思想教育统一、问题解决与系统学习统一、掌握知识与培养能力统一、主体与客体统一的原则。总之，范例教学有这样的特点：第一，范例教学的核心必须是学习者积极和主动地学习，范例地教是对学生积极主动学习的帮助；第二，在范例教学中，"教师必须联系学生的兴趣、思想方法和学生同实际情况与问题打交道的方式来教学"；第三，范例教学不能像一道准备好的菜那样向学生呈现准备好的知识，而必须"发展地"进行教学。①

　　克拉夫基发展了范例教学理论，实施范畴教育理论。他主张将教学论分析作为备课核心，认为教师在备课时应注意五个基本问题：要教的课在该学科领域中具有什么样的范例性、代表性与典型性；教学内容涉及的问题是什么，学生已有哪些经验，对学生智力活动有什么促进作用；要教的内容对学生未来有什么意义，如何调动学生学习这部分内容的积极性；要教的内容的结构是什么；要教的内容有哪些特点、现象、状况、尝试、人物、事件和形式等可以使处在该发展阶段的学生产生兴趣、产生问题。这一主张推动了范例教学理论在教学实践中的推广。教师在对教学内容透彻分析之后，才能进行教学方法的分析和准备。克拉夫基指出，所谓教学方法的准备，就是在备课时如何设计组织教学的问题，具体包括以下四个方面：对教学过程分步骤或分阶段和层次；选择教学形式、练习形式和复习形式；采用教学辅助手段；保证教学的组织前提。教师要从教学实际出发，正确选择和判断教学方法。

　　范例教学理论作为 20 世纪 50 年代以来世界上最有影响的三大教学论之一，对我国的教学改革有许多可供借鉴的地方。无论它的成功还是它在发展中遇到的问题，都可以给我们有益的启示。首先，精选教学内容，从学生实际出发，教给学生最基础、最典型的东西，举一反三、触类旁通，帮助学生实现学习的迁移和对知识的应用。其次，把学生的知识、能力、态度作为教学任务，例如，将重视中

---

　　① 宫云龙：《范例教学与学习——联邦德国 W. 克拉夫基教授在华东师大的讲演之三》，载《外国教育资料》，1987(2)。

小学生道德品质的考核问题转化为对其态度的考查，具有一定的可行性。再次，注意培养学生独立思考的能力。学校教育要将学生培养为具有独立思考能力和开拓精神的创造型人才，这样才能适应现代社会对人才的发展要求。最后，按照学生认识发展规律划分教学过程的阶段，从"个"到"类"，到"掌握规律"再到获得"切身体验"，是使教学活动迈向科学化的重要一步，也是当前我国教学改革中正在探索的重要理论课题之一。此外，在教学过程中正确认识传授知识与发展能力之间的关系，从学生实际出发，激发学生学习动机等，都有我国教学值得借鉴的地方。

（二）保加利亚的暗示教学理论

保加利亚心理学家格奥尔基·洛扎诺夫在心理治疗研究过程中发现了"暗示性"对人的思想、情绪、行为等有很大的影响，之后他把暗示原理应用于普通学校的教学研究，首创暗示教学理论，并取得了显著效果。

洛扎诺夫的暗示教学理论是在现代生理学和心理学的基础上提出的，运用心理学、生理学、精神治疗等有关知识和规律，精心设计教学环境，通过暗示、联想和想象，智力和体力的练习，以及音乐、游戏、表演等综合方式，巧妙地利用无意识的心理活动，充分挖掘心理潜力，使学生在轻松愉快、精神毫不紧张的情况下学习。[1]

为了实现使学生的智力达到自我发展的目的，他确立了暗示教学的三个主要原则：一是愉快而不紧张的原则；二是有意识与无意识统一的原则；三是暗示手段相互作用的原则。这样，在教学过程中，学生能够在愉快而不紧张的学习氛围中，利用无意识心理活动，对教师、教材、教法等产生信任感，建立乐于接受教育的心理倾向。洛扎诺夫认为，上述三个基本原则既适用于成人教学，也适用于儿

---

[1]　转引自唐文中：《教学论》，408 页，哈尔滨，黑龙江教育出版社，1990。

童教学，既适用于外语教学，也适用于其他学科的教学，它们是统一不可分割的。①

暗示教学理论将现代生理学、心理学、精神治疗学研究成果运用到教学研究中，提出人必然接受有意识的教育作用，同时也必然接受大量无意识的暗示活动。它开创了新的教学研究基础，打开了新的教学研究视角，丰富了新的教学研究内容，影响了欧洲及西方其他一些国家。暗示教学理论被介绍到中国后，一些教育工作者尝试重复和推广洛扎诺夫的实验，教育环境的设计成为新的教学研究课题之一，同时也生成了一些新的教学理论与实践。例如，李吉林的情境教学思想主张创设设疑式的、争论式的、操作式的具体情境，激发学生的学习动机，启迪学生的发散思维，引发学生自主探究等，突出儿童发展所需的"真、美、情、思"四大关键元素，构建将儿童情感活动与认知活动结合起来的独特的教育模式。

在引进、介绍国外教学理论的过程中，我国教育学者们加强了教学论学科"自我意识"的反思，逐渐增强教学论研究主体的流派意识，自觉加入教学论流派的创立实践活动之中，一种历史使命感正在教学论学界形成。20 世纪 80 年代以后，我国教学论学科已成为教育科学中最有活力、成果丰硕的领域之一。

四、国外教学理论的本土化

在引进多国理论流派观点的过程中，国外优秀的教育理论给了我国教育理论与实践极大的启发，也在一定程度上对我国教学理论的发展和课程的编制、课程原则的制定起到了积极的作用，推动了我国教育教学的开放化、科学化、多样化进程，但在引进国外教育理论的过程中仍然存在着一些不能忽视的问题。例如，在学习国外教育理论的过程中，还存在历史虚无主义及文化虚无主义的思想。

---

① 转引自唐文中：《教学论》，409～410 页，哈尔滨，黑龙江教育出版社，1990。

这两种思想都是错误的。在学习国外教育理论的过程中，要"以我为主"而不能"失去自我"，要将我国教育理论放到我国特定的历史条件及具体的教学实际中加以考虑，再有选择地对国外教育理论进行学习，才能更好地发展我国教育理论并进一步推动理论指导实践。

除此之外，我国在引进国外教育理论的过程中还出现了对教育理论的误读与误解，这是我国在学习过程中出现诸多问题的主要原因。例如，这一时期普遍存在理论与实践相分离的问题。出现这种问题的原因有两个：第一，在引进国外教育理论的过程中没有对其进行深层次的剖析，出现了"拿来主义"的倾向，这使我国对国外教育理论的学习陷入了低层次的重复，未能从理论产生的文化背景和话语体系等深层次的原因来研究国外教育理论，研究体系较为单一；第二，在引入国外教育理论后不注重实践而沉迷于理论分析，出现了理论与实践相脱离的"两张皮"现象，使理论难以很好地指导实践甚至对其造成了阻碍，教育实践的发展和教育理论的升华自然难以实现。纠正这些误读与误解是课程论与教学论实现良性发展的根基。因此，在引进国外教学理论的过程中，要注意深入分析国外教育理论，结合本国实际，"取其精华，去其糟粕"；还要注意将理论运用于具休实践，在实践的检验中对相关教育理论进行客观评价并不断实现理论自身的升华。

第三节　深入讨论学科基本问题

研究一门学科的发展，往往要从其学科基本问题入手，这是一门学科发展的重要特征。对学科基本问题的探讨，有利于人们了解学科发展的现状及不足，把握其基本脉络。改革开放以后，教学论的发展迎来了春天，课程论虽然处于理论准备期，发展不迅速，但也在一定程度上得到了发展。因此，对这一时期课程和教学论的基本问题的探讨，是研究课程与教学论的重要内容。

一、课程与教学论的概念

课程与教学论的概念是教育科学中的基本概念，也是研究课程与教学论不可跨越的核心问题，界定清楚课程与教学论的概念，有利于更好地研究课程与教学论这一学科。但是，这一概念历来备受争议，国内外对其的认识也是仁者见仁，智者见智，没有形成统一的意见。

由于这一时期课程论与教学论的关系还存在着争议，故将课程论与教学论的概念分开阐述。且这一时期国内学者对教学论的概念阐述较为集中，而对课程论概念的论述较少，教学论的发展态势较好，课程论的发展比较缓慢，这在一定程度上导致了教学论的概念界定清晰而课程论的概念界定模糊。

（一）教学论的概念

这一时期教学论的概念开始走向系统总结阶段，国内外教学论研究者从不同的角度出发对其进行解释。通过对一些文献的梳理可以发现，教学论的概念从最初的定义到这一阶段大致可以分为三类。

1. 从词源看教学论的概念

对教学论概念的解析，各种教学论著作各有特点。一般来说，从历史渊源的角度出发阐述教学论的学者居多，也有一些学者从教学的各要素来阐明教学论的概念，但是这部分阐述较少。

从词源解释教学论的概念多从"教学"二字开始，国内一般追溯到有文字记载的甲骨文"教"和"学"。例如，陈旭远从教学论概念的起源出发，发现"教""学"二字并不是连在一起的，最初的"教"和"学"是各自独立存在的，而且"学"较之于"教"使用更加频繁，因此一般认为"教"是"学"中派生出来的。最早将二字联系起来的可以追溯到《书·商书·说命》，许慎的《说文解字》中也解释过"教，上所施，下所效也"。有人分析，"其'施'就是操作、演示，即传授蓍占和龟卜；其'效'就是模仿、仿效，即学习蓍占和龟卜"。在此，"教""学"还是被单独解释的。①

国外则从其英文含义出发来解释教学，严格来说并不是"教学论"的概念，而是"教"和"学"的概念。从词源解释教学论主要是为了寻找其历史来源，揭示其本质的概念。胡森主编的《国际教育百科全书》中就有这样的解释："learn"来自中古英语"lernen"一词，意思是"学"或"教"。"lernen"由盎格鲁-撒克逊语的"le°rnian"派生出来，其词干是"lar"，即"lore"的词根。"lore"原意是"学"或"教"，现在常用来指所教的内容。我们可以说"learn"和"teach"是同源派生出来的两个词。"teach"一词还有另一个同源派生词，它源自古英语的"tae-can"一词，"taecan"又是从古条顿语"taikjan"一词而来的，其词根是"teik"，意思是"说明"。teik 通过古条顿语可以一直追溯到梵文的"dic"。"teach"这个词与"token"(意为"信号"或"符号")也有关系。"token"一词源自古条顿语的"taiknom"，这个词与"taikjan"(后来成为古英语的"taecan")同源，意思是"教"。所以，"token"和"teach"这两个词在历史上是有联系的。从词源看，"教"的意思就是通过信号或者符号引起别人对事件、人物、观察和研究的结果等做出反应。从这种派生关系看，"teach"同进行教学的中介物有关。② 这一解释为我国学者认识和了解"教学论"的外国词源提供了窗口，一定程度上厘清了我们对"教学论"这一词源的模糊认识。

2. 从教育典籍中看教学论的概念

我国论述教学论的教育典籍并不少，其中主要有《学记》和《论语》，这也是近现代教育学者论述教育学和教学论的主要典籍。正如

---

① 参见陈旭远：《课程与教学论》，38 页，长春，东北师范大学出版社，2002。

② 转引自中央教育科学研究所比较教育研究室：《简明国际教育百科全书·教学(上)》，234 页，北京，教育科学出版社，1990。

唐文中阐述的：我国古代较为集中论述教学论问题的是《学记》，这是我国研究教育学的一篇重要文献，它在总结先秦诸子百家教育大师的教育、教学经验的基础上不仅论述了教育的作用、目的与制度，而且重点阐述了教学的内容、原则和方法；"教学"这个词来自其中一句"建国军民，教学为先"，但是这与我们现在理解的教学不同，这句话中的"教学"有点等同于教育，这是由于古代还未将"教"和"学"界定清楚，教与学实际上是指一件事的两个方面。教育史上它首先揭示了教与学之间相互影响、相互渗透的关系。① 这段话就很好地体现了《学记》中我国本土的教学论概念。

夸美纽斯的《大教学论》开篇就解释了教学论的概念——"把一切事物教给一切人类的全部艺术"，即"教学的艺术"。

3. 从近现代教育学者的概念解析看教学论概念

近现代教育学者对教学论概念的解释是不断发展的，这也是国内研究者主张将教学视为艺术的源头之一。一般来讲，教学论的概念跟它所依据的教学理论基础紧密相连，而教学理论是不断发展的，因此，教学论的概念也在发展着。教育学者解释教学论往往只从某个角度或侧面来论述，但也有从具体教学中观察、解决复杂多样的教学问题的经验中提出教学论的概念的。一些教学论者尝试用本土化的言语解释教学论的概念。例如，刘克兰指出："教学论是以马克思主义认识论为指导，应用系统观点，研究教学活动，揭示教学的一般规律，用以指导教学实践的理论。"②刘克兰运用马克思主义认识论来解释教学论概念，是本土化的表现。

需要说明的是，这一时期以马克思主义为指导的教学论概念呈现出旺盛的生命力，这也是教学论发展的一个重要特色。以马克思

---

① 唐文中：《教学论》，4 页，哈尔滨，黑龙江教育出版社，1990。
② 刘克兰：《教学论》，4 页，重庆，西南师范大学出版社，1988。

主义为指导编写教育学中的教学论,以苏联教育家凯洛夫主编的《教育学》为标志。他以马克思主义认识论和教育理论作为指导教学论的原理,提出培养全面发展的新人的教学目的。他指出,学生掌握知识的过程和人类在其历史发展中认识世界的过程具有共同之处。同时他也指出,教学和科学认识过程相比,又有其特点,因此,教学过程既要以科学的认识论为指导,又要依照学生掌握知识的特点来组织。此外,对于教学内容,他也从辩证唯物主义认识论出发,按照运动着的各种物质的形态来说明教学过程的实质、原则和规律。①

(二)课程论的概念

课程论的概念与教学论的概念一样,也存在着很大的争议。长期以来,教育界较多地研究教学问题,对课程问题的关注较少,关于课程论的概念辨析也比较少,但是也有一批学者在试图厘清其概念。例如,20 世纪 80 年代初,一些学者指出了课程理论体系研究的重要意义,论述了课程论学科在教育学科体系中的地位,极力倡导和推动课程论学科体系的建设。这些学者大致从以下三个方面来阐述课程论的概念。

1. 从词源看课程论概念

与教学论相似,课程论的概念也从课程开始追溯,国内多从《诗经·小雅·小弁》寻找来源,而国外从"跑道(cursunrace)"一词解释。

在我国,"课程"一词始见于唐宋期间。唐代孔颖达为《诗经·小雅·巧言》中"奕奕寝庙,君子作之"句作疏:"维护课程,必君子监之,乃依法制。"②但这里的课程含义与我们今天所用的相去甚远。宋代朱熹在《朱子全书·论学》中多次提及课程,如"宽着期限,紧着

---

① 刘克兰:《教学论》,29 页,重庆,西南师范大学出版社,1988。

② 施良方:《课程理论:课程的基础、原理与问题》,2~3 页,北京,教育科学出版社,1996。

课程","小立课程，大作工夫"等。虽然他对这里的"课程"没有明确界定，但含义是很清楚的，即指功课及其进程。这里的"课程"仅仅指学习内容的安排次序和规定，没有涉及教学方面的要求，因此称为"学程"更为准确。到了近代，由于班级授课制的施行、赫尔巴特学派"五段教学法"的引入，人们开始关注教学的程序及设计，于是课程的含义从"学程"变成了"教程"。新中国成立后，由于受到凯洛夫教育学的影响，直到 20 世纪 70 年代以前，"课程"一词多以教学内容的意思出现在人们的话语体系中。

在西方，"课程(curriculum)"来源于"跑道(cursunrace)"，有学习进程的意思，与"学习过程(course of study)"同义，意为引导学生继续前进，以达到一定的培养目标。美国对"课程"的解释是：所谓课程，是指在学校教师的指导下出现的学习者活动的总体。这里包含了教育目的、内容、教学活动和评价方法，这个定义把课程的含义扩大了。[①]

2. 从教育典籍看课程论的概念

这一时期从教育典籍出发论述课程论概念的文献比较少，这是由于课程论的发展还比较缓慢，对课程论基本问题的研究还不充分，以至于关于课程论概念的阐述较少。这说明我国的课程论学科属于外部引进学科，在教育还不够发达的时代，课程论还未能在我国的教育学学科体系中产生一定影响。

1918 年，美国课程论学者博比特出版《课程》一书，虽然该书被视作课程论学科的独立标志，但它并未对"课程论"进行明确的阐释。同时，由于当时研究氛围和条件的限制，许多课程论研究者并未将此书作为直接参考书来帮助我国发展课程论学科。同样，1949 年泰勒的《课程与教学的基本原理》一书也未对"课程论"一词做出明确

---

① 转引自刘克兰：《教学论》，86 页，重庆，西南师范大学出版社，1988。

解释。

3. 从近现代教育学者的阐述中看课程论概念

这一时期专门研究课程论的学者比较少，因此，集中论述课程论的概念也比较少，这就导致当时并未形成系统的课程论概念，只是经验的总结或是与教学论概念的混淆，甚至用课程来代替课程论的概念，并未形成自身独特的概念。

正如徐继存等人所述，由于我国受传统观念和苏联教育学体系的影响，新中国成立后很长一段时间，教育学界长期把课程看作学科或学科的综合，对课程与学科的概念没有进行清晰的辨析和澄清，这一认识在当时权威的教育学教材和教育辞书中都有体现。20 世纪 80 年代，一些课程研究者(如吴杰、陈侠、廖哲勋等)对课程本质进行了思考和探讨，对"课程是学科"这一认识提出了疑问。即使是学科课程论者，也认为学科只是课程的一部分和一种含义，课程不仅包含学科，同时包含其他各种活动，还有对内容的安排及其进程。于是，有学者提出了课程是学校学科及其安排和进程或学校教学内容及其进程安排的计划的基本观念。这种课程认识打破了学科本位的课程观念，丰富了人们对课程内涵的理解。[①] 但是课程论这样的概念还未提出，只是用课程的概念来代替。持同样观点的还有钟启泉，他在其著作《现代课程论》中阐述道，迄今为止，有各式各样的关于课程的界说，诸如"学习程序""教程内容""计划化的学习经验""在学校保护下掌握的各种经验""一连串有意识地结构化了的学习结果"等。总之，有的强调"经验和活动的教育组织与计划"，有的强调学习对象——内容本身的独特意义，把课程视为"系统知识、智力技能与情意内容的复合物"。他把课程论定义为：旨在保障青少年一代

---

① 徐继存、吉标：《我国教学论研究三十年的回顾与反思》，载《中国教育科学》，2014(4)。

的健全发展，由学校所实施的施加教育影响的计划。①

有些学者认为课程论与教学论息息相关，课程论与教学论的概念有重复之处，这样的课程论与教学论之间的界限是不明确的。这就使课程论研究陷入一个误区：既然课程论与教学论有共同研究的内容，那么课程论可以脱胎于教学论，即产生了"大教学论"的观点。持这类观点的有彭永渭，他认为课程论是关于课程或教学内容的理论。课程是把教学内容按照一定的程序组织起来的一个系统，是列在教学计划中的各门学科和它们在教学计划中的地位及其开设顺序等的总称。② 董远骞等人也认为课程论是关于教学内容的理论。他们认为课程的设置和安排、各门课程内容的选择和编写都要有一定的理论作为依据，这就是课程论。在教育史上，曾经产生过的形形色色的有关教学内容的理论、原则、指导思想等，都属于课程论的范畴。③

二、课程与教学论的学科性质

课程与教学论的学科性质关系到其研究的目的和范围，这也是课程与教学论必须回答的问题。课程与教学论的学科性质在这一时期还没有明确的说法，人们讨论较多的是教学论的学科性质，而课程论的学科性质则极少涉及。这样一来，课程与教学论的学科性质只能从教学论和课程论的研究中探究，但是这两门学科的性质同其概念一样，也是历来就有分歧的。虽然存在着争议，但发展到 20 世纪 80 年代末，已经形成了一些有代表性的观点。

（一）教学论的学科性质

关于教学论的学科性质，每位研究者从不同的角度出发，提出

---

① 钟启泉：《现代课程论（新版）》，228 页，上海，上海教育出版社，2015。
② 彭永渭：《教学论新编》，52 页，沈阳，辽宁教育出版社，1986。
③ 董远骞、张定璋、裴文敏：《教学论》，124 页，杭州，浙江教育出版社，1984。

了不同的看法，但都没有提出明确的学科性质，只是用比较宽泛的界定加以限制。其实，从本质来看，这是基于研究对象而提出的学科特征，大多数学者没有真正提出能够识别教学论这一学科的本质特征，很多只是表层的限定。

不少学者梳理了教学论学科性质的历史发展轨迹，试图通过历史的阐述来解答当时关于教学论学科性质的争论。刘克兰在其著作《教学论》中就这样阐述：关于教学论学科性质的讨论，最早源于德国教育学家拉德克，他认为教学论是一门科学，而教育家夸美纽斯主张教学论是一门艺术。美国哥伦比亚大学教授巴格莱和芝加哥大学教授富礼门于 1930 年在全国教育协会的年会上就教学论的学科性质进行辩论。富礼门认为教学论属于应用科学，巴格莱同夸美纽斯一样主张教学论是一门艺术。[①] 过往对教学论的学科性质讨论比较激烈。关于教学论的学科性质问题，各家观点仍然不一致。有人主张教学论是一门理论科学，有人认为是应用科学。也有学者主张教学论是一种中间的理论，应该利用学习和发展的理论来阐明教学活动。

从上述研究可以发现，人们对教学论的学科性质在 20 世纪 80 年代之前就展开了激烈的讨论，我国学者在借鉴国外教学论学科性质的同时，根据本国国情提出了一些关于教学论学科性质的观点，多采用模糊界定，没有给出确切的观点。有学者总结各家观点，认为教学论的界定应该包括以下几个特征：第一，教学论是一门社会学科；第二，教学论既是一门理论学科，又是一门应用学科；第三，教学论既是一门科学，又是一门艺术；第四，教学论是一门边缘学科；第五，教学论应是社会科学的理论学科，也是综合应用型的理论学科。

---

① 刘克兰：《教学论》，10 页，重庆，西南师范大学出版社，1988。

（二）课程论的学科性质

这一时期课程论刚刚起步，明确进行课程论学科性质的探讨比较少。陈侠在《课程论》一书中曾谈到课程论的学科地位："把课程论作为一门独立的学科，还需要创造一定的条件：这就是要对有关课程的各种事实、现象、概念和原理，作一定程度的系统的研究。"[1]这说明当时人们对课程论的理论探讨还不够，需要加强理论研究。同时，他还认为课程论在实践中能发挥重要作用，许多相关人员都需要熟悉和研究相关问题，才能很好地指导其实践。"我国的教育工作者，特别是教育专业干部，都要研究课程编订的理论，知道课程演变的历史，了解制约课程的因素，懂得按照课程编订的指导思想来研制课程和编辑教材，善于根据客观的评价标准来评价课程，并根据评价的结果正确解决我国学校课程中当前存在的问题。"[2]总的来说，课程论也是一门既重视理论也重视实践探讨的学科。1989 年出版的由顾明远主编的《教育大词典》认为，课程论是教育学的一门分支学科，研究学校课程编订、课程实施和课程评价的理论与实践。[3] 这样看，当时没有对课程论学科性质进行明确的界定，却有相关的观点表达其学科性质的内容。

三、课程与教学论的研究对象

每门学科都有其特定的研究对象，课程与教学论也不例外，也有其独特的研究对象，通过自己的研究对象来确定研究范围和区分与其他学科的关系。由于教学论与课程论的研究对象有很大的不同，故而将它们分开阐述，以更好地明确教学论和课程论之间的联系与区别，以利于课程与教学论的学科发展。

---

[1]　陈侠：《课程论》，10 页，北京，人民教育出版社，1989。
[2]　陈侠：《课程论》，11 页，北京，人民教育出版社，1989。
[3]　顾明远：《教育大词典》，255 页，上海，上海教育出版社，1989。

(一)教学论的研究对象

教学论是教育学的一个重要分支,在这一时期已经逐渐成为一门相对独立的学科,科学性也不断增强了,越来越为人们所重视。国内探讨教学论对象的观点不少,但各有不同的提法。从历史发展来看,教学论的研究对象是逐渐变化的。随着时代的进步和教育科学的发展,教学论的研究对象也被赋予了时代的内涵。从某种程度上说,教学论的研究对象可以理解为一个发展的过程,并且是一个不断发展的过程。

1. 古代教学论的研究对象

古代教学论的研究对象还只是停留在低水平的教学内容上,即有组织的教师教和学生学的过程,更多关注的是教学生什么,而不是应该怎么教的问题。西方多是从希腊语寻找来源,在希腊语中,教学论是"didaktika"一词,其原意是教导的意思。它在 17 世纪时由拉特克和夸美纽斯引入到教育学术语中。[1] 这也是研究者追寻教学论发展源头的经典说法,影响了我国教学论的发展。

2. 近代教学论的研究对象

由于社会的发展,教学论逐渐关注教和学的技巧。17 世纪时夸美纽斯的《大教学论》将教学论解释为"把一切事物教给一切人类的全部艺术",而且这一研究对象的解释一直延续到 19 世纪。直到 20 世纪,研究才开始转变,很多学者意识到教学论不能仅仅归结为教学的艺术,并开始对此进行批评,但是没有形成系统的观点。

3. 现代教学论的研究对象

现代教学论的研究对象比较丰富和系统,每位学者从不同的角度出发,提出了不同的说法,极大地丰富和发展了教学论研究对象

---

[1] [南]弗拉基米尔·鲍良克:《教学论》,叶澜译,1 页,福州,福建人民出版社,1984。

的内涵。从比较有代表性的观点可以看出，虽然有些学者也极力从历史的渊源寻找教学论的研究对象，但是没有提出比较有建设性的意见。同时，从一些教育论著中可以看出，教学论的本土化意识还不强，较多是借鉴国外的内容。以下是一些影响比较大的说法，笔者将其分为四类。

（1）教学论的研究对象是教养的一般规律

有学者认为："教学论是教育科学的一个分支，它研究教养的一般规律。每一门科学都研究一定的规律，教学论也不例外。"①研究教养的规律，目的是把教学的过程和教育过程分开，避免教学论的研究对象同教育学相混淆。

（2）教学论的研究对象是教与学统一活动过程的规律

这是基于苏联斯卡特金的论点，他认为教学论的研究对象是教与学的联系、相互作用及其统一。这是把教学当作传授社会经验的有目的的活动来看待的，因而认为教与学的相互联系的活动、教与学的统一是教学论整个体系区别于其他学科的具体表现。我国学者在此基础上加以改造，形成了一种新的观点，认为教学论应该把教师的教和学生的学当作统一的活动过程来看待，不仅研究教，也要研究学，从教与学统一的角度探索教学活动的规律。这是我国教学论与传统教学论的一个重大区别。

例如，刘克兰从国外研究角度出发，通过梳理国外一些教育论著关于教学论对象的观点发现，它们只是把教学论研究对象简单地归结为教养和教育的内容，或者教学过程的组织和方法的技巧。这些是教学论所要研究的范围，但并不是只有教学论才研究这些问题，所有教育学科都可研究，反映不出教学论研究对象的特殊性。她认为教与学的关系是教学过程中的主要关系，是特有的矛盾，因此，

---

① ［南］弗拉基米尔·鲍良克：《教学论》，叶澜译，6 页，福州，福建人民出版社，1984。

教学论的研究对象应该是教学过程中教与学相互联系与作用的活动及其规律。[1] 教与学相统一的观点，是教学论研究对象的基本观点，受到了大多数人的赞同，后来人们也将其作为判定一个活动是不是教学活动的标准之一。

(3)教学论的研究对象是教学的客观规律

这也是我国较有影响的关于教学论研究对象的一种观点，代表人物是王策三。他认为，教学论要"坚持研究教学的客观规律"[2]，这一说法摆脱教与学的联系，从教学论实质出发，把教学论当成一个整体来研究。

还有一些学者也提出了有见地的论点，例如，董远骞等人认为教学论是教育学的一个分支，是研究教学过程的规律及其应用的科学，应研究如何运用教学规律来解决教学工作中的理论问题和实际问题。[3] 这是将教学论作为应用性学科来对待，用教学的规律来解决教学问题。再如，路冠英等人认为教学论以研究教学的一般规律和教学活动中的共同问题为对象。而我国的教学论是以研究社会主义学校普通中小学的教与学这一根本矛盾为对象的。[4] 这一观点表明了我国教学论的社会属性，其源头和服务对象都是特定的，也说明了我国的教学论具有一定的特色。

(4)教学论的研究对象是教学实践，揭示教学的一般规律

有研究认为，教学是由教师、学生、教材和教学手段(方法、设备等)要素构成的。教学论就是研究人类所特有的教学实践的特殊矛盾性，考察教学现象的产生、发展及各要素之间的关系和联系，揭示教学的一般规律，促进学生优化学习的科学。[5] 揭示教学规律和

---

[1]　刘克兰：《教学论》，10 页，重庆，西南师范大学出版社，1988。

[2]　王策三：《教学论稿》，54 页，北京，人民教育出版社，1985。

[3]　董远骞、张定璋、裴文敏：《教学论》，3 页，杭州，浙江教育出版社，1984。

[4]　路冠英、韩金生：《教学论》，3 页，石家庄，河北教育出版社，1987。

[5]　何志汉：《教学论稿》，7 页，重庆，西南师范大学出版社，1988。

研究教学规律，本质上都属于一种观点，即认为教学中存在着客观规律。通过研究来认识和掌握这些规律，可指导教学实践，为教学实践服务。一门学科研究对象确定性的形成，对于学科发展具有极大的推动作用。正是在广大教学论工作者孜孜不倦地寻求教学规律、利用教学规律的探索中，我国的教学论学科才取得了长足发展。

受到一般教学论的影响，各学科教学论在阐释本学科的教学论研究对象时，也没有统一的说法。例如，化学学科中，有学者认为，中学化学教学法是研究化学教学规律的一门科学。它的研究对象是中学化学教学的全过程。中学化学教学过程是师生协同进行的一种特殊形式的认识过程，其基本任务是遵循国家规定的培养目标，按照学生的认识特征，有计划地、系统地掌握化学基础知识和基本技能，发展智力、培养能力和形成科学的世界观。[①] 随着研究的不断发展，学科教学论同时也是一门应用的学科，"化学教学论是研究化学教学规律及其应用的一门学科"[②]，这就是人们在逐渐加深对学科教学论理解基础上的新认识。

(二)课程论的研究对象

这一时期对课程论研究对象的研究比教学论的研究少，课程论此时的发展还不充分，许多基本问题还没有展开大讨论。研究这一方面的学者也比较少，关于课程论的著作也较少，而且这一时期研究国外课程论的也少，课程论的相关研究比较零散，还未形成课程论的大致框架，只是一些具体课程经验的总结或者关注的焦点。

1. 古代课程论的研究对象

严格地讲，古代课程论尚未形成，人们对于课程问题只是简单规定或者进行描述，并无理论说明或论证。不论是我国还是西方国

---

① 刘知新：《中学化学教材教法》，1 页，北京，北京师范大学出版社，1983。
② 刘知新：《化学教学论》，2 页，北京，高等教育出版社，1990。

家，对课程的规定仍是很简单的，并无严格的年级和年限，各课程之间的联系也是不确定的。而且古代课程重文轻理，学校教育脱离生产劳动，但是那时的人们已经懂得要把学生学习和掌握的经验分成一定的门类，并分配给不同年龄和水平的学生去学习，不同类型的学校要设置不同的课程，实行分科教育。可以确切地说，古代对课程的研究非常丰富，只是没有课程论学科，所以要划分其研究对象也显得非常牵强。

2. 近代课程论的研究对象

到了近代，人们已基本形成一些关于课程的理论，但也没有明确提出课程论的研究对象是什么，只是在一些比较有影响的课程理论中有所体现。近代以来，随着社会生产生活和科学文化的发展，教育也获得大发展，学校课程越来越丰富，并且逐渐定型，在这个基础上形成了各式各样的课程理论。我国在废科举、兴学堂的过程中，引进西方课程具体做法的同时，也引进了西方的各种课程理论。近代课程论的研究对象随着课程论在美国的兴起和发展逐步成型。泰勒原理的出现，为课程研究确定了经典范式，也明确了课程论的研究对象。

3. 现代课程论的研究对象

从改革开放到 20 世纪 80 年代末，我国课程实践探索与理论探索一样活跃。这一时期课程论研究的对象逐步明确，具体指向丰富的课程实践活动。1978 年，教育部颁发《全日制十年制中小学教学计划试行草案》，组织全国力量，重编了全国统一使用的各科教材。课程改革实践推动了课程理论的发展。在理论研究中，第一，许多学者从教材改革与建设的角度，系统总结了新中国成立以来课程改革与教材改革的经验教训。例如，蒋仲仁的《语文教学三十年》一文回顾了语文学科教材的改革、苏联语文教学对我国的影响、语文教学的改革及语文教学的停滞等。[1] 吕叔湘在《关于中学语文教材的几个问题》中，主要论述了语文课中阅读、写作与语文知识的关系，现代文与古文的关系，普及与提高的关系，这对语文教材改革是好的指引。[2]《三十二年来的中学英语教材》这样的论文，各科都有。第二，有些学者致力于介绍和研究国外课程论的新材料、新观点，作为思考、解决我国课程问题的借鉴。这是一门新兴学科的基本发展轨迹。第三，有学者开始探讨课程的基本问题。例如，黄甫全就曾言及课程论的架构问题，他说："我们认为可以用'课程问题'作为《课程论》的内容选择和组织的基本线索，因为课程问题既是作为科学问题提出来的，又是由我们在学习已有课程论知识时清理出来的，实质上它们内在地统一了课程研究者的思维逻辑和学习者的认知逻辑。"[3]

通过梳理课程论研究的脉络，可以发现课程论的研究随着时代的发展而呈现动态的变化，在不同的历史时期，有不同的课程对象，但总体来说，它是一个不断成熟的过程，兼顾实践和理论层面。自改革开放后到 20 世纪 80 年代末，课程论更加注重理论的建设，而其研究对象也从课程实践转向理论探索，从具体转向一般。

四、课程与教学论的研究任务

课程与教学论的研究任务是伴随着研究对象的产生而产生的。课程论和教学论的研究对象不同，自然，两者的研究任务也就不同。一些有关课程与教学论的著作在论述研究对象时会附带阐述研究任务，由此可以看出研究对象是研究任务的基础，而研究任务是研究对象的具体化。

---

① 蒋仲仁：《语文教学三十年》，载《教育研究》，1979(4)。

② 吕叔湘：《关于中学语文教材的几个问题》，载《中学语文教学》，1981(1)。

③ 黄甫全：《简析课程论的主要任务、研究对象和基本内容》，载《课程·教材·教法》，1997(12)。

（一）教学论研究的主要任务

教学论的研究任务由于是依据研究对象而提出的，因此同教学论的对象一样，不同的学者站在不同的角度提出了教学论的研究任务。另外，与研究任务相关的一个话题是研究范围的确定。教学论的研究任务体现着教学论的方向和性质，影响着教学论对象的选择。

在一些教育论著中，论述教学论研究任务的话题不多，但从几位有影响的学者的阐述中可以看出教学论的研究对象多与国家对培养人才的要求相结合，主要研究教与学的理论和具体的实践活动。例如，刘克兰认为，教学论研究的主要任务是：第一，研究教学在学校教育中的地位和作用；第二，为服务我国社会主义现代化建设，提高全民族素质，应怎样确定学校的教学目的和教学任务；第三，为适应科学技术和社会发展的要求，研究我国学校的课程和教材应怎样改革，研究课程编制、课程和教材的结构；第四，研究教学过程、教学原则、教学方法、教学组织、教学评价；第五，研究学生学习的实质、学习过程、方法和规律；第六，研究如何使学生获得有效的知识，发展智力，培养能力；第七，研究教学过程中怎样形成学生的思想观点和发展学生的体力。[①] 确定教学论的研究任务，其实也是在确立教学论的基本研究框架及研究的基本范畴。这一时期出版的一些教学论著作的框架和结构也确立了我国教学论研究的框架，成为此后许多教学论著作框架的模板。

（二）课程论研究的主要任务

由于这一时期的课程论尚未形成独立学科，其研究任务在一些课程与教学论研究中没有太多的阐述。张引在 1988 年发文指出，从宏观来看，课程论需要深入研究的系列问题包括：课程与科技革命的关系，这是各国课程论研究面临的一个共同课题；课程与我国社

---

① 刘克兰：《教学论》，9 页，重庆，西南师范大学出版社，1988。

会主义现代化建设的关系，这是我国课程论面临的特殊课题；课程与我国教育目的的关系；课程与地方特色的关系。从微观来看，课程需要探明各门课程之间的关系，并在课程设计中利用这些联系，以形成科学的课程结构；还需要处理各学科的"基本结构"与事实材料之间的关系，也就是设计各门课程的知识结构，以及课程结构与学生认知结构的关系。[①] 课程论对这些问题的研究与解决有着深远的理论意义，还能为实践中的教学实验、课程改革提供科学的指导思想和具体的方法与原则。

五、课程与教学论的学科基础

课程与教学论的学科基础，是指对课程或者教学目标的确定、内容选择、实施及评价产生影响的一些相关学科。这些学科为课程与教学论的发展提供了有效的参考信息，是课程与教学论的理论来源。因此，了解课程与教学论的学科基础是研究课程论和教学论发展的必要部分。大部分学者将哲学、心理学看作课程与教学论的学科基础。

(一)哲学基础

哲学是关于自然、社会和人类思维最一般规律的学问。它从整体角度研究世界，回答世界的本质是什么、意识的本质是什么、世界是否可知、人如何认识世界等问题，为人们认识世界和自身规律的各种活动提供了最一般的指导。有论者曾指出，任何一门科学的建立，都要受哲学的支配，研究教学论总是要以一定的哲学思想为指导，进而提出研究教学论要以马克思主义的辩证唯物主义的科学世界观和方法论为指导。[②]

---

① 张引：《课程论应当研究的课题》，载《教育理论与实践》，1988(5)。
② 刘克兰：《教学论》，13 页，重庆，西南师范大学出版社，1988。

当时，马克思主义哲学认识论对教学论的影响最大。以马克思主义认识论为基础的特殊认识论，就是哲学对教学论产生的重要影响成果。一方面，哲学认识论为教学的认识论提供了理论基础，发挥了指导作用；另一方面，也需要注意，不能用哲学认识论来取代教学的认识论，因为二者是完全不同的，教学论研究的是教学的规律，哲学认识论研究的是认识的规律。即使把教学作为一种认识来看，教学论也只是研究特殊形式的认识规律，而不是研究认识的一般规律。

(二)心理学基础

18世纪，裴斯泰洛齐首倡教育心理学化。19世纪，赫尔巴特就比较系统地运用心理学成果来研究教学问题。到了20世纪，杜威及其追随者进一步将课程与教材心理学化。20世纪以来心理学的发展与教育心理学的巨大进步，为心理学成为课程与教学论的学科基础提供了客观可能性。随着心理学从哲学中分离出来并逐步成为一门独立的科学，教学论更注意同它的联系。

心理学既为教学揭示儿童心理发展规律，又为解决教学过程、内容、原则、方法方面的问题提供心理学的科学依据，为教学论的科学化创造了条件。纵观心理学的发展历史，科学心理学的产生以及心理学流派的发展都影响教学活动的变革。实验心理学、行为主义、新行为主义、认知心理学等对教学论和学习理论都有不同的影响。[①] 为此，首先需要课程与教学论工作者认真学习、掌握和应用古今中外的心理学理论精华，同时开展具体的课程与教学心理学研究。其次需要心理学界和教育学界大力开展中国文化背景下的发展心理学、教育心理学、教学心理学及学习心理学研究，建立起具有中国文化亲和性的心理学知识与理论体系。只有这样，才能真正推

---

① 路冠英、韩金生：《教学论》，7页，石家庄，河北教育出版社，1987。

动我国课程与教学论心理学化的进程，真正建构起我国课程与教学论的心理学基础。① 课程论的微观研究中，设计学校课程的整体结构与各门课程的知识结构、界定课程结构与学生认知结构的关系等，需要以心理学的相关研究成果为基础。心理学在认知能力、年龄特征等方面的理论，为确定教材难度和可理解度提供了指导和启发。从这个方面看，我国课程与教学论的学科基础既是从事课程与教学论研究的起点，也是进行课程与教学论研究的重要内容，但不能一味依赖心理学工作者为课程与教学论工作者提供基础。课程与教学论工作者本身就需要从事心理学研究，包括我国青少年学习心理学、教师心理学的研究。

六、课程与教学论的研究方法

纵观这一时期，我们发现，学者们对研究方法的研究多集中于教学论领域，而对于课程论则鲜少提及。究其原因，可能是这一时期人们对课程论的研究较少，而又易将其与教学论相混淆；且系统的课程论学科尚未形成，故而在研究方法上只谈教学论而未涉及课程论。概览董远骞、路冠英等人对教学论的研究方法的论述，我们可将教学论的研究方法概括为观察法、调查法、实验法、古今中外法、经验总结法 5 类。

（一）观察法

观察法是研究问题的基本方法，也是研究教学论的有效方法。观察法分为自然观察法和设计观察法两种，具体包括记叙性描述法、核对清单法等。简单地说，观察法就是通过眼睛、耳朵等感觉器官或借助照相机、录音工具等相关仪器对教育教学中的内容、方法等进行直观了解的一种方法。这种了解并不是随意的、杂乱的，而是有目的、有计划的。观察者的目的在于通过制订具体的观察计划，

---

① 黄甫全：《现代课程与教学论》，50 页，北京，人民教育出版社，2014。

对教育教学及其相关活动进行直接的观察，以此获得更为客观、全面的研究资料。由于可对教育教学活动进行最直接的观察，观察法具有程序简单、实施方便、及时生动、真实客观等优点。但观察法也由于时间、研究对象以及感觉器官的局限等具有自身的局限性。当研究对象数量较多时，再运用这种方法显然就费时费力；而有些教学行为只在特定的时间或教学情境中发生，过后便不再重复，这样的行为用观察法也难以进行全面了解；此外，研究者在观察过程中看到的多为表象，很难看到其背后蕴含的思想及情感等因素。

（二）调查法

调查法是研究问题常用的方法，对教学论研究同样适用。这种方法是研究者通过直接对话或者书面形式来收集所需资料的一种方法。研究者在了解教育教学情况的过程中，深入当地，与教学相关人员直接进行集体座谈或个别访谈，在参考自己所设计的访谈提纲的基础上，研究者还可根据特定的情境进行补充，灵活性较大。研究者在调查过程中还要注意听取多方观点，三角互证，以最大限度地保证所收集信息的全面性，在这个基础上再去伪存真，统计分析，得出调查结论。

调查法常用的具体方法之一是问卷法。问卷法是运用包括一系列问题的调查表进行资料收集的一种方法，操作起来简便、快捷。这种方法也适用于对象较多的研究，可以很好地弥补观察法的不足，使研究者可以在短时间内收集到较为完整、真实的资料。

（三）实验法

实验法是指"在人工控制教育现象的情况下，有目的、有计划地观察教育现象的变化和结果"。"实验法可分为实验室实验法和自然实验法。前者基本上是在人工设置的条件下进行，可采取各种复杂的仪器和现代技术。后者在日常教育工作的正常条件下进行。教育实验法多数采用自然实验法进行，但对某些问题的研究也需要应用实验室实验法。不论采用哪种实验法，都要保证受试者处在正常的状态中。"①改革开放后，由于人们对实践的重视，一大批教学实验蓬勃发展。例如，原中央教育科学研究所（现中国教育科学研究院）吕敬先发起的"小学生语文能力整体发展实验"、中国科学院心理研究所卢仲衡首创的"初中数学自学辅导教学实验"，其中的实验法运用得恰到好处。

但无论运用自然实验法还是运用实验室实验法都要注意对条件的控制，这样才能提高实验的质量，否则将会影响到实验结果的推广，使其结果变得不可靠。同时也要考虑具体情况后再采取相应的实验方法，不能忽略各个案例的特殊性而采用"一刀切"的方法。

（四）古今中外法

古今中外法是人们进行教学研究的重要方法。董远骞认为："在建设有中国特色的社会主义教学论时，必须立足于中国，将古今中外有用的东西熔于一炉，找出规律性的东西来。因此，古今中外法对教学论的研究特别重要。"②教学论研究的古今中外法就是对历史上和国际上的优秀教育教学经验进行梳理、借鉴的一种方法，这种方法从本质上来说是一种比较法。

在进行"古今"比较的过程中，既要研究"古"资料，又要研究"今"资料，如此才能充分掌握教学理论的纵向发展。这一时期出现了大量对古代教学经验进行总结的教育教学研究者，他们希望通过这样的方法对传统教学文化有所学习，"取其精华，去其糟粕"，并指导现实教学。在进行"中外"比较的过程中，既要研究"中"，也要研究"外"，这样才能放眼世界，认识到自身的优劣。要以促进自身教育教学发展为目的，对别国优秀成分有选择性地借鉴吸收，在理

①　《中国大百科全书·教育》，168～169页，北京，中国大百科全书出版社，1985。
②　董远骞：《一条曲折的路——教学论发展的四十年》，载《华东师范大学学报（教育科学版）》，1989(3)。

解中发现规律。在这种方法的指导下，我国引进多国理论流派的思想，在比较中不断学习，最终使教育教学工作获得了极大发展。

（五）经验总结法

教学论研究中的经验总结法就是对教师在教育教学过程中的先进经验进行归纳，并进行理论化、系统化整理的方法，这也是研究教育教学经验的常用方法之一。实践是认识的源泉，在教学实践中，广大优秀教师成功的教学经验可以极大地促进我国教学理论的丰富和发展；即使是失败的教训，也可以为之后的教师提供借鉴，使其教育教学少走弯路。由于这种方法取材于实践，因而其较为全面和真实；也因为它已经接受了实践的检验，因而易于推广。我们在经验总结过程中，一定要保持马克思主义的立场，对典型教学实践进行综合分析、判断，进而总结出具有普遍性、科学性和先进性的鲜明观点。我国教学实验蓬勃开展的过程中，很多实验者都将自己的教学实验经验编成教材，以便推广和宣传。例如，北京景山学校和北京师范大学原教育系编写的《小学教学实验教材》以及教育部组织编写的《中学数学实验教材》，都对教学实践中的直接经验进行了全面汇总，这为其后的教学工作者提供了宝贵的财富。对古今中外的教学思想进行总结分析，有助于教育教学工作者更加清晰地认识教学实践中出现的问题，也有助于其更好地运用教学理论指导实践。

任何一种研究方法都不是十全十美的，因而在研究中一般会多种方法联合使用，使其互相补充，以期得到相对客观真实的资料。例如，在教学过程中将观察法与实验法联合使用，便可取长补短，相辅相成。在研究过程中要根据研究问题的特点，恰当地选用研究方法，做到具体问题具体分析。

第三章

课程与教学论的发展阶段
(1989—1997 年)

在改革开放的发展大背景下，教学论学科与课程论学科逐步成为独立的学科，并行发展。1989 年，两本重要的课程论著作的出版发行，让课程论研究者开始有了自己独立的、标志性的身份。而原先从事教学论研究的研究者，其研究旨趣也发生了分化：有持续关注教学论的；有改变研究方向，转而研究课程论者；也有兼顾两个学科研究方向者。正是因为两个学科研究人员的相互交叉，两个学科关注的问题及方法都集中于学校教育的重心——教学内容及教学方法等，使 1997 年两个学科在学科建制上被统一称作"课程与教学论"二级学科，同属于"教育学"一级学科下。

第一节　基本问题向纵深发展

一、课程论的独立

1985 年颁布的《中共中央关于教育体制改革的决定》指出，"教育体制改革的根本目的是提高民族素质，多出人才、出好人才"，"改革同社会主义现代化不相适应的教育思想、教育内容、教育方法"。1986 年，全国中小学教材审定委员会成立。这标志着我国中小学教材由编审合一走向编审分开，由国定制走向审定制，由"一纲一本"走向"一纲多本"，即在国家统一的基本要求的前提下实行多样化。教育制度与教材制度的重大转折，使课程研究受到越来越多的重视，课程论在此背景下获得了独立地位。

课程论的独立不仅有政策及教育实践的推动，还有其他多方面因素的共同作用。第一，课程研究的历史传统。我国课程论作为一门正式的学科出现是从 1925 年开始的(以余家菊在 1925 年正式发表《课程论》一文为标志)。① 20 世纪 30 年代的课程研究介绍和翻译了大量的西方课程理论，并且注重课程实验，为 90 年代课程论的重建留下了丰富的研究遗产和传统。第二，西方课程研究的影响。美国学科结构运动宣布传统课程理论死亡，施瓦布等人跳出传统课程理论的框架，探索"以学校实践为本的课程开发"的新生之路，丰富的课程研究也由此涌现，并影响着国内课程理论的建构。第三，大批学者的努力。1989 年以前，虽然课程只是作为教学论的一个组成部分，但是陈侠、吴也显等学者关注课程的理论和方法的研究，为课程论的独立提供了充分的理论准备。

随着 1989 年两本比较有影响的课程论著作的出版，我国课程论开始成为教育学学科群中一门独立的分支学科，形成了独立的研究领域。一本是人民教育出版社陈侠著的《课程论》(人民教育出版社 1989 年版)，另一本是华东师范大学钟启泉编著的《现代课程论》(上海教育出版社 1989 年版)。此后我国又陆续出版了一些课程论著作，课程论研究在我国教育学界渐成热点。完善课程论学科的自我构建，并引领课程实践的发展，是当时我国课程论学科建设必须解决的两

---

① 侯怀银、谢晓军：《20 世纪我国学者对课程论学科建设的探索》，载《课程·教材·教法》，2008(1)。

大任务①，中国课程论的建设也离不开国外的理论引进。因此，理论建构、应用研究、理论引进成为 1989—1997 年课程论建设的三大特征。

（一）课程论的理论建构

学科是否独立并不是人主观臆断的，而是具有科学的指标体系的。学科学从跨学科的视域出发，结合时间学、空间学、系统论、动力学的多维角度，提出构建学科的创生指标体系如下：特有的学科定义和研究对象；时代的必然产物；学科创始人和代表作；精心营建的理论体系；本学科的科学研究方法。② 1989—1997 年，课程论主要围绕课程本质、研究对象与任务、学科地位、学科性质、理论体系五个方面进行学科建设。

1. 课程本质

课程本质问题是课程论理论体系建构的基石，影响研究对象和内容的确定。但是，对于课程本质的讨论依然众说纷纭，这是一个用得最为普遍但定义最难统一的教育术语。③ 1989 年以前，王策三等教学论研究者已经零散地讨论过课程的本质，但大都包含于教学论研究之中。随着研究的深入与课程论逐渐走向独立，研究者根据自己的学术立场给出了不同的解释，关于课程本质的研究与日俱增。由于受到古代典籍中"宽着期限，紧着课程"和西方关于课程本质多种定义的双重影响，关于课程本质呈现出"学科说""计划说""经验说"和"多元说"等多种学说。前期关于课程本质的讨论大都处于教学论的框架内，受到苏联教育学的影响，立足教的层面；后期的研究

---

① 侯怀银、谢晓军：《20 世纪我国学者对课程论学科建设的探索》，载《课程・教材・教法》，2008(1)。
② 王鉴：《如何认识课程论在教育学学科体系中的地位》，载《上海教育科研》，1995(2)。
③ 张廷凯：《我国课程论研究的历史回顾：1922—1997(下)》，载《课程・教材・教法》，1998(2)。

趋向于西方，尤其是"经验说"和"多元说"的出现，使课程的定义更加以学生和学的层面为着眼点。

(1)"学科说"

新中国成立后，由于受到苏联教育学体系中教学内容的影响，我国教育学界长期把课程看作学科的同义词或学科的总和。例如，上海师范大学《教育学》编写组编写的《教育学》认为"学生学习的全部学科称为课程"①。"学科"基本涵盖了课程的主体部分，后面所有关于"课程"的定义或是以其为基础进行的变形，或是以其为批判进行的反面论证。"学科说"在理论研究者和实践研究者的头脑中根深蒂固，影响着大多数人的思维方式和行动方式。这种定义的实质，是强调学校向学生传授知识的作用，将"课程"局限于知识之中。

(2)"计划说"

"计划说"认为课程不仅指学科，还包括目的、教学序列、进程安排等教学计划的内容。例如，陈侠认为："课程可以理解为为了实现各级学校的教育目标而规定的教学科目及其目的、内容、范围、分量和进程的总和。"②"计划说"是对"学科说"的修正。这种观点以"课，指课业；程，指程度、程序、进程"的语义辨析为切入点进行定义。课程研究的深入使教育工作者意识到：课程不仅包括学科的教学内容，还应包括对其进行教学活动的组织和预设，这在一定程度上丰富了课程的内涵。但是这种学说易造成将课程等同于书面性的计划，诸如教学计划、教学大纲、教科书等，并且往往会把重点加在计划内的教学活动上，而忽视计划外的学生的心理体验。

(3)"经验说"

"经验说"更多地从学生出发，把课程看作旨在使学生获得教育性经验的计划。例如，李臣之认为课程是"指导学生获得全部教育性

---

① 　上海师范大学《教育学》编写组：《教育学》，97页，北京，人民教育出版社，1979。
② 　陈侠：《课程论》，13页，北京，人民教育出版社，1989。

经验(含种族经验和个体经验)的计划"①。郝德永提出，课程的本质内涵是指在学校教育环境中，旨在使学生获得的、促进其迁移的进而促使学生全面发展的、具有教育性的经验的计划。②"经验说"是对"计划说"的补充和修正，使其并不局限于从教师教的角度进行定义，而是从学生获取经验层面探寻课程本质。但是，这种"经验说"并不等同于杜威的"课程即经验"的观点。学生在课程中获得的经验不是完全生成的，而是"有计划的预设"。从这个角度来看，"经验说"是"计划说"与杜威"经验说"的综合体。

(4)"多元说"

"多元说"是指受到后现代主义思潮的影响，一些研究者并不追求课程唯一、精准的本质，而是开始思考每一种定义的合理性、不足与产生背景。例如，施良方对"课程"进行了词源分析，归纳了 6 种课程定义：课程即教学科目；课程即有计划的教学活动；课程即预期的学习结果；课程即学习经验；课程即社会文化的再生产；课程即社会改造。在此基础上，他分析了课程定义的方式，认为每一种有代表性的课程定义都有一定的指向性，即都是指向当时特定社会历史条件下课程所出现的问题，所以都有某种合理性，但同时也存在着某些局限性。而且，每一种课程定义都隐含着作者的一些哲学假设和价值取向。③"多元说"帮助我们全方位地认识课程并了解为什么课程本质会呈现不同的形态。

2. 课程论的研究对象与任务

任何一门学科都有具体的、独特的、区别于其他学科的研究对象。只有具有明确的研究对象，课程论的研究才具有指向性。

① 李臣之：《试论活动课程的本质》，载《课程·教材·教法》，1995(12)。
② 郝德永：《关于课程本质内涵的探讨》，载《课程·教材·教法》，1997(8)。
③ 施良方：《课程理论——课程的基础、原理与问题》，10 页，北京，教育科学出版社，1996。

1989—1997 年的八年间，研究者对课程论的研究对象也并没有确定、唯一的认识，关于这一问题主要有"课程说""课程规律说"和"课程问题说"三种观点，这三种观点奠定了以后课程论研究对象的基调。然而，关于课程论研究对象的不同认识，反映出课程论在我国的发展尚未成熟。在对课程论学科研究对象问题的认识上，我国学者尚未形成自己的言说方式和话语系统。① 但总体上，这一时期我国的课程论已经有了很大的发展。

（1）"课程说"

"课程说"将学校"课程"作为研究对象。例如，廖哲勋认为，课程论是关于整个学校课程的学问，是研究课程系统的结构与功能、论述课程系统工程的学科。课程的外部条件和内部结构就是课程论的研究对象。② "课程说"将学校课程作为研究对象，从而全面涵盖整个课程系统。但如果仅仅把课程论的研究对象看成是"课程"，那我们的方法论态度就是简单化的，不利于课程论专门方法论的形成和发展，从而不利于课程论的发展。③ 这对于我们深入理解课程论、研究课程论是很好的提醒，也会推动课程论的发展。

（2）"课程规律说"

"课程规律说"认为课程论是关于课程规律的学问或学科，因此将课程规律作为课程论的研究对象。例如，靳玉乐等人指出："课程论应该探索课程现象较深层次的普遍规律，要建立自己的科学范畴和理论体系，要能够为解决具体的课程问题提供普遍规律性的知识或科学的普遍原理，而不能只是描述课程现象和过程。"④有研究者

---

① 侯怀银、谢晓军：《20 世纪我国学者对课程论学科建设的探索》，载《课程・教材・教法》，2008(1)。

② 廖哲勋：《课程论的研究对象》，载《教育研究与实验》，1985(2)。

③ 黄甫全：《简析课程论的主要任务、研究对象和基本内容》，载《课程・教材・教法》，1997(12)。

④ 靳玉乐、师雪琴：《课程论学科发展的方向》，载《课程・教材・教法》，1998(1)。

评论说，"课程规律说"受到"教育学是研究教育规律、原理和方法的学说"的影响，只是根据教育学对课程论进行二级学科的演绎推理，是一种僵化的、简单化的思维模式的结果，并且混淆了研究对象和研究目的。① 这样的简单演绎和借鉴，在显示学科发展的阶段性特征时，也表明课程论研究亟待深化。

（3）"课程问题说"

"课程问题说"认为课程现象和规律只有以问题形式出现，才能成为研究的对象。例如，黄甫全指出："课程论实质上是以课程问题为研究对象，来实现和完成认识课程现象、揭示课程规律和引领课程实践的目的和任务。课程问题，是指反映到研究者大脑中的、需要探明和解决的课程实际矛盾和理论疑难。"②如果课程论研究者对课程的研究对象不明确，或者对自己研究的问题不能有准确的认定，那么课程论学科的地位就会受到质疑。没有自己独特的研究问题域或者说独特的研究领域，课程论学科的发展往往就会随着政策形势、研究兴趣以及其他非课程因素的变换而逐渐消退。

3. 课程论的学科地位

课程论在教育学学科中的独立地位是在与教学论的关系争辩中不断形成的。关于二者关系问题的讨论是本时期课程论研究的热点，第五届全国教学论年会有一个热点问题，即如何认识教学论与课程论在教育学学科体系中的地位。③ 随着研究的不断深入，课程论从教学论中独立出来，成为教育学的下位学科的呼声越来越高。但无论是"大教学论说"的包容关系还是"并列说"的独立关系，都反对把

---

① 黄甫全：《简析课程论的主要任务、研究对象和基本内容》，载《课程·教材·教法》，1997(12)。

② 黄甫全：《简析课程论的主要任务、研究对象和基本内容》，载《课程·教材·教法》，1997(12)。

③ 王鉴：《如何认识课程论在教育学学科体系中的地位》，载《上海教育科研》，1995(2)。

二者绝对地分割以划分"势力范围"的研究。课程论与教学论的研究应相互促进、共同发展，把二者视为教育学学科体系下的并行学科。① 这种观点较为普遍，也是后来课程论与教学论融合为一个二级学科的基本动因。

(1)"大教学论说"

"大教学论说"认为课程即教学内容，教学论应该包括课程论。例如，王策三指出，要把课程看作教学内容的安排，因为没有教学内容的教学论是空洞的，课程事实上接受教学过程规律的支配，在教学论中阐述课程论并不妨碍揭示它和高一级规律的联系。② 这种观点的提出者多是受到凯洛夫教育学影响的教学论研究者，他们将学科作为课程的本质属性。因此，课程即教学内容，包括在教学论的框架之内，课程论也缺乏独立的理由。但是形形色色的课程理论和课程研究成果被人为地分散于各种教学理论中，致使这一极有潜力、极有前途的研究领域难以兴旺发展。③ 当然，也要看到"大教学论说"形成的时代背景，看到其积极意义。

(2)"并列说"

"并列说"认为课程论和教学论是教育学内相互独立且相互联系的下位学科。例如，陈侠指出，课程论和教学论各有不同的研究对象和范围。既然二者有各自的研究领域，就没有必要把课程论包括在教学论之中，使它成为教学论的组成部分，否则会束缚这门学科的发展。④ 施良方赞同西方有关课程理论与教学理论的目的—关系论，把课程和教学的关系看成是内容与形式的关系，课程理论与教

---

① 王鉴：《如何认识课程论在教育学学科体系中的地位》，载《上海教育科研》，1995(2)。
② 王策三：《教学论稿》，168～169 页，北京，人民教育出版社，1985。
③ 刘要悟：《试析课程论与教学论的关系》，载《教育研究》，1996(4)。
④ 陈侠：《课程论的学科位置和它同教学论的关系》，载《课程·教材·教法》，1987(3)。

学理论是教育学中两门并列的学科。① 王鉴指出，课程论与教学论的关系直接表现在"教什么"与"怎样教"的关系上，并以此为逻辑起点，对比二者的研究对象、任务、方法、理论体系，以及二者与各自相关学科的关系等，才能从科学的角度全面、正确地认识二者的联系与区别。② 随着认识的深入与实际条件的成熟，研究者们从历史轨迹、概念定义、研究任务等角度，论述对课程进行独立、专门研究的必要性，从而为课程论的独立提供了充分的理论准备。虽然研究者秉持"课程论与教学论相互独立且联系"的共同观点，但是对于二者的研究任务与范围以及二者之间的联系形式还存在争议。

4. 课程论的学科性质

课程论学科性质的确定，直接影响到课程论以后的发展方向与研究重点。但是，从独立初期起，课程论就一直在理论科学与应用科学的定性上摇摆不定，主要存在以下观点：第一，"应用性的实践学科说"。课程论应该是实践性很强的学科，而不是一门纯粹的理论性质学科。第二，"理论学科说"。课程论不应该局限于描述性、经验性的范围，而应该坚持理论学科的性质。第三，"结合说"。课程论既是理论学科又是应用学科，既要关注课程实践，又要重视理论思辨。③ 关于学科性质的专门研究并不多见，往往散落在课程论学科方向、理论建构的讨论之中。研究者也并未明确课程论是纯粹的理论学科还是应用学科，因为纯粹的理论学科和应用学科都过于绝对，所以大多数人认为应坚持理论学科的性质但不放弃实践研究，坚持应用研究的性质但也注意理论指导实践。

① 转引自张廷凯：《我国课程论研究的历史回顾：1922—1997（下）》，载《课程·教材·教法》，1998(2)。
② 王鉴：《如何认识课程论在教育学学科体系中的地位》，载《上海教育科研》，1995(2)。
③ 侯怀银、谢晓军：《20世纪我国学者对课程论学科建设的探索》，载《课程·教材·教法》，2008(1)。

5. 课程论的理论体系

1989—1997 年既是课程论的独立阶段，又是课程论的重建阶段。在这八年间，研究者们试图建立"打上自己烙印"的课程论理论体系，研究经历了从无到有、从有到丰富的过程，但并未形成统一的理论框架和话语体系。研究者们根据自己的学术背景、实践经历构建的理论体系各有特色，具有不同的侧重点。但是，差异中也存在着一致性，即大都以基础理论、应用实践和中外历史发展的体系结构进行构建。同时，理论体系的形成具有中西汇通、理论与实践融通的特点，虽然不乏介绍和借鉴西方课程理论，但更加注重结合中国课程实际问题进行本土化的构建。其实，理论体系基本上就是教材体系，最有代表性的当数以下几种。

陈侠在《课程论》中构建的理论体系包括：前言（课程论的学科位置和它同教学论的关系），课程研究的对象、目的和方法，中国学校课程的演变，西方学校课程的演变，国外课程理论的各种流派，制约学校课程的各种因素，全面发展的教育和学校课程，学校课程的性质、任务和类型，学校课程的编制与实施，学校课程的评价，学校课程编订的趋势。

钟启泉在《现代课程论》中构建的理论体系包括：前言（我国课程研究面临的课题），课程理论与课程研究，课程实施的国际对比。其中，课程理论与课程研究作为课程论的主体部分，包括：学校课程的发展与研究，教育先驱的课程论遗产，现代课程论的进步（学问中心课程、人本主义课程），课程编制的基本理论考察，现代课程研究，现代课程的新探索。[1] 该书针对我国中小学课程建设的实际问题，借鉴外国先进的课程经验，初步创建了比较系统的课程理论体

---

[1]　钟启泉：《现代课程论》，上海，上海教育出版社，1989。

系①，扩展了课程论的视野，同时关注我国中小学课程改革实践，具有较强的实践价值。

廖哲勋在《课程学》中构建的理论体系包括课程的基本理论、课程设计理论、课程评价理论、课程管理理论四大部分。课程基本理论部分包括课程的本质、制约课程的主要因素、课程的结构、课程目标、课程内容、学习活动的方式。课程设计理论部分包括课程设计最优化原理、课程标准总纲的设计、分科标准的设计、教材设计理论、教材设计的类型和方法。课程评价理论部分包括课程评价理论的产生和发展、课程评价的基本观点、课程评价标准与评价指标、课程评价过程与评价原则、课程评价的方法。课程管理理论部分包括课程管理体制和管理原则、课程管理队伍的建设。②

施良方在《课程理论——课程的基础、原理与问题》一书中构建的理论体系包括绪论、课程的基础、课程编制的原理、课程探究的形式、课程理论与研究。课程的基础部分包括课程与心理学、课程与社会学、课程与哲学。课程编制的原理部分包括课程目标、课程内容、课程实施、课程评价、后现代课程论。课程探究的形式部分包括过程模式、实践模式、批判模式。课程理论与研究部分包括课程理论的构建、课程的基本问题、课程的未来。③

黄甫全在《简析课程论的主要任务、研究对象和基本内容》一文中构建的课程论的理论体系为：第一部分，绪论，包含的内容为"课程论的任务、对象、理论基础、研究方法和内容范围"；第二部分，课程基本理论，由"课程本质论""课程价值论""课程认识论""课程结构论""课程类型论""课程改革论""课程管理论"七方面内容构成；第

①　孙宽宁、徐继存：《我国课程论教材建设 90 年：反思与展望》，载《课程·教材·教法》，2012(12)。

②　廖哲勋：《课程学》，武汉，华中师范大学出版社，1991。

③　施良方：《课程理论——课程的基础、原理与问题》，北京，教育科学出版社，1996。

三部分，课程研制(编制)过程，包括"课程研制(编制)理论""课程规划论""课程实施论"和"课程评价论"等；第四部分，比较课程论，包括"中国的中小学课程""日本的中小学课程""印度的中小学课程""俄罗斯的中小学课程""英国的中小学课程""法国的中小学课程""德国的中小学课程"和"美国的中小学课程"。①

(二)课程论的应用研究

1. 课程编制

课程编制是课程研究的核心部分，是应用研究的集中体现。1989—1997年，课程编制的研究主要侧重对西方课程编制模式的介绍。笔者在中国知网以"课程编制"为主题搜索1989—1997年的文献，并按照"被引"作为筛选条件，搜索出排名前20的文献，其中就有6篇是介绍西方课程编制模式的，分别为：施良方的《西方课程探究范式探析》《〈泰勒的课程与教学的基本原理〉——兼述美国课程理论的兴起与发展》，刘义兵的《当代国外课程评价的基本模式》，汪霞的《国外几种课程编制的方法、程序及模式》，张玉勤的《美国课程改革透视》，代蕊华的《西方课程编制模式及其启示》。同时，以课程编制为主题的著作或文章中，关于国外课程编制的介绍都占据一定篇幅，引进西方的力度可见一斑。其中，理论上介绍较为系统、实践应用最广泛的当数泰勒的目标模式和施瓦布的过程模式。

反观国内研究，仅仅将课程编制看成是文本形式的课程方案的编制，即制订课程计划、编制课程标准和编写教材。因此，关于课程编制问题的研究，主要集中在制约课程编制的因素及其原则原理、教材编写的标准及准则、课程内容的选择标准等。对比国外和国内关于课程编制的研究可以发现，前者更注重以问题为中心，以解决

----

① 黄甫全：《简析课程论的主要任务、研究对象和基本内容》，载《课程·教材·教法》，1997(12)。

课程实验或实践中发现的问题为出发点，构建有针对性的课程编制模式；后者则以理论为核心，将西方理论模式作为参考框架，注重理论思辨，以完整的课程编制理论体系作为落脚点。但是，其中不乏紧密结合中国课程实际情况进行理论研究的，陈侠的《课程论》就是其中最具代表性的论著之一。

　　陈侠的《课程论》是以如何编制课程为中心的。该书首要的一个贡献，就是填补了我国教育科学上的空白，是新中国成立 40 年来第一本课程论的系统著作，为研究我国有关课程编制的理论和方法开辟了一个新天地。[①] 陈侠的《课程论》分为以下四大部分：第一，从课程论与教学论的关系入手，探索课程研究的对象目的和方法。第二，从考察古今中外的学校课程变革过程入手，探索制约学校课程的基本因素。第三，从培养"全面发展的人"的教育宗旨入手，探索各科教学在"德智体美劳"教育中的地位和作用。第四，从西方课程编制模式和中国课程编制的经验教训入手，探索学校课程的性质、任务与类型、编制原则、实施与评价、趋势。陈侠构建的课程论理论框架，紧密结合中国实际情况进行论述，形成了独具一格的课程理论话语体系。

　　陈侠明确把"中国特色"作为目标，立足本土化、中国化。其一，该书的课程编制理论将培养"全面发展的人"的教育目标与课程编制挂钩，学校课程编制的科学原理和实施都要以其作为出发点。其二，该书以马克思主义为方法论指导，运用辩证唯物主义和历史唯物主义观点对学校课程编制进行了研究。其三，该书全面总结了我国几十年来学校课程编制和实施方面的经验教训，并使这些可贵经验理

---

　　① 章泽渊：《一本既填补我国教育科学空白又具有多功能的好书——简介陈侠〈课程论〉》，载《课程·教材·教法》，1989(9)。

论化、系统化①，这对我国今后的课程改革无疑具有重大理论引领和实践指导意义。其四，在中国化方面，该书既引进了不少国外的材料，但又都按中国实际情况做了"同化"。②

2. 课程改革实践问题

1989—1997年，我国已进行第六次课程改革，正在进行第七次课程改革。1986年《中华人民共和国义务教育法》颁布，标志着第六次课程改革的开始。1990年，国家教委印发《义务教育全日制教学计划(试行草案)》，突出了新型教育方针的具体要求，适当增加了基础学科的教学时数，在教学计划中给课外活动留出了固定的、足够的空间。1992年，国家教委第一次将以往的"教学计划"改为"课程计划"，第七次课程改革由此开始。1993年秋，新的课程计划进入实施阶段，第一次将活动与学科并列为两类课程。1996年的《全日制普通高级中学课程计划(试验)》又将"课程管理"作为课程计划中的独立部分单列出来，进行单独规定："普通高中课程由中央、地方、学校三级管理。"

课程论的深入研究离不开课程实践的推动。在第六次、第七次课程改革中涌现出一些新课程，诸如活动课程、综合课程等。在这些新课程的实施前期，课程论或是借鉴西方研究成果，或是立足本土开展课程实验，对其进行充分的合理性论证和实践策略讨论，理论研究成为课程实施的"冲锋号"。在实施后期，课程论积极总结实施经验，反思出现的问题，以理论为课程实践提供专业的理性指导。由此，课程研究取得丰富的理论成果，作为学科体系的课程论也逐步增添"血肉"，获得长足发展。

---

① 吕达、刘立德：《我国课程论重建的先驱者和奠基人——纪念陈侠先生诞辰100周年》，载《课程·教材·教法》，2015(3)。

② 章泽渊：《一本既填补我国教育科学空白又具有多功能的好书——简介陈侠〈课程论〉》，载《课程·教材·教法》，1989(9)。

（1）活动课程及其与学科课程的关系研究

关于活动课程的本质探讨曾受到广泛关注。钟启泉指出，经验课程与以传统学科为中心，依据科学和学科的逻辑性编订的学科课程不同，它是以儿童的主体性活动经验为中心组织的课程，也叫作"生活课程""活动课程""儿童中心课程"。[1] 李臣之指出，活动课程是为指导学生主要获得直接经验和即时信息而设计的一系列以教育性交往为中介的学生主体性活动项目及方式。[2] 杨金玉指出，活动课程"是以充分而有特色地发展学生基本素质为目标，以最新信息和学生的直接经验为主要内容，按照各种实践活动项目和特定活动方式组成的一种辅助性的课程形态"[3]。很显然，活动课程的本质在于"重视学生的经验与主动性"，这与国外的理解是一致的。不同的是，我国对于活动课程的定义是在澄清学科课程的差异与明确二者关系的基础上得来的，更加注重对学科知识进行应用的活动性质，这种定义取向符合我国的课程计划精神。[4] 但是活动课程的本质内涵依然处于模糊状态，因此在教育研究中易出现"活动课程"与"课外活动""活动教学"等词语混淆使用的情况。

关于活动课程与学科课程的关系问题，也是当时课程论研究的热点问题之一。人们对活动课程与学科课程关系的认识大致有三种主要观点：一是以学科课程为主、活动课程为辅的主次说；二是学科课程和活动课程并重说；三是学科课程和活动课程互补说。

既然在实践中有了活动课程，对其进行课程设计就是重要问题。为了有效实现活动课程的价值，落实国家的课程计划，研究者们立足课程实践，从多角度提出了有针对性的设计和实施建议。关于活

---

[1]　钟启泉：《现代课程论》，186 页，上海，上海教育出版社，1989。
[2]　李臣之：《试论活动课程的本质》，载《课程·教材·教法》，1995(12)。
[3]　杨金玉：《活动课程简论》，载《课程·教材·教法》，1994(8)。
[4]　李臣之：《试论活动课程的本质》，载《课程·教材·教法》，1995(12)。

动课程设计的研究，既有侧重于理论的宏观设计，又有侧重于实践的微观实施，全方位为教育实践工作者提供了专业的理性指导。人们在解决具体的课程实践问题、进行课程理论探讨的过程中，也是在促进课程论学科的逐步深化。

（2）关于综合课程及其与分科课程的关系研究

1980年以来，综合课程问题已成为我国课程研究和课程改革中的一个热门话题。在前期，研究者们主要是介绍西方国家综合课程的理论观点和实践经验。例如，范树成的《国外综合课程的理论和实践》①、J. B. 英格拉姆与吕达合作的《综合课程的作用》②、冯生尧的《美国综合课程述评》③等论文中，都引介了外国的综合课程，尤其是美国的综合课程理论与实践。

在引进国外的课程理论与实践中，国内关于综合课程的观点也比较多。关于我国中学是否开设综合课程的问题，大致有三种意见：第一种，赞成；第二种，反对；第三种，持中间态度，即主张经过实践检验再下结论。例如，张廷凯认为，能否把综合课程或课程综合化看成一种世界性趋势呢？恐怕还不能简单地下结论。④ 总体来说，持赞同观点的研究者占多数；明确表示不同意的占少数；但是绝大多数人认为，对于开设综合课程这样的重大改革，态度要积极，行动要稳妥，主张先实验，后下结论。

随着20世纪90年代我国普通中学课程改革的推进以及国家行政部门的重视，一些研究者将综合课程作为自己的重点研究课题，不仅对该问题进行了深入的理论研究，而且以课程实验作为研究方法，推进理论与实践的良性互动。例如，上海市和浙江省已分别实

---

① 范树成：《国外综合课程的理论和实践》，载《外国教育研究》，1990(1)。
② J. B. 英格拉姆、吕达：《综合课程的作用》，载《课程·教材·教法》，1985(2)；J. B. 英格拉姆、吕达：《综合课程的作用(续)》，载《课程·教材·教法》，1985(3)。
③ 冯生尧：《美国综合课程述评》，载《外国教育资料》，1992(5)。
④ 张廷凯：《普通高中课程结构改革的探讨》，载《课程·教材·教法》，1994(1)。

验和实施初中课程综合化的设想。东北师范大学和东北师范大学附属中学的"初中课程设置与综合教材的研究实验"、华中师范大学和华中师范大学第一附属中学的"初中课程改革"也有课程综合化趋势。上海师范大学和上海师范大学附属中学的"初中综合理科研究和实验"、辽宁教育学院和辽宁实验中学的"初中生物课综合开设的研究与实验"①等实践探索对于丰富课程理论、形成中国理论提供了丰富的实践源泉。

(3)关于显性课程与隐性课程的关系研究

"隐性课程"是外来语,在我国的有关论著中"隐蔽课程""潜在课程""潜课程""隐含课程"等词语大多与其同义。隐性课程是当时课程理论研究的一个新领域,对于它的认识存在很多分歧。关于隐性课程的界定,主要有以下几种代表性观点。第一,"计划性说",即隐性课程是教育(课程)计划以外的教育活动或学习活动。代表者有吴也显、陈玉琨等人。第二,"影响方式说",即隐性课程是有意识或无意识获得的经验。代表者有郑金洲、靳玉乐等人。第三,"学习结果说",即隐性课程是非学术性的学识。代表者有唐晓杰等人。第四,"呈现方式说",即隐性课程是以间接的、内隐的方式呈现的课程。代表者有施良方等人。研究者们的定义多是从隐性课程与显性课程的比较中,以不同角度为切入点进行界定。这种界定方式虽然可以从对比中看到异同,但又使隐性课程难以真正成为一个独立的研究领域。同时,隐性课程本身界定的模糊性和不一致性,又进一步导致了本身就比较复杂的隐性课程变得更加扑朔迷离。其实,这样的争论反映出实践中课程问题的复杂性,同时也显示出课程论一些基本理论问题的困境。

随着研究的深入,研究者开始探讨隐性课程的深层结构及构成

---

① 白月桥:《我国中学综合课程研究现状与改革前景》,载《教育研究与实验》,1992(2)。

内容，并在课程论著作中列专章全面论述隐性课程的本质和特点、结构与功能等。但是概念的分歧导致以上研究成果存在争论。另外对隐性课程提出的依据和存在的基础的研究，如隐性课程的人类学、社会学、心理学基础等，使隐性课程在教育哲学、教育基本理论、教育社会学、教育人类学领域成为一个重要的研究课题。

（三）课程论的理论引进

改革开放后，人们急需了解世界上其他国家教育和课程的现状、课程改革的经验教训、发展的动态趋势，为我国基础教育课程改革提供参考。同时，一门学科的建立和发展，既要继承和发扬本国优秀的传统文化与历史遗产，又要借鉴和吸收国外先进的学术成果与智慧营养。因为没有继承就难以发展，没有借鉴就难以创新。再者，课程论作为"舶来品"，我们更需要广泛汲取西方课程研究的先进成果，以此为基础，构建具有中国特色的课程论学科体系。

我国的课程论研究自开始就注重吸收国外课程论研究成果，尤其表现在对外国理论的翻译与介绍上。陈侠主编的"课程研究丛书"从1985年开始由人民教育出版社陆续出版，大量引进翻译了发达国家的课程著作，主要包括：英国丹尼斯·劳顿等人的《课程研究的理论与实践》，美国乔治·A. 比彻姆的《课程理论》，日本伊藤信隆的《学校理科课程论》，苏联克拉耶夫斯基、莱纳等人的《普通中等教育内容的理论基础》。这说明我国学者已经有了建立课程论的学科意识，在对国外课程论研究成果的引进方面少了一些盲目性和零碎性，而有了一定的针对性和系统性。[①] 这些引进工作对于课程论学科的发展起到了很好的推进作用。

另外，以钟启泉为代表的学者出版了一系列介绍国外课程的著

---

① 侯怀银、谢晓军：《20世纪我国学者对课程论学科建设的探索》，载《课程·教材·教法》，2008(1)。

作，如《国外课程改革透视》《现代课程论》等，其中以《现代课程论》的影响最为深远。该书着重向读者介绍当代最有影响的课程论学说及其基本特点，用较大篇幅介绍了美国、西欧国家、苏联和日本的现代课程研究，并对学校课程的实施及学校课程的特点做了比较研究，全面展示国外课程研究的现状和成果。

引进西方的成果是丰硕的，但是对国外的课程论，我们大多停留在著作和文章引进的水平上，还缺乏比较系统和整体的考察与把握，更未把国外课程论和国外相关学科的发展结合起来引进与认识。照抄照搬、盲目模仿、"以外比中"现象普遍存在，没有很好地将其消化、吸收，无法有效促进我国课程理论的发展和课程改革的深入。因此，"本土化"是课程论建设的当务之急。

二、教学论研究逐步深入

教学论作为研究和揭示教学活动本质规律的一门理论学科，是教育学学科体系中的一门基础学科。随着教学改革的深入开展，教学论取得了前所未有的发展。[①] 教学论研究力量逐步加强，研究领域不断拓宽，理论探索日渐深化。在此阶段，教学论的研究不断朝纵深方向发展，突出表现为：研究对象与任务明晰，学科性质立论，研究方法多元化。以下将从这三个方面介绍此阶段教学论的发展。

(一)研究对象与任务明晰

从 20 世纪 80 年代开始，我国教学论从教育学中分离出来，成为一门具有丰富内涵的独立分支学科。教学论在教育学大家族中也许不是"发育"得最好的学科，却是最凸显教育学独特领域、独特问题和独特风格的学科。因此，深入反思中国教学论学科发展，不仅关系到教学论自身的未来，也在很大程度上决定着中国教育学学科的发展命脉。而在进行教学论的相关研究中，明确其研究对象与任

---

① 裴娣娜：《论我国教学论学科建设与发展》，载《中国教育学刊》，1998(6)。

务是极其重要的一部分。

1. 教学论的研究对象

笼统地说，教学论是研究教学活动这一客观现象的一门学科。在社会历史发展进程中，人们所积累的社会实践经验不断增加，教学活动的任务不断变化，对教学相关问题的认识不断加深。与此同时，教学论的研究对象也在不断地发展、更新并趋于明确。

然而，对于教学论的研究对象，不同的学者有不同的表述。这一时期，人们在继承以往研究的基础上继续进行讨论。李秉德在《教学论》中提出"教学论就是专门研究关于教学各方面的问题的"①。汪刘生也提出："教学论的研究对象……从解释学角度分析，就是研究教学的理论。具体地说，教学论就是研究教学现象、揭示教学规律的科学。"②徐继存在《教学论观念辨析》一文中说道："教学论面对的是教学世界，研究的是教学世界存在的现象和问题，探求的是教学世界的规律，而其目的是改造教学世界。"③李定仁、徐继存在《教学论研究二十年(1979—1999)》中说道："教学论是从动态的教学整体出发，综合研究教学活动和教学关系、探索教学最一般规律的一门学科。"④裴娣娜在《教学论》中指出，教学论是研究一般教学问题的科学。⑤ 虽然不同的学者有不同的表述，但总体来说他们的观点可以分为几大类。沈小碚、王牧华曾总结道："关于教学论的研究对象，在我国主要存在以下三种观点：第一种观点认为教学论是研究教学的艺术或最优的教学方法的科学；第二种观点认为教学论是'简明方法的规则'，具有'约定俗成的通例'的性质；第三种观点认为教

① 李秉德：《教学论》，6页，北京，人民教育出版社，1991。
② 汪刘生：《教学论》，8页，合肥，中国科学技术大学出版社，1996。
③ 徐继存：《教学论观念辨析》，载《西北师大学报(社会科学版)》，1999(1)。
④ 李定仁、徐继存：《教学论研究二十年 (1979—1999)》，25页，北京，人民教育出版社，2001。
⑤ 裴娣娜：《教学论》，12～19页，北京，教育科学出版社，2007。

学论是研究教养和教学的客观规律。""教学论的研究对象是客观和主观的统一；教学论的研究对象是有限和无限的统一；教学论的研究对象是多种关系的体系。"①尽管人们关于教学论的研究对象有各种不同的具体表述，但大都认为它所要研究的对象应是教学的规律。而不论是教学的规律还是原理，都是要揭示教学现象中客观存在的，具有必然性、稳定性和普遍性的联系。

2. 教学论的研究任务

教学论的研究任务一直是一个有争议的话题，然而在此阶段，学者们明确了关于教学论的一系列基本问题的认识，其中包括对于教学论研究任务的认识，并基本达成共识。虽然在具体描述上有不同之处，但核心观点是一致的，即教学论的研究任务是揭示和把握教学规律。

就教学论的具体研究任务而言，唐文中认为教学论的研究任务是发展和完善教学理论，对教学实践及其发展做出科学的论证。其具体要求：一是研究国内外的教学理论和教学实践；二是揭示教学活动的客观规律；三是构造教学理论；四是指导教学实践。②李秉德在《教学论》中提出："现代教学论的研究对象与任务在于探讨教学的本质与有关规律，寻求最优化的教学途径与方法，以达到培养社会所需人才的目的。"③关甦霞在《教学论教程(修订本)》中提出："教学论的研究任务就是揭示教学过程中的基本规律，既包括教的规律，即教什么，怎样教，又包括学的规律，即学什么，怎样学。"④赵锡成在《教学概论》中关于教学论研究任务的描述是："教学论研究的一

---

① 沈小碚、王牧华：《教学论学科研究的进展与问题》，载《西南师范大学学报(人文社会科学版)》，2004(1)。
② 唐文中：《教学论》，16～18 页，哈尔滨，黑龙江教育出版社，1990。
③ 李秉德：《教学论》，8～9 页，北京，人民教育出版社，1991。
④ 关甦霞：《教学论教程(修订本)》，6 页，西安，陕西师范大学出版社，1992。

般任务，概括地说，就是研究教学理论，指导教学实践。"①黄甫全、王本陆将教学论的研究对象概括为"教学论的首要任务是认识纷繁复杂的教学现象"，"教学论的根本任务，是揭示教学规律和指导教学实践"。② 各位研究者尽管表述各异，但基本观点类似。

(二)学科性质立论

对于教学论学科性质的认识，历来存在着分歧。然而在此阶段，我们从教学论的发展现状及其社会实践价值中可以发现，教学论既具有理论学科的特点，又具有应用学科的特点。因此，在此阶段，学者们得出了一个相对确定、统一的结论——教学论既是一门理论学科，又是一门应用学科。

不同学者的基本观点一致，但表述各不相同。例如，唐文中认为，教学论这门科学既是理论学科，也是应用学科。这既反映了教学论发展的实际情况，又符合学科分类的要求。③吴也显在《教学论新编》中指出："教学论既是一门理论的科学，又是一门应用科学，它既要研究教学的一般规律，也要研究这些规律在实际中的运用。"④李秉德在《教学论》中提出："我们应该使学的人能把学到的规律用来解决教学上的实际问题。所以我们在论述现代教学论的对象和任务时，在提到教学本质与规律之后，紧接着'寻求最优化的途径与方法'这句话，这一点也是非常重要的。这就是说，现代教学论应该在阐明教学规律的基础上扩充阵地，向实际方向靠拢。"⑤赵锡成在《教学概论》中说道："教学论的学科性质应属于以理论学科为主，兼有应用学科特点的一门学科。"⑥田慧生、李如密著的《教学论》对

---

① 赵锡成：《教学概论》，7页，开封，河南大学出版社，1993。
② 黄甫全、王本陆：《现代教学论学程》，6、8页，北京，教育科学出版社，1998。
③ 唐文中：《教学论》，14～15页，哈尔滨，黑龙江教育出版社，1990。
④ 吴也显：《教学论新编》，14页，北京，教育科学出版社，1991。
⑤ 李秉德：《教学论》，11页，北京，人民教育出版社，1991。
⑥ 赵锡成：《教学概论》，6页，开封，河南大学出版社，1993。

于教学论的学科性质也有明确的表述："教学论既要坚持以理论研究为主，不断提高理论成果的抽象概括水平，又要在已有理论原理的指导下，开展必要的应用研究，解决教学中一些带有普遍性的操作问题。"①这些表述对于我们拓宽思路、理解教学论的学科性质，具有深刻的启示意义。

（三）研究方法多元化

一门学科要想成为真正的科学，不仅要十分明确并坚持它的研究对象和任务以及学科性质，而且要采取科学的研究方法。这些方面缺一不可，教学论的发展也是如此。随着教学论学科的不断完善，教学论的研究对象与任务逐渐明晰，学科性质立论，教学论的研究方法也在不断完善，呈现出多元化的趋势。在当时的教学论研究中，教学论的学科边界内一些基础性问题被边缘化。教学论的发展不仅应该关注边界内的问题，还应该关注边界外的问题，而教学论学科的特殊性决定了教学论急需跨学科研究。跨学科视野研究的不断展开，就决定了在研究中必定会带来研究方法的多元化。1987 年、1989 年、1991 年的全国教育学研究会教学论专业委员会年会也无一例外地对教学论研究方法进行了探讨。1994 年全国教育学研究会教学论专业委员会更是把"如何改进教学理论研究的方法，提高教学理论研究的水平"作为会议的重要议题之一。②

1. 方法论层面

随着社会科学、自然科学的发展，教学研究方法论体系不可避免地要改变它的形式和内容。唐文中提出："任何一门科学的研究方向和研究方法都受一定方法论的制约。在阐述教学论的研究方法之

---

① 田慧生、李如密：《教学论》，13 页，石家庄，河北教育出版社，1996。
② 汪刘生：《现代教学论研究的新视域》，13 页，长春，吉林人民出版社，2006。

前简要说明一下教学论研究的几个方法论要求，是非常必要的。"①
对于教学论的研究方法论，他提出了几项需要遵循的原则。

　　蔡宝来也曾提出，我国多样的教学研究方法可以从两个角度进
行分类：第一，从教学研究的学科类型的角度，可分为哲学研究法、
历史学研究法、心理学研究法、社会学研究法、工艺学研究法、教
育学研究法等；第二，从方法论的角度进行分类，包括思辨法、文
献研究法、实证法、比较法、实验法、计量法等。由此可见，现代
教学研究方法论体系是一个多样而开放的系统。每一种方法的运用
研究，既是对教学论的合理认识结果，同时也不断地拓展着教学论
的研究领域。②

　　2. 具体研究方法

　　每门学科都有对自己研究对象所采用的科学方法，教学论也是
如此。由于教学是一种培养人的复杂的社会活动，它的活动主体又
都有各自不同的个性特征，这就决定了教学论的研究方法不能是单
一的、孤立的、静止的和程式化的，而必须是多角度的、综合的、
动态的和发展的。③ 在进行教学论的相关研究中，不仅需要方法论
进行指导，而且需要结合具体研究方法。王策三提出教学论的研究
方法必须实行"两个结合"：一是一般方法论与多样的具体方法相结
合；二是把总结教学经验、开展教学实验和加强理论研究结合起来。
总之，要在克服简单化的斗争中坚持马克思主义方法论，要把方法
论跟多种多样的具体研究方法结合起来。要正确实行古今中外法，
注意探索教学论的现代化和中国化问题。④

　　唐文中将教学论的研究方法概括为教育科学领域通用的研究方

　　①　唐文中：《教学论》，19～20 页，哈尔滨，黑龙江教育出版社，1990。
　　②　蔡宝来：《我国教学论研究的进展和前瞻》，载《中国教育学刊》，1999(4)。
　　③　汪刘生：《教学论》，15 页，合肥，中国科学技术大学出版社，1996。
　　④　王策三：《教学论稿》，63～82 页，北京，人民教育出版社，1985。

法，如观察法、调查法、文献法、实验法、预测法。① 李秉德在《教
学论》一书中将教学论的研究方法总结为观察法、个案法、文献法、
调查法、经验总结法、实验法等。汪刘生在《教学论》一书中总结教
学论研究中常用的方法主要有：观察法、调查法、文献法、历史法、
实验法、统计法。关甦霞在《教学论教程（修订本）》中指出，教学论
的具体研究方法包括调查、观察、实验，这也是教学论研究中运用
得最经常、最有效的方法。赵锡成在《教学概论》中总结教学论的研
究方法有：教学经验总结法、教学实验法、古今中外法、教学预测
法、理论推导—验证法。田慧生、李如密在《教学论》一书中根据教
学论的学科特点，将教学论的研究方法分为历史研究法、调查研究
法、观察研究法、经验总结法、实验研究法、行动研究法等。

三、主体教学论崛起

学科能从已有的框架体系中生发出切合实践需求，同时又能够
引领理论发展潮流的问题及领域，这是学科成熟的重要标志。主体
教学论的兴起，是这一时期教学论朝纵深方向发展的标志性成果。
主体教学论的发展及主体教育实验的开展，使教学论学科向前迈出
了一大步。

（一）主体教学论的发展

《中共中央关于教育体制改革的决定》颁布以来，我国基础教育
为适应社会发展对人提出的新要求和满足个体自身发展的需要做出
了不懈努力。我国教育理论界也开始进入了教学变革的时代，以解
决本国问题。"这场悄然到来的变革的特点集中表现为：适应时代发
展的要求，基于教育现代化的高度，从知识论转向主体教育论。"②
以此为基础的主体教育论强调"从肯定人在社会历史发展中的主体地

---

① 唐文中：《教学论》，21~24 页，哈尔滨，黑龙江教育出版社，1990。
② 裴娣娜等：《发展性教学论》，5 页，沈阳，辽宁人民出版社，1998。

位与人在自身发展中的主体地位出发，探讨和阐明教育的主体性，充分发挥教育在促进人的全面发展中的积极的能动作用"①。这是教学论领域针对我国基础教育实践与理论问题主动进行的理论思考，是教学论学科发展自觉的表现。

靳玉乐等人对于主体教学论的思考是：主体性教学的研究范围处于一个发展变化并逐渐扩大的过程中。它由"学生是教学主体"这一论题扩展至对"教学中师生主客体关系"的研究，又延伸到对"教育自身主体性"问题的探讨。② 也有研究者认为，主体性教学论表现出来的基本思想是：①教育在本质上是一种主体性教育，它以塑造和建构主体自身为其活动领域；②教育所要构建的主体性结构是"主体的意向性、认知性、价值性和实践性"；③它认识到了学生主体性在构成或结构上的特殊性，表现在能动性与受动性并存、自主性与依附性并存、创造性与模仿性并存、独特性与共同性并存；④确立主体教育应具有的独特性，即科学性、民主性、活动性和开放性。③

有研究者认为，研究教学活动的主体性既是培养和发展学生主体性的必然要求，也是教学理论研究的重要课题。如何充分发挥教的主体能动性与如何充分调动学的主体能动性问题，不仅成为现代教学论的核心问题，也成为教育本体论的焦点。教学主体性就是要求在教学过程中，教与学的主体能动性都得到充分发挥，主体意识充分觉醒，主体的精神世界和意志充分拓展。因此，从多方面探讨在教育教学活动中如何培养学生主体性，必将成为未来教学论关注和研究的热点。④ 这是研究者在拓展理论时的思考，也是主动拓展教学论的范畴体系、深化教学论的研究主题。

---

① 张立昌：《课程与教学论》，120 页，西安，陕西师范大学出版社，2012。

② 靳玉乐、李森、沈小碚等：《中国新时期教学论的进展》，重庆，重庆出版社，2001。

③ 沈小碚、王牧华：《教学论学科研究的进展与问题》，载《西南师范大学学报(人文社会科学版)》，2004(1)。

④ 蔡宝来：《我国教学论研究的进展和前瞻》，载《中国教育学刊》，1999(4)。

（二）主体教育实验的开展

20 世纪 80 年代以来，在世界教育教学改革浪潮的推动下，我国引介了国外大量的教育教学改革理论和实践经验，开展了丰富多彩的教育教学改革实验，初步构建出具有中国特色的教育教学理论体系，并有力地推动了教学论学科的发展，其中较为突出的是主体教育实验的开展。

随着人们对学生主体地位与作用的探讨，主体性教学逐渐成为我国教育理论与实践界十分引人注目的热门话题，各种理论成果纷纷涌现，主体教育实验研究方兴未艾。1992 年主体教育实验便开始展开。为了探索如何培养具有高度自觉能动性和创造性的新型人才，北京师范大学教育系与河南省安阳市人民大道小学、天津市第二师范附小以及北京市海淀区的 6 所小学合作进行了培养和发展少年儿童主体性的教育实验。该实验项目是北京师范大学裴娣娜教授申报的原国家教委"八五"人文社会科学规划博士点重点项目，项目全称为"少年儿童主体性发展教育实验与研究"。其成果获"1996 年度全国师范院校基础教育改革实验研究项目优秀成果"一等奖；1997 年，"少年儿童主体性发展实验"被列为全国教育科学规划"九五"国家重点课题"现代教学论发展的理论与实验研究"的子课题，主体教育实验的范围除北京、天津、河南外，进一步扩展到四川、广东、江苏等地共十几所中小学。

在主体教育理论引导下，主体教育实验不断深化。从 1992 年起，由裴娣娜教授主持的"少年儿童主体性发展实验"成为 20 世纪 90 年代主体教育实验的代表。同时，叶澜教授主持的"新基础教育探索性实验"及其提出的"让课堂焕发出生命的活力"，将主体教育实验由单一推向综合。教育实验的理念、策略以及探索中国教育实验道路的精神，得到人们的普遍认同。就其反映了现代学校教育的一般规律的意义而言，主体教育思想已成为中小学教育的基本指导思想。①
教育实验成为推动教学理论构建和教学实践改革的重要手段。主体
教育实验有效地推动了中国教学论的学科发展。

四、学科分化与综合

随着人们对教学理论研究的深入和教学改革实践经验的日益丰
富，一些边缘学科和新兴学科纷纷登场，教学论学科的发展进入了
一个高度分化和高度综合的时期，中国教学论已由一门学科发展为
一个庞大的学科群。整体而言，我们可以将教学论分为理论教学论、
应用教学论及特色教学论。一个具有中国特色的教学论分支学科体
系正在逐渐形成。

在不同的学者看来，教学论学科分化与综合的特点呈现不同的
样态。例如，李森、赵鑫将教学论学科群划分为理论教学论和应用
教学论，其中，理论教学论包括教学哲学、教学社会学、教学心理
学、教学伦理学、教学文化学、教学生态学、教学经济学、教学病
理学、教学卫生学、教学认识论、教学系统论、教学控制论、教学
信息论和教学动力论等。应用教学论又划分为分科教学论和分段教
学论。分科教学论包括语文教学论、数学教学论、外语教学论、物
理教学论等，密切联系中小学学科教学。分段教学论即学前教学论、
小学教学论、中学教学论、大学教学论、成人教学论等。②

徐继存和吉标认为，进入20世纪90年代，与现代科学发展的
总趋势一致，我国教学论也出现了高度综合与分化的局面，由一门
单一学科逐渐发展成一个庞大的、数量可观的学科群(见表3.1)。③

---

① 郭华:《我国教师专业发展的实践探索——主体教育实验18年回顾》,载《北京师
范大学学报(社会科学版)》,2010(5)。
② 李森、赵鑫:《20世纪中国教学论的重要进展和未来走向》,载《教育研究》,
2009(10)。
③ 改编自徐继存、吉标:《我国教学论研究三十年的回顾与反思》,载《中国教育科
学》,2014(4)。

表 3.1 教学论学科群

划分原则	学科群
学段	学前教学论、小学教学论、中学教学论、大学教学论、成人教学论等。
学科	语文教学论、数学教学论、外语教学论、物理教学论、化学教学论、生物教学论、地理教学论、音乐教学论、美术教学论、体育教学论等。
交叉	教学哲学、教学心理学、教学社会学、教学管理学、教学文化学、教学伦理学、教学技术学、教学美学、教学病理学等。
体系	教学目标论、教学系统论、教学模式论、教学设计论、教学方法论、教学环境论、教学原则论、教学评价论、教学认识论、教学知识论、教学实践论、教学实验论、教学艺术论等。

罗儒国认为，教学论的学科分化趋势表现为三个层面：一是"理论教学论"与"实践教学论"的分化；二是"传统教学论"与"现代教学论"的分化；三是在教学论的基础理论研究方面，不断分化出教学风格论、教学决策论、教学行为论、教学策略论等。教学论在进行学科分化的同时，也在进行多项综合：一是与哲学的综合，产生了课程与教学哲学、教学认识论、后现代主义教学论等；二是与相关横向学科的综合，产生了教学文化学、教学社会学、教学艺术论、教学伦理学、教学生态学、信息技术教学论、建构主义教学论等；三是课程论与教学论的整合。[①]

沈小碚、王牧华认为，教学论学科在分化与综合过程中呈现出的特征是：教学论的分化朝着理论教学论、应用教学论、比较教学论和实验教学论的方向发展。理论教学论的分化是伴随理论教学论的发展而产生的，并分化成教学目的论、教学原则论、教学方法论、课程论等。应用教学论是由于应用的需要而引起的，并分化成学科

---

① 罗儒国：《我国教学论学科建设的回顾与展望》，载《内蒙古师范大学学报（教育科学版）》，2008(1)。

教学论(语文、数学、物理、化学、英语等学科)和学段教学论(小学、中学、大学教学论等),它标志着一般教学论应用于具体教学领域,达到了一定的发展水平。比较教学论是教学论学科研究的一个新领域,旨在通过对当代世界各国教学理论和实践及相关问题的比较研究,探讨其相似性和差异性,揭示教学发展的一般原理、规律和趋势。实验教学论是由教学实验的需要引起的。[①]

　　裴娣娜指出,教学论学科的分化趋势表现在:第一,教学论的基础理论研究方面,人们分别从教学目标、课程论、教学模式、学习论、教学策略学、教学评价学、教学技术学等几个主要领域进行深入研究并各自形成教学论的基础研究领域,这正是教学论学科发展走向成熟的一个主要标志。第二,应用研究方面,正在不断形成新的、不同的分支学科,如小学教学论、中学教学论、大学教学论、学科教学论等,以便更好地适应现代教育发展的多方面需要。随着研究领域全方位、多层面的扩展,教学论在分化的同时进行了综合。这种综合主要是在与哲学、心理学等相关学科领域的渗透中进行的。一是与哲学、系统科学方法论的综合,产生了教学认识论、教学实验论、教学活动论、教学信息论、教学控制论等。二是与教学实践结合,产生了教学评价学、教学技术学、教学方法学、教学价值论、教学艺术论、教学环境论等。三是在与相关学科进行跨学科的研究中,产生了教学社会学、教学伦理学、教学生态学、教学美学、教学创造学、教学病理学等。[②]

　　学科教学论在这个时期也逐步发展起来。教学论要朝科学化方向发展,形成具有中国特色的教学论体系,就必须有具体的学科支撑,需要在具体的学科基础上发展,需要以具体的学科教学改革为

---

　　① 　沈小碚、王牧华:《教学论学科研究的进展与问题》,载《西南师范大学学报(人文社会科学版)》,2004(1)。

　　② 　裴娣娜:《论我国教学论学科建设与发展》,载《中国教育学刊》,1998(6)。

基础，形成学科教学的基本理论，在丰富学科教学理论的同时丰富一般教学理论。学科教学论的产生是当代社会发展对各学科教学提出的要求，社会各界需要的人才是具有丰富的学科背景知识的人才，而这些人才的培养需要有专业的教师队伍。这些教师除了需要具有本学科的专业知识外，还需要精通本学科的教育教学理论、教学技能和技巧。学科教学论就是研究学科教学的规律的学科。学习和研究这些具有学科特殊性的教学规律和知识，有利于教师精通本专业的理论知识，也有利于教师学习和掌握本学科专业的教学理论知识及本学科教学的特殊规律。

学科教学论需要以各分科科目的内容、思想、方法为基础，还需要以普通教育学、一般教学论为基础，这就决定了学科教学论具有综合性和跨学科的特点，决定了学科教学论姓"教"而不姓"学科"，也就是"学科教学论是教育科学的分支，而不是各个专业学科的分支"①。受学科教学论的管理体制、专业队伍人事管理等原因的影响，许多学科教学论工作者在这方面有疑惑，有的觉得学科教学论属于学科的分支，有的坚持学科教学论属于教育学的分支。北京师范大学知名化学教育家、化学教学论学科带头人刘知新，在 2018 年发表的《"化学教学论"名称沿革漫笔》一文中回顾了化学教学论的名称沿革。他从自身经历出发，结合相关资料，意图使学界明晰名称，减少混乱。在文章中，他用一段话生动地表达了对学科名称混乱现状的痛心。

学科名称是历史地形成并被学界认同的一种科学界定；不可更不得任意改动！高等学校化学教育专业基于教学的需要，开设名称各异的课程并编写教材出版，只要符合实际、切合教书育人大业的

---

① 彭永渭：《学科教学论概论》，3 页，大连，大连出版社，1990。

要求，又确有特色，且与已发行的同名教材不雷同，这是教材建设中"百花齐放"的大好事！但总得符合"同名同质、异名异质"的原则。不过，退一步讲，即使在高教版《化学教学论》发行以后，又出版多本"异名同质"/"同名异质"的书籍，对于知识里手来说，并不是什么问题，不会产生误会。但对习惯于'因名循实'或不了解本学科的读者来说，确确实实会造成"这算是什么学科"的不良印象！对于这个涉及本学科本体性的核心原则问题(也是本学界必须正视的本原性问题)应当在中国化学会和中国教育学会下属的专业委员会年会上认真研讨、辨析，统一认识，方利于本学科建设与发展！否则，由于出版"异名同质"/"同名异质"的同类教材，使化学教育专业的学子形成对本学科(特别是对学科名称)某种混乱认知，进而给不了解真相的读者造成"随意更改名称算是什么学科"的疑问，那将是本学界的莫大悲哀！值得深刻反思！①

除以上论述教学论学科分化与综合的具体观点外，还有研究者进一步将教学论学科发展提升到"特色"的角度，将当时有代表性的教学论主张分为不同的教学论流派。王鉴等人将中国特色教学论流派划分为：以王策三为代表的教学认识论流派，以李秉德为代表的教学要素论流派，以叶澜为代表的"生命·实践"教学论流派。②

第一，教学认识论流派。改革开放以来，我国教学论界围绕教学活动的本质问题展开了大讨论，形成了多种不同的观点，其中，有代表性的有"特殊认识说""教学交往说""教学实践说""教学认识—发展说"等。③而北京师范大学原教育系编写的《教学认识论》是国内

① 刘知新：《"化学教学论"名称沿革漫笔》，载《化学教育(中英文)》，2018(9)。引用时有改动。
② 王鉴、李晓梅：《当代中国特色教学论的发展历程及启示》，载《社会科学战线》，2016(6)。
③ 王本陆：《教学认识论三题》，载《教育研究》，2001(11)。

系统论述教学认识问题的专著，其中心观点是，教学本质上是一种特殊认识活动，即教学认识活动。伴随着教学理论研究的深入，以北京师范大学王策三教授为代表的学者对教学认识论进行了系统的理论建构，提出教学活动是一种特殊的认识过程的观点，并围绕这一观点，先后出版了《教学论稿》《教学认识论》《教育论集》《现代教育论》《基础教育改革论》等学术著作，集中反映了教学认识论的理论体系。[①] 在 20 世纪 60 年代至 90 年代，关于教育本质的大论争中，教学认识论是认同者最多也是争议最多的一个流派，并影响到了学校实践领域，影响到了学校的课堂教学过程，形成了"课堂教学重在传授学科知识"的教学实践思想。尤其是在 20 世纪 80 年代，"教学认识论可以称得上中国特色教学理论建设的初步尝试，而且这一理论经数代人的不断完善，已经成为中国特色教学理论中十分重要的理论之一，并在中国特色教学理论建设中起着基础性的作用"[②]。

第二，教学要素论流派。对教学要素问题的探讨一直是教学论研究的热点问题。教学要素论深受 20 世纪 80 年代兴起的"三论"中著名的系统论和皮亚杰的认识发生论的双重影响，其中，认同者较多的是"教学七要素论"，它是在对教学现象全面分析的基础上，于 20 世纪 90 年代初提出的。1991 年，李秉德主编的《教学论》由人民教育出版社出版，并作为全国高校文科教材广泛使用，教学论中的教学要素论逐渐产生广泛影响。

在此阶段，李秉德先生提出"教学七要素论"，其内容分为理论建构层面和实践操作层面两大部分。理论建构层面，李先生认为教学活动由七个要素构成：教学目的、教师、学生、课程、方法、环

[①]　王鉴、李晓梅：《当代中国特色教学论的发展历程及启示》，载《社会科学战线》，2016(6)。

[②]　王鉴、李晓梅：《当代中国特色教学论的发展历程及启示》，载《社会科学战线》，2016(6)。

境、反馈及评价。他认为教学的最终任务是达成教学目的，而教学目的是否达成是从学生身上体现的。要达成目的，就必须通过课程与方法的中介。在整个教学过程当中，环境都会对教师和学生产生有利或不利的影响，但教师和学生也会对环境产生反作用①，重要的是教师要设法控制或适应环境，使环境对学生的学习产生有利的影响。教学要素论在这一阶段的教学论研究中有着极其重要的地位，是中国特色教育学理论探索的成果之一。

第三，"生命·实践"教学论流派。"生命·实践"教学论研究源于改革开放后形成的良好的学术氛围，是中国特色教育学理论探索的一个贡献。它站在更广阔的教育学的背景下，以建构中国特色的教育学为理想，提出了"生命·实践"教育学思想，其核心在于"教天地人事，育生命自觉"。"生命·实践"教学论是其中关于教学的理论，也是"生命·实践"教育学的核心。《回归突破："生命·实践"教育学论纲》②一书的诞生，意味着"生命·实践"教育学流派开始了自觉的理论建构，并进入理论与实践互为融合的"通化"期，实现了这一学派"回归突破"的追求。③"生命·实践"教学论是在中国的土壤中生长出来的，因此独树一帜，可以和其他国家如美国、日本的教学论对话。这让中国教学论学人找到了自信，也让学界同人认识到：立足、扎根中国本土，通过实践、实验研究来建构归纳式的教学论是可行的。这也为中国特色教育学的形成与发展走出了一条示范之路。

---

① 李秉德：《教学论》，13~15页，北京，人民教育出版社，1991。
② 叶澜：《回归突破："生命·实践"教育学论纲》，上海，华东师范大学出版社，2015。
③ 王鉴、李晓梅：《当代中国特色教学论的发展历程及启示》，载《社会科学战线》，2016(6)。

第二节 研究成果丰硕，研究队伍壮大

1985 年 6 月，全国教学论学术委员会(全称"中国教育学会教育学分会教学论专业委员会")成立，我国高校教学论研究群体有了一个全国统一的学术组织。在其引领下，我国课程与教学论研究涌现出一大批相关人才与研究成果，推动了我国课程与教学论研究的深入发展。

一、研究成果丰硕

这一时期的研究成果主要分为三个方面：一是国内学者进行的课程与教学论理论研究不断推进，出现了专门的课程论理论著作；二是翻译外国课程论著作，在对国外课程论研究成果的引进方面少了一些盲目性和零碎性，而有了一定的针对性和系统性[①]；三是学界以各类期刊为阵地进行了持久而逐渐深入的理论探讨，产出了一批相关理论成果。

（一）国内著作

经过对课程本质问题的集中研讨，人们进一步深化了对课程本质的认识，推进了课程理论的深入发展。研究者继而对课程设计、课程编制、课程管理、课程评价、隐性课程、活动课程、综合课程等课程的基本范畴问题投入了极大的研究兴趣，进行了思考，也产出了一批研究成果，出版了有影响的课程论著作。

1989 年 3 月，陈侠出版了我国第一本课程论专著《课程论》，许多论者对此给予了很高评价。例如，刘付忱评论道："作者对上述的

---

① 侯怀银、谢晓军：《20 世纪我国学者对课程论学科建设的探索》，载《课程·教材·教法》，2008(1)。

发展趋势抓得扼要中肯，明确深入，体现了全面而透彻的分析眼光。"①章泽渊评论其是一本既填补我国教育科学空白又具有多功能的好书。②

1989年，钟启泉编著的《现代课程论》由上海教育出版社出版，该书有效促进了我国课程论的发展，得到了同行的认可。司意评论，该书至少显示了如下三个特点：第一，视野广阔；第二，体系严整；第三，虚实结合。③刘佛年评论道："钟启泉教授在这个时候，推出了一部课程论的巨著，材料非常丰富，论证非常精到。它的出版一定会受到教育界的欢迎。"④

1991年，吕达等人出版《独木桥？阳关道？——未来中小学课程面面观》一书，围绕课程论研究中的理论与实践问题，结合我国课程论的发展史，对未来我国中小学课程发展的基本问题进行了展望。

1996年，施良方著的《课程理论——课程的基础、原理与问题》出版。该书是我国第一本提供了课程理论分析框架的经典之作，同时也是深化与发展我国课程教学领域研究的一个重要标志。该书借鉴国外相关研究成果，确立了我国课程论研究的基本框架，形成了以课程目标、课程内容、课程设计、课程编制、课程实施、课程评价等几个部分为主要内容的课程论研究范式。

(二)译作

这一阶段对国外课程论著作的翻译经过了筛选，所译大多是有针对性的系统著作，体现出我国学者已经有了建立课程论的学科意识。例如，黄明皖译、美国乔治·A. 比彻姆著的《课程理论》，金世

---

① 刘付忱：《读陈侠著〈课程论〉的体会和感想》，载《课程·教材·教法》，1989(7～8)。

② 章泽渊：《一本既填补我国教育科学空白又具有多功能的好书——简介陈侠〈课程论〉》，载《课程·教材·教法》，1989(9)。

③ 司意：《为了学校课程的现代化——〈现代课程论〉简介》，载《外国教育资料》，1988(4)。

④ 刘佛年：《〈现代课程论〉序》，载《外国教育资料》，1989(2)。

柏等译、苏联克拉耶夫斯基和莱纳等编著的《普通中等教育内容的理论基础》，王伟廉等译、英国菲利浦·泰勒等著的《课程研究导论》。学者们翻译的美国和其他国家课程论的相关成果，丰富了课程研究的基本范式，既保持了对美国课程论研究范式的一贯关注，也在充分认识和理解欧洲的课程论研究风格。

（三）相关研究性文章

这一时期研究国内教育理论与实践、实验等文章比重远大于研究国外的。从研究文章的比例上我们可以看出，进入 20 世纪 90 年代以来，我国教学理论研究界对国外教学思想、理论与实践的翻译、介绍、评述已开始降温。人们已经越来越多地将研究重点放在对符合我国实际的教学理论与实践的研究上，放在探讨建设具有中国特色社会主义教学论体系宏伟目标的实现上。[①] 这是学科自觉的表现，也是学科发展的新阶段。

二、专门人才培养

这一时期，我国已经有了教学论专业（1981 年），后又融合课程论、教学论与学科教学论，设立了新的二级学科"课程与教学论"（1997 年）。同时，随着教育部学科评审会议的不断召开，一批批高校被批准设立教学论、课程与教学论的硕士点与博士点，我国的课程与教学论人才培养体系逐渐成形。

（一）专业设立与进一步发展

1978—1984 年，我国不仅恢复了教育学课程，而且教学论从教育学学科中分化出来，成为一门独立的学科，并于 1981 年开始在全国范围内招收教学论专业方向的硕士研究生，培养专业研究人才。1997 年，国务院学位委员会公布新的学科调整规划，将课程论、教

[①] 陈晓端：《教学理论研究的现状与展望——对 90 年代我国教学理论研究的统计分析》，载《教育研究与实验》，1998(1)。

学论、学科教学论融合起来，设立新的二级学科"课程与教学论"，课程与教学论人才培养更具专门性与专业性。

(二)硕、博士点的设立

1981年，教育部召开了学位委员会，修订了《高等学校和科研机构授予博士、硕士学位的学科、专业目录(试行草案)》，成立了国务院学科评审组，并召开了第一次学科评审会议，分别批准37所高校和89所高校获得首批博士、硕士学位授权资格。其中，西北师范大学教学论学科被批准为博士点，具备招收教学论博士研究生资格。这是我国获批最早的教学论专业博士点。同时，华东师范大学、北京师范大学等高校获准开设教学论专业硕士点。1984年，教育部批准了第二批教学论专业博士点和硕士点，西南大学获得教学论专业博士授权点，浙江大学(原杭州大学)、华中师范大学、东北师范大学、华南师范大学等高校获批为教学论专业硕士学位授权点。其后至1996年，教育部又进行了五次较大规模的博士、硕士学位授权单位的审定和审批工作，湖南师范大学、南京师范大学、陕西师范大学、天津师范大学等一批高校也相继设置了教学论专业硕士点，教学论专业硕士学位点数量逐渐增多。① 研究生培养是专业人才培养的途径之一，是形成学科专业化队伍的重要环节。许多学校在努力申报相关学位点的过程中加强了学科建设，也有效地培养了专业化队伍。

在研究生培养的起步阶段，大多数导师坚持"少而精"的招生原则，在很长一段时间内，国内培养的教学论专业研究生数量一直没有大的增长。从全国范围来看，1981—1996年，平均每年毕业的教学论专业硕士生不超过50人，16年间累计培养教学论专业硕士生

---

① 吉标：《改革开放以来我国课程与教学论学科建制的历程》，载《西南大学学报(社会科学版)》，2016(1)。

350 余人，总计培养教学论专业博士生(含教育学原理专业下教学论方向)30 余人。[①] 教学论高级人才培养的速度，一方面反映出学科发展的进程，同时也反映出实践领域对高级人才的需求程度。当然，这与国家在人才培养上的政策密不可分。

三、学术组织和学术交流制度建立

1985 年 6 月，全国教学论学术委员会成立。随着各个学科专业委员会的成立与相应学术年会的召开，我国课程与教学论研究有了专门讨论的阵地，课程与教学论研究更加专门化与系统化。

(一)专业委员会的建立

1985 年 6 月，全国教学论学术委员会成立，标志着我国高校教学论研究者群体有了一个全国统一的学术组织，这为开展教学论研究搭建了新的平台。同时，经中国教育学会批准，各个学科(如语文、数学、化学、物理、生物、地理等)也陆续成立了教学专业委员会。这些教学专业委员会组织从事学科课程与教学论研究的人员，定期召开学科课程与教学论学术会议，促进了学科课程与教学论研究者的交流与合作，极大地拓展了课程与教学论学术交流的空间，对学科课程与教学论研究产生了持久、广泛的影响。

另外，伴随着基础教育课程改革的进程，为了推进教学改革与实验，促进教学理论的转化与教学经验的推广，全国性的教学实验研究学术组织也应运而生。经中国教育学会教育实验研究分会批准，"全国目标教学专业委员会"(1996 年)、"全国合作教育研究专业委员会"(1997 年)等也相继成立。[②] 1997 年，中国教育学会批准成立全国课程专业委员会，并于当年在广州召开了首届全国课程学术研

① 吉标、徐继存：《我国课程与教学论专业研究生培养 30 年：历史、现状与思考》，载《中国高教研究》，2012(10)。
② 吉标：《改革开放以来我国课程与教学论学科建制的历程》，载《西南大学学报(社会科学版)》，2016(1)。

讨会。

(二)各类学术年会的召开

学术年会的组织和召开,一方面,表明专业化的学术组织形成了;另一方面,相关研究者有了共同交流和讨论的平台,促进了学科繁荣。而学术年会的主题是当时该学科共同关心的议题。这里简单介绍全国教学论学术年会与全国课程论学术年会的情况。

1. 教学论历届学术年会

(1) 1985年第一届

1985年6月22日至28日,全国教学论专业委员会第一届学术年会在哈尔滨召开。会议主要讨论了以下几个问题:对教学论理论研究的发展和现状的评价,教学论理论体系的建设,教学、教学规律、教学原则,课程、教材改革,当前教学论的研究重点。[①]

(2)1987年第二届

1987年9月26日至30日,全国教学论专业委员会第二届学术年会在华中师范大学召开。此次会议正式代表51名,研究生代表45名,分别来自全国20多个省市40多个单位。本次会议围绕"加强教学理论与实际结合,深化普通教育改革"主题,进行了几个分议题讨论,例如,关于教学原理和方法,关于教学论的学科性质与任务,关于教学(教育)改革实验,关于高师教学论教材建设与教学改革等。[②]

(3)1989年第三届

受资料限制,关于本届学术年会未获得更多详细资料。从现有资料看,徐继存和吉标合撰的《我国教学论研究三十年的回顾与反

---

① 唐文中、赵鹤龄:《全国教育学研究会教学论专业会议讨论情况》,见瞿葆奎:《教育学文集(第10卷)·教学(中册)》,659~667页,北京,人民教育出版社,1988。

② 杨小微、旷习模:《加强教学理论与实践的结合,深化普教改革——全国教学论第二届学术年会综述》,载《教育研究与实验》,1987(4)。

思》一文，在总结教学论学术委员会历届学术年会时，有本届年会的时间（1989 年）、举办单位（广西师范大学）、会议主题（"如何大面积提高教学质量"）这三项，再无其他更多信息。①

（4）1991 年第四届

本届学术年会在天津师范大学举行，有两个主要议题：一是探讨教学论研究的现状、对策及发展趋势，二是探讨教学论如何促进教学质量的大面积提高。年会认为，要大面积提高教学质量的前提是转变观念，从注重单纯的智力发展转向注重学生的全面发展，从注重少数重点学生的发展转向关注大多数学生的发展。核心因素是把握课程改革，只有具备科学的课程体系，才能使教学有据可依，有章可循。提高教师素质是重要条件，理论工作者要深入实际，帮助实践工作者提高理论水平，推动实践进展。②

（5）1994 年第五届

1994 年 5 月 7 日至 10 日，第五届全国教学论学术研讨会在原西南师范大学召开，来自全国 20 个省市的 67 位代表向大会提交了 65 篇学术论文。会议围绕教学理论与教学实践的结合、教学论学科建设、课程改革与教学论研究的趋势三个主题，进行了广泛、深入的交流与研讨。

教学理论与教学实践的结合围绕三个主要问题讨论：第一，如何认识教学理论与教学实践的结合；第二，是否存在教学理论脱离教学实践的现象；第三，怎样解决教学理论脱离教学实践的问题。

教学论学科建设是该届年会研讨的重点，代表们主要围绕教学论学科地位、教学论学科改造、教学论发展几个方面进行了讨论。

---

① 徐继存、吉标：《我国教学论研究三十年的回顾与反思》，载《中国教育科学》，2014(4)。
② 杨得林、白益民：《研究教学现状，服务教学实践——全国教学论学术研讨会第四届年会综述》，载《中国教育报》，1991-11-28。

论及学科地位时，代表们普遍关注教学论与课程论的关系。有人认为教学论包含课程论；有人认为课程论应该包括教学论；大多数人赞成课程论与教学论并存互补，认为教学论学科分化是必然的，分化的目的在于研究方便，能够将研究深入。有代表从哲学角度对课程论和教学论的关系进行了概括，认为课程论与教学论是内容和形式的关系，没有无内容的形式也没有无形式的内容，形式与内容既对立又统一，内容决定形式，形式反映内容，促进内容的更新。学科分化后，课程论与教学论研究的侧重点就有区别，但同时又有联系。①

(6)1997年第六届

1997年5月26日至29日，全国教学论专业委员会第六届学术年会在陕西师范大学召开。会议围绕我国教学论学科面临的主要问题及其发展选择、学校教育课程改革和课程理论的建设、主体教育的理论与实验研究、教学活动理论与活动课程四个主题进行了广泛的研讨与交流。

在此次年会上，代表们充分肯定了改革开放以来我国教学理论研究所取得的成就，同时也指出了面向21世纪的中国教学论研究存在的问题和发展的选择。在成就方面，20世纪80年代以来，教学理论与实践取得了实质性进展，教学论工作者主体意识增强，研究范围不断扩大，不断提出新问题，教学论对教学实践及改革实验产生了积极的推动作用，主要表现在：学科进行了分化与综合，教学论分化为多个学科，同时又综合为多个学科群；教学论的理论基础得到了扩展，其他学科参与到教学论研究中来，相关学科的方法论也被移植。人们开始对教学理论问题进行跨学科的综合考察。

这一届学术年会讨论了中小学课程改革及相关课程理论问题。

---

① 李臣之：《第五届全国教学论学术研讨会综述》，载《中国教育学刊》，1994(4)。

代表们一致认为，要促进课程的科学化和现代化，着眼于未来培养人才，就必须加强课程理论研究，建设面向 21 世纪的课程论体系，使其在课程改革中起到重要的指导作用。①

2. 课程论学术年会

1997 年 11 月 13 日至 18 日，首届全国课程学术研讨会在华南师范大学举行，来自全国 18 个省市的近百位课程理论工作者参加了本届年会。大家围绕"课程教材现代化：背景、现实与展望"这一主题，分别就"课程现代化的实质""课程理论与课程实践的关系""课程编制与课程评价""义务教育课程教材和普通高中课程教材""综合课程的理论与实践""活动课程的理论与实践""课程论的学科建设"以及其他重要问题进行了多层次、多方面的充分交流和深入研讨。

本届年会是全国课程专业委员会成立后的第一次大型学术研讨会，讨论了课程论学科发展的基本问题。首先，在世纪之交，面对我国课程论学科的发展、成长，对课程论的一些基本问题做出回答，弄清课程论学科发展的未来方向，意义是十分重大的。其次，当前全国轰轰烈烈开展的课程改革和实验也迫切需要理论指导，这是课程理论建设的强大动力。但是，由于课程论学科处于初步发展阶段，还需要在多方面进行完善。第一，关于课程论的学科地位及其与教学论的关系。人们普遍认为，课程论是教育学下的一个独立的分支学科，随着我国课程改革实践的深入发展，未来的课程论必然要追求和实现独立的学科地位。第二，关于课程论的研究任务和研究对象问题。虽然人们就一些基本问题诸如课程论的研究任务和研究对象、课程论的基本内容和结构体系、课程论的研究方法等还缺乏共识，但这个状态既是一门新兴学科的基本特征，也表明人们还需要在多方面进行探索。本届年会就一些重大问题进行了集中讨论，在

---

① 陈晓端：《全国教学论专业委员会第六届学术年会综述》，载《教育研究》，1997(10)。

某些方面初步达成了共识。大家充分认识到随着教育改革的不断深入，课程研究将越来越重要，课程理论工作者、决策工作者和实践工作者在课程现代化进程中是大有可为的。因此，各方面的力量要团结起来，共同为我国课程事业的繁荣做出应有的贡献。[①]

第三节　教育实验深入开展

作为课程与教学论理论与实践的接口，各类教育实验的不断进行推动了课程与教学论从理论向实践的转换，从实践上获得的成果又丰富与发展了相应的理论。因此，当我们谈及课程与教学论的学科发展时，教育实验是一个无法回避的话题。

一、发展脉络

下文通过一些关键的时间线索，对教育实验的进展与成果进行一个大致的概括，并通过教育实验发展脉络，分析其对课程与教学论学科发展的推动与贡献。

1980年以后，在关于培养目标的讨论中，主导性的看法是将知识作为培养人才的首要标准，这时有一个口号是"通才教育"，之后不久，又提出除知识外还要培养能力，又有了"智能教育"的提法。[②]这是人们对教育问题认识的全面性的表现，从重视知识到重视人才的培养意识逐步深化。

20世纪80年代前期的研究以学科教学实验为主，大多停留在经验总结层次。[③] 80年代以后，人们开始注重以学术理论为指导的教

[①]　王永红、黄甫全：《课程现代化：跨世纪的思考——首届全国课程学术研讨会述评》，载《课程·教材·教法》，1998(2)。
[②]　雷实：《教育思潮与当代中国教育实验》，载《教育研究》，1995(2)。
[③]　李定仁、徐继存：《教学论研究二十年(1979—1999)》，442页，北京，人民教育出版社，2001。

学实验。1980 年 2 月，在《教育研究》编辑部召开的教育实验座谈会上，专家们提出了"教育科学的生命在于教育实验"的观点。[①]

1983 年，邓小平同志为著名实验学校——北京景山学校题词"教育要面向现代化，面向世界，面向未来"。"三个面向"为我国的教育改革和发展确立了战略方向与指导方针，把全党全国人民对教育的认识提高到一个崭新的高度。这是教育思想的一次大解放、教育观念的历史性变革，是我国教育发展史上的一座里程碑，具有划时代意义。[②] 这一题词给教育实验工作者极大的鼓舞，人们投入极大的热情进行教学改革实验。

1985 年《中共中央关于教育体制改革的决定》和 1986 年《中华人民共和国义务教育法》的出台，加快了基础教育发展的速度，促进了我国中小学教学改革实验的发展。

20 世纪 80 年代后期理论研究的视野开始拓展，多种类型、多种层次的教学改革实验开始出现，相关研究的范围扩大，特别是综合性整体改革实验及其研究受到前所未有的关注。

1988 年，中国教育学会召开了全国普通教育学校整体改革研讨会，并成立了中小学整体改革专业委员会[③]，加快了学校教育整体改革的步伐。

1988 年 10 月，中央教育科学研究所教学法研究室和华中师范大学《教育研究与实验》杂志社联合发起、组织，召开了全国首届教育理论与实践学术研讨会，并成立了全国"教育实验研究协作小组"。

20 世纪 80 年代末 90 年代初，学界提出把全面提高学生的素质作为培养目标，要"实现从'应试教育'到素质教育的转变"。在一些

---

① 《教育科学的生命在于教育实验——提高教育质量，实验必须先行》，见瞿葆奎：《胡克英教育文集》，353 页，北京，教育科学出版社，2003。

② 郭永福：《关于教育学会工作的回顾与省思——我在中国教育学会 30 年(1983—2012 年)》，载《中国教育科学》，2017(4)。

③ 雷实：《中小学教育改革实验十五年》，载《中国教育学刊》，1995(1)。

教育实验方案中，实施素质教育成为实验的总目标。同时，良好心理品质的培养也引起人们的重视，心理辅导与教育的实验研究兴起。教育实验的目标逐渐丰富，并逐渐把"全人"培养看作重要的实验目标。

20世纪90年代，教育实验研究项目大幅度增加，项目成果显著，实验选题突出了对教育成功、愉快、和谐的追求；根据素质教育的要求调整实验目标，关注全体学生全面、主动地发展；中小学心理辅导实验兴起；课程教材改革实验深入发展；整体改革实验转向办特色学校与区域性改革相结合。[1] 系统论的引入与中国传统的模糊整体思维方式结合在一起，很快形成一股思潮，影响着当代中国的众多教育实验。不少实验主持人将兴奋点从单科改革转向整体改革，认为这是改革的发展方向。整体改革成为热潮之后，又因其界限模糊，内容随意，给实验者带来诸多困惑。后来一部分整体改革实验向办"特色"学校发展，表明了整体观向重点论略做转移。[2]

1991—1993年，《教育研究》杂志曾开辟专栏，组织"教改实验科学化问题"的专题研讨。

1992年，教育研究杂志社、四川省科研所、天津市教育科学研究院共同主办"中国教育实验科学化研讨会"。

1994年5月，中国教育学会批准成立"中国教育学会教育实验研究会"。

1995年，中央教育科学研究所成立教育实验研究中心，指导全国教育实验工作。

1996年12月1日至4日，全国教学论专业委员会、中国教育学会教育实验研究会、天津市教育科学研究院于天津联合主办"全国主

---

[1]　李定仁、徐继存：《教学论研究二十年(1979—1999)》，443页，北京，人民教育出版社，2001。

[2]　雷实：《教育思潮与当代中国教育实验》，载《教育研究》，1995(2)。

体教育理论与实践学术研讨会"。①

二、具有代表性的教育实验

(一)语文教育实验

1. 小学语文"注音识字，提前读写"教学改革实验

"注音识字，提前读写"是20世纪80年代兴起的一项小学语文教学整体改革实验。实验的总体构想是：遵循教学规律，转变教学思想，正确估计儿童口语水平和智慧潜力，以发展语言能力和思维能力为重点，以学好汉语拼音并发挥其多功能作用为前提，寓识汉字于读写之中，在儿童入学不久未识字或识字不多的情况下，利用汉语拼音提前进行听、说、读、写的全面训练，并在此基础上，对小学语文教学的内容和方法进行相应的改革，通过生动、活泼的语言实践活动，激发儿童的兴趣和求知欲望，促进儿童语言、智力、能力的发展，全面提高小学语文教学的质量。② 该实验的识字教学从解决学语言与学汉字的矛盾入手，从小的切入点来改变语文教学的全局，进而提升语文教学质量。

最初实验的有3所学校6个教学班，到1988年秋季，便扩展到全国29个省、自治区、直辖市几千所学校，实验班的学生已达百万人(包括汉族与许多少数民族、北方官话区与南方方言区、城镇与乡村以及聋哑学校的学生)。各方面人士反映实验班的学生学得主动、活泼，具有思想活跃、学习兴趣浓厚、知识面宽、肯动脑思考等特点。任课教师反映，实验班的学生有自学能力，有毅力，理解力强，难题一点就会。实验班学生自制力和独立活动能力强，学生懂事，比其他班学生更"成熟"。从实验开始后的第二年起，不少地区和学

① 冯建军：《教育基本理论研究20年(1990—2010)》，378页，福州，福建教育出版社，2012。

② 李楠：《小学语文"注音识字，提前读写"改革实验的构想和实践》，载《课程·教材·教法》，1989(10)。

校相继出现了家长争送孩子入实验班、教师争教实验班、学校争做实验基地的可喜现象。大批一时还不能进入实验的地方和学校，积极地开展"借鉴实验"，改进拼音教学，加大阅读量，提前写话、作文，加强口语教学，改革教学结构等，都取得了一定的效果。[①] 实验就意味着改变，改变旧的程式，采取新的做法，能够吸引学生和教师更多地参与。出现争上实验班的现象，是对实验效果的肯定，是教学改革实验的价值所在。

小学语文"注音识字，提前读写"教学改革实验不是凭空出现的，而是有其深厚的历史土壤的，是社会发展对语言发展的要求，是对我国传统语文教学的新突破、新发展。小学语文专家袁微子先生说过："这个实验找到了小学语文教学改革的突破口，这个突破口便是充分发挥汉语拼音的作用。"[②]学科教学改革实验中，实践者的积极探索、理论工作者的总结提升，在提高教学质量的同时，也推动了课程与教学学科的发展。

2. 小学语文情境教学实验

从20世纪70年代末开始，南通师范第二附属小学教师李吉林以自己丰富的教育教学实践为基础，在小学语文教学领域开始了情境教学的探索和研究。她从我国古代文论"意境说"中汲取养分，借鉴大脑两半球理论、暗示原理、场论等有关学说，创造了独具特色的情境教学法，并构建了相应的理论框架。其基本操作模式是以"美"为突破口，以"情"为纽带，以"思"为核心，以"练"为手段，以"周围世界"为源泉，创设典型场景，激起儿童热烈的情绪，把情感活动和认知活动结合起来。实验表明，情境教学能让儿童体验到学

[①] 李楠：《小学语文"注音识字，提前读写"改革实验的构想和实践》，载《课程·教材·教法》，1989(10)。

[②] 本刊记者：《语文教学的一项重大改革——小学语文"注音识字，提前读写"教改实验十年综述》，载《人民教育》，1992(6)。

习的快乐、成功的喜悦，使他们对学习、对未来充满信心，能有效地培养儿童的读写能力，并促使其心理品质协同发展。

从 1990 年开始，李吉林和南通师范第二附属小学的老师们又将情境教学的理论和实践向整个小学教育领域拓展，开始情境教育的探索、研究和实验，确立了"拓宽教育空间，追求教育整体效益""缩短心理距离，形成最佳情绪状态""通过角色效应，强化主体意识""注重实际操作，落实全面发展教育目标"等情境教育基本目标，并积极尝试开发情境课程。[①]

有学者指出，由于情境教学和情境教育比较成功地解决了教育实践和教育理论的关系，因此，它不仅具有实践的意义和价值，而且也将为推动我国教育理论的发展做出贡献。李吉林的情境教学和情境教育在艺术领域、情感领域、非智力领域，从目标到操作活动等方面进行了大量的研究，取得了相当多的成果，从而弥补了传统教育教学理论的缺陷，为教育教学艺术认识论做了开拓性的工作。[②]依靠自身教学经验而总结出的实验成果，促成了语文教学的创新之路，也丰富了我国教学论的学科繁荣，吸引广大教学论工作者研究和探讨情境教育实验经验，总结、提升情境教育理论成果。

(二)数学教育实验

1. 初中数学自学辅导教学实验

"初中数学自学辅导教学实验"由中国科学院心理研究所卢仲衡主持，实验基本上是教材、教法实验。其起初称作"三本(课本、练习本、测验本)教学"实验，也曾称"启、读、练、知"四步教学实验，最后被正式定名为"初中数学自学辅导教学实验"，是中国当代教育

---

① 白水：《全国"情境教学——情境教育"学术研讨会综述》，载《课程·教材·教法》，1997(2)。

② 李庆明：《全国"情境教学——情境教育"学术研讨会综述》，载《教育研究》，1997(4)。

实验史上实验时间较长的典型实验之一。

该实验的重点是自学能力的成长和迁移，教材、教法同时改革。它运用 9 条心理学原则编写的《中学数学辅导教材》分课本、练习本与测验本 3 个本子，提出了 7 条自学辅导教学特有的教学原则，划分了 4 种学生学习类型，提出了 4 个检验效果的指标。该实验采用班集体与个别化相结合的教与学方式，在教师指导下辅导学生以自学为主，采用启(启发)、读(阅读)、练(练习)、知(当时知道结果)、结(小结)的课堂教学模式。[①]

实验从 1965 年 9 月起，1984 年开始着重进行注意、知觉、记忆、发散思维、分析能力、概括能力、推理能力、创造性思维能力等方面的对比实验研究。此后数年，实验班增至 5 000 多个，每年印发教材约 90 万套，有几十万名学生分布在全国各省市。实验班的学生在各项测试中均优于常规教学班的学生，其差异都达到显著或非常显著水平，尤其是在自学能力的成长方面，自学辅导教学使初二年级学生赶上了常规教学的高一年级学生的水平。[②]

1983 年 10 月，中国科学院心理研究所进行成果鉴定，认为该实验"为准确地研究学生的认知过程及能力发展过程开拓了一个途径……是国内有关自学研究中规模较大、效果较好的实验，其结果超过了欧美的程序教学和凯勒的个别教学"[③]。这是对我国自己开展的中小学教学实验的高度评价，反映出我国教学工作者的理论与实践自觉性。

2. 尝试教学法

尝试教学法是由小学数学教学法专家邱学华提出的，他一改传统的"先讲后练"为"先练后讲""先试后导"，也就是以出示尝试题为

---

① 《中学数学自学辅导教学实验》，载《教育研究与实验》，1988(3)。

② 熊焰：《"初中数学自学辅导教学"实验及其评述》，载《教育研究与实验》，2005(4)。

③ 《中学数学自学辅导教学实验》，载《教育研究与实验》，1988(3)。

起点，先让学生在已有知识的基础上尝试练习，然后在尝试过程中引导学生自学课本，启发学生相互讨论。教师再根据某些问题有针对性地讲解。它的基本教学程序分为七步：准备练习—出示尝试题—自学课本—尝试练习—学生讨论—教师讲解—第二次尝试练习。① 尝试教学法所指的尝试活动包含两个要素：学生的尝试和教师的指导。这两个方面是相互依存、紧密联系的，学生的尝试以教师的指导为前提，教师的指导以学生的尝试为目标。② 教师的指导不是包办代替，而是根据学生的年龄特点和认识规律，根据教材特点和教学要求，为学生的尝试创设条件。

尝试教学法的实验和应用范围遍及全国，经受了较长时间的考验。尝试教学法的正规实验已有 10 余年，实验范围遍及 30 个省、市、自治区，香港、澳门、台湾等地学校也有实验。尝试教学法改变了传统的教学模式，不是先由教师讲解，把什么都讲清楚了，学生再做练习，把教师讲解的内容巩固消化，而是先由教师提出问题，学生在已有知识的基础上，通过自学课本、互相讨论，依靠自己的努力，尝试练习初步解决问题，最后教师根据学生尝试练习中的难点，有针对性地进行讲解。其主要特点就是"先练后讲"，之后，经过学者们的理论总结以及更广泛的实践探索，逐步演变为"先学后教"的教学模式，体现出我国一线教师坚持不懈的探索精神，以及课程与教学论工作者的理论总结与探索能力。

（三）主体教育实验

主体教育实验自 1992 年开始。这项实验由北京师范大学教育系与河南省安阳市人民大道小学等共同设计、实施。在裴娣娜教授的辛勤工作和主持下，主体教育实验遍及全国，主体教育思想影响广

---

① 邱学华：《尝试教学法的理论与实践》，载《人民教育》，1994(4)。
② 邱学华：《尝试教学法的理论与实践》，载《人民教育》，1994(4)。

泛。全国有大批教育学专业工作者主动参与主体教育实验研究，也有越来越多的学校主动参加到实验中来。实验初期只在小学阶段进行的"小学生主体性发展实验"随后扩展至初中、高中。主体教育实验的理念、策略以及探索中国教育实验道路的精神，得到人们的普遍认同。① 主体教育思想是产生自我国本土教育实践基础上的具有中国特色的教学理论。

关于主体教育思想的学术研讨会也举办了两届。

第一届是1996年的全国主体教育理论与实践学术研讨会。本届会议由全国教学论专业委员会、中国教育学会教育实验研究会、天津市教育科学研究院联合主办，于1996年12月1日至4日在天津举行。来自全国6个省市的相关单位50余名代表参加了此次会议。会议回顾20世纪80年代以来哲学界、教育界关于主体性问题的探讨，对主体性、主体教育及其与素质教育的关系以及人的现代化与主体教育等一系列理论问题展开了热烈的讨论，并对几个地区主体教育实验的具体操作和经验进行了分析与总结。②

值得一提的是，参加此次会议的实验学校对自己学校的实践探索经验及疑难进行了交流与探讨。例如，河南省安阳市人民大道小学、北京市海淀区的6所小学、北京小学、天津师范大学第二附属小学、天津市红桥区实验小学、华中师范大学附属小学、湖北省荆门市象山小学、成都师范附属小学、南京教育学院附属小学等14所学校，围绕"课堂教学中如何体现学生的主体性"这一问题交换了意见。各实验学校的共同特点是尊重学生、信任学生，不仅把学生看作学习的主人，而且看作学校的主人，一切活动都是为了学生的发

① 郭华：《我国教师专业发展的实践探索——主体教育实验18年回顾》，载《北京师范大学学报(社会科学版)》，2010(5)。

② 郭华、张熙：《全国主体教育理论与实践学术研讨会综述》，载《教育研究与实验》，1997(1)。

展。在主体性教育理论的指导下，实验学校将理论变成实践。

1997 年 11 月 1 日至 4 日，全国第二届主体教育学术研讨会在湖北省荆州市沙市区举行。本届会议由中国教育学会教育学研究会教学论专业委员会和华中师范大学教育科学学院主办，湖北省荆州市沙市区教育委员会承办。来自全国 12 个省(市)的 176 名代表和本地百余名校长及教师出席了会议。代表们在如下几个方面展开了研讨：①主体教育及其实验的研究近况。代表们认为，近几年来国内学术界中，北京师范大学王策三教授关于"教育主体哲学"的研究，华中师范大学王道俊、郭文安教授关于"主体教育论"的研究，坚持了马克思主义的哲学立场，为主体教育理论的研究首开了良好的学术风气，是时代精神的反映。②主体教育的思想和理论对实践具有一种高瞻远瞩的指导意义，但必须经由具体的教育途径，尤其是课堂教学才能真正体现出来。③主体教育与素质教育不是分离的，更不是对立的，二者的关系是相互依存、个性与共性统一的辩证关系。①

一些实验学校的自主探索有效地促进了实践及理论的发展。起步较早、基础较好的实验学校发挥了很好的带头作用，他们的有关研究得到了推广和深化。例如，河南省安阳市人民大道小学的小学生主体性发展指标有了调整和充实。主体性发展实验原则已在其他一些实验学校推行开来；合作、参与等课堂教学策略和一些具体教学措施也得到了很好的展示，产生了良好的效果。又如，天津师范大学第二附属小学重点研究了教师主体性的评价问题，使主体教育实验从对学生的关注扩展到对教师的关注。再如，湖北省荆门市象山小学在编制学生主体性素质发展指标，以及加强课堂教学的开放性和学生参与度等方面都有了新的收获。

1989—1997 年中小学的主要教学改革实验见表 3.2。

---

① 杨小微、李伟胜：《全国第二届主体教育研讨会综述》，载《教育研究与实验》，1997(4)。

表 3.2 中小学主要教学改革实验(1989—1997 年)

领域	名称
语文	山东省烟台市龙口实验小学"大量读写,双轨运行"作文改革实验
	山东省烟台市福山区西关小学单元目标教学实验
	辽宁省东港市实验小学"韵语识字,尽早阅读,循序作文"教改实验("韵语教学"实验)
	河南省郑州市"调节教学"实验
	全国各省市自治区和各大企业、事业所属初级中学语文《新教材》的试教与改革实验
	山东省诸城市初中作文"整体设计循序训练"教学法
	山东省大面积实施"以训练为主"的课堂教学模式改革实验
	安徽省淮北煤师院附中"文眼导读法"教改实验
	安徽省芜湖市"语文点拨教学实验"
	江西省教委教研室小学语文"功能教学"实验
	黑龙江省黑河市孙吴县第二中学"小学语文四结合"教改实验
数学	内蒙古呼和浩特市满族小学应用题教学改革实验
	内蒙古赤峰市松山区第二小学数学课堂教学结构改革实验
	湖南省教育科学研究所改革一元二次方程教学的实验
英语	辽宁省抚顺市抚顺铝厂中学初中英语教学整体改革实验
	吉林省抚松三中英语"听说领先,读写跟上"教学改革实验
	黑龙江省哈尔滨市第六中学高中英语三大板块教学综合改革实验
思想政治	江西省萍乡三中中学思想政治课"大视角思维教学"改革实验
物理	黑龙江省山河屯林业局红旗学校改革教学的尝试
	湖南省耒阳市一中初中物理教材教法同步改革推广性实验
	山东菏泽师专物理系"五步教学法"实验
生物	新课改背景下甘肃省三岔中学生物实验教学改革
	湖南省株洲市第二中学生物实验实行目标教学改革考试方法
体育	江苏省射阳中学体育课堂教学改革实验
	浙江省临安市昌化中学体育课程整体教学改革实验

续表

领域	名称
整体改革实验	吉林省东丰县大阳镇中学初中课程结构改革和优化教学内容、教学过程的改革实验（"双优"实验）
	吉林省抚松三中优化教学内容、教学过程的农村初中教改实验（"双优"实验）
	哈尔滨师范大学附属中学"培养学生主动学习的教学改革实验"
	东北师范大学附属中学"普通高中课程改革与个性化教学实验"
	吉林省兴参中学优化教学内容、教学过程的改革实验（"双优"实验）
	山东省初中艺术教育整体改革实验
	江苏省海安县实验小学"小组合作教学"实验
	辽宁省实验小学"小学生个性发展教育实验"
	河南省郑州市第一高中三位一体教学改革实验
	江苏省宿迁市实验小学课堂教学改革实验
	内蒙古通辽市明仁小学培养小学生创造力的教学改革实验
	天津市河西区上海道小学"迈向 21 世纪教育改革实验"
	吉林省长春市第二实验中学整体改革实验
	河北省迁安市青山院中学改革学生分组实验教学
	湖北省石首市实验小学"优势教育与和谐发展"实验
	山西省普通高中新课程改革实验
	四川省农村学校体育教学内容改革

第四章

课程与教学论的融合阶段
(1997—2001 年)

伴随着 21 世纪的到来，人类正在迈向一个崭新的知识经济时代。知识成为我们经济社会发展的驱动力，科学技术，尤其是高新技术也成为我们社会生活的重要内容，同时也是推动社会进步的重要力量。此阶段，中国在经历了 20 年的改革开放之后，政治、经济、社会和文化等领域的建设都取得了一定成就。尤其是中国特色社会主义经济体制的确立及完善，为中国经济的高速增长提供了体制保障。经济的腾飞对包括教育在内的社会各个领域都提出了新要求，具体来说，教育应培养适应 21 世纪政治、经济发展需要的创新人才。

在这一背景下，教育领域的改革势在必行。改革不仅包括万众关注的课程改革，理论领域的深化更是迫在眉睫。此前课程论与教学论分开来的学科体系已经不适合 21 世纪的发展。1997 年，国务院学位委员会正式将"课程与教学论"设置为教育学下的一个二级学科，课程与教学论迎来了新的发展机遇。但课程与教学论的学科发展并不像人们所期望的那样达到了"水乳交融"的境界，而是呈现出"乍合乍离"的特点。面向 21 世纪，课程论以未来为导向迅速发展，逐步成为一门"显学"；而教学论则在发展中更注重反思，以满足未来的社会、经济发展对教育的需求。

第一节　课程论与教学论融合

这一时期，"融合"是课程论与教学论关系的主要特征。谈到二者的融合就不能不谈二者的学科争论。此前课程论与教学论分开的体系造成了理论研究者的争论，从一定意义上说，正是因为争论并没有达成一致意见，国务院学术委员会才会将二者整合。但这种外部的整合是没有深度的拼凑，呈现出"乍合乍离"的特点，二者也呈现出了不同的发展趋势。

一、学科关系的争论

对学科间的关系进行讨论，是为寻求各学科发展的出发点，确定发展方向，澄清各学科基本的研究范畴，对于把握学科走向具有重要的意义。如果学科争论遵循基本的学术规范，经过一段时间，争论也就尘埃落定，不需要外部力量介入，争论结果会自然呈现。然而，现实的学科争论时常不遵循基本的学术规范，附带着非学术目的，这样的争论结局往往是"公说公有理，婆说婆有理"。

（一）课程论与教学论关系的主要观点

改革开放后，课程论与教学论两个学科同时存在于我国的教育领域，并形成势均力敌的状况。两个学科关系的争论曾是教育学界的一个焦点问题。在争论中，学者们大体形成了四种不同的主张——包含关系、独立关系、交叉关系、循环关系，具体在学科上体现为：大教学论、大课程论、（课程论与教学论）并列论、（课程论与教学论）整合论。

1. 大教学论

持大教学论的学者一般将课程视为教学内容，认为课程论的研究对象是课程，即教学内容。教学论的研究包含教学内容，自然也就包含课程论。持这种观点的学者有王策三、何志汉等一批教学论前辈学者。王策三在《教学论稿》中提出："把课程看作教学内容的安排，认为没有教学内容的教学论是空洞的，课程事实上接受着也应该接受教学过程规律的支配。在教学论中阐述课程论，并不妨碍揭示它跟高一级规律的联系。"①与此种观点类似，何志汉认为："课程问题就是学校教什么和学什么的问题，通常称为教学内容。西方国家把它作为一门独立的学科进行研究，成为教学论的一个分支，叫课程论。课程论就是研究教学内容的理论。"②受苏联教育学影响的学者通常持大教学论的观点。同时，受国家教育政策及我国基础教育实践影响，普通教师也往往将课程视作教学内容，是大教学论观点的拥护者，只是他们大多数并没有意识到自己持有这种观点。

2. 大课程论

持大课程论的学者认为，课程是一个广泛的概念，是学校教育中的一个大系统，教学则是一个特殊的现象和小系统，课程作为一种教育进程，包含了教学。持这种观点的代表人物是黄甫全，他认为："过去流行的是，教学包含课程的大教学观和教学论包含课程论的大教学论，而现在，崭新的课程包含教学的大课程观、课程论包含教学论的大课程论，已经应运而生。"③当然，此前也有学者曾提及"课程包含教学"的理念。山西大学的史国雅先生在 1984 年发表的《课程论的研究范围及指导原则》一文中认为，课程论的研究范围应当包括课程设计和课程实践两个方面。前者就是课程编制，包括制订教学计划、教学大纲，甚至编写教科书也可算作课程编制工作；

---

① 王策三：《教学论稿》，168～169 页，北京，人民教育出版社，1985。
② 何志汉：《教学论稿》，276 页，重庆，西南师范大学出版社，1988。
③ 黄甫全：《大课程论初探——兼论课程(论)与教学(论)的关系》，载《课程·教材·教法》，2000(5)。

后者就是教学。① 这是大课程论的基本观点，将编制课程和教学课程结合起来，同属于学校教育工作的重要部分。当然，这种观点的持有者大多受到美国课程论研究传统的影响，起初仅局限于理论工作者群体，政策制定者和广大教师并不能理解此种观点。随着新一轮基础教育课程改革的深入，政策领域和一线教师也逐渐认识到课程的重要性，并理解和接受大课程论观点。

3.（课程论与教学论）并列论

持（课程论与教学论）并列论的学者居多，他们认为，课程论与教学论是教育学下属的两门独立的分支学科，各有特点，需要分开进行研究。早在 1987 年，我国新时期课程论的奠基人陈侠就积极建议："大学教育系的研究生要以课程论为必修科，不仅以教学论为专业研究方向的要以课程论为必修科，以教育基本理论、教育心理学和教育史为专业研究方向的也应学习这门课。"②这是从大学课程设置角度、人才培养角度来论述两门学科的关系问题的。其实，更多人是从教育学下各学科的关系角度来谈的。桑新民在 1993 年曾提出，20 世纪初课程论应该从教学论中独立出来，成为与教学论并列的教育学分支学科。③ 王鉴在 1995 年指出："有人认为，课程论……原本就是教育学学科体系下与教学论并行的一门分支学科。"④从同属于教育学下的分支学科看二者的并列关系，并没有揭示二者关系的实质，还需要从二者相重合或有关系的部分来看二者的并列关系。

为此，郝志军、高兰绪提出了课程与教学论的新型关系，认为二者既不是平行并列之关系，亦不是包容关系，而是既相互独立又

---

① 史国雅：《课程论的研究范围及指导原则》，载《山西教育科研通讯》，1984(2)。
② 陈侠：《课程论的学科位置和它同教学论的关系》，载《课程·教材·教法》，1987(3)。
③ 桑新民：《呼唤新世纪的教育哲学——人类自身生产探秘》，346 页，北京，教育科学出版社，1993。
④ 王鉴：《如何认识课程论在教育学学科体系中的地位》，载《上海教育科研》，1995(2)。

相互渗透的"并列交叉"关系，而交叉的部分就是教材论。① 找到并列基础上的交叉或者重合部分，使简单的并列论向前迈进一步，有助于学科发展。"如果课程论从教学论中'分离'或'分化'，作为教育学的一个相对独立的分支而存在，则教学论和课程论的许多重要问题便有可能被进一步研究"②，这道出了讨论两门学科的关系的价值。人们逐渐意识到光谈简单的并列关系还不够，还需要认识到二者的交叉或重合部分。张俊在 1997 年提出，课程理论研究与教学理论研究的关系是：课程研究在其最低层次上与教学理论研究多有重复，而理论层次上的课程研究则与教学理论差异显著。它们是两个相互联系但又不相同的研究领域。③ 在同一年，田慧生也提出："教学论与课程论是两个关系密切、部分内容相互交叉但同时又有各自独立的研究领域和专门研究对象的平行的教育分支学科，二者都从属于教育学，是教育学的下位学科。"④从这些论述可以看出，学者们从原来的先认识二者的简单并列关系后认识二者的交叉关系，过渡到了先认识二者的交叉重合关系后认识其并列关系。看似一个简单的变化，说明学者们的思考与研究在不断深化，对课程论与教学论的关系认识在逐步加深。

4.(课程论与教学论)整合论

与互相包含的大教学论、大课程论观点不同，并列强调的是对等的互不包含关系。互不包含、各自独立的并列关系，显然不能揭示课程论与教学论相互重合的部分的关系，于是就出现了(课程论与教学论)整合论。持整合论的学者认为，课程论与教学论相互联系，

①　郝志军、高兰绪：《论课程论的学科地位及其与教学论的关系》，载《高等师范教育研究》，1996(5)。

②　刘要悟：《试析课程论与教学论的关系》，载《教育研究》，1996(4)。

③　张俊：《试论幼儿教育课程理论的研究——兼谈课程论与教学论的关系》，载《学前教育研究》，1997(1)。

④　田慧生：《对教学论学科性质、地位与研究对象的再认识》，载《教育研究》，1997(8)。

不能孤立地存在，必须整合起来进行研究。持该观点的主要代表人物是张华。张华在一篇文章中从历史的角度分析了学科整合的发展，明确表达出整合论的观点："早在 20 世纪初叶，约翰・杜威就系统提出了整合课程与教学的理念。20 世纪末叶，重新整合课程与教学已成为时代精神的要求。"①这是为整合论寻找历史根据，增加了整合论的说服力。

也有研究者从整体的角度看待整合论。例如，王敏勤在 2003 年提出："在基础教育课程改革中，提倡要整合课程与教学，也就是要把课程与教学作为一个有机的整体来看待。"②从整体的角度看课程论与教学论的关系，看似揭示了关系的本质，但二者是整体，为何却有分离，或者说为何常常分离开研究。如果不能解答这些疑问，只顾说二者是"有机"整体，说服力仍显单薄。有研究者这样评价整合论，以张华为代表的整合论者一般从教学与课程是密不可分、相互交叉的有机整体的角度，以及教学论与课程论的分裂局面造成了课程研究与教学研究的分离、课程实践与教学实践的分离、课程与教学的分离的角度出发，认为教学论必须与课程论整合。③

而整合论的另一种思路是以张楚廷为代表的理念。他从二者共同的部分出发来阐释整合论。他认为，"课程"与"教学"两个概念的共同原始概念都是学习或习得，所以课程论与教学论所包含的内容因其根相同而具有同构、同态或可互译的性质。④ 可以发现，他是从教学论与课程论有相同的研究对象的角度出发来整合课程与教学论的。21 世纪以来，将课程论与教学论整合起来的呼声越来越高。例如，靳玉乐、董小平曾提出："教育需要追求课程与教学的内在整

---

① 张华：《课程与教学整合论》，载《教育研究》，2000(2)。
② 王敏勤：《课程与教学的关系与整合》，载《中国教育学刊》，2003(8)。
③ 王飞：《教学论与课程论关系研究——基于教育学科本土化的视角》，博士学位论文，首都师范大学，2013。
④ 张楚廷：《教学论纲(第 2 版)》，9 页，北京，高等教育出版社，2008。

合，以促进课程知识的主观内容在主体间的共感性，确保课程知识的客观形式在主体间的通约性，加强课程知识的客观形式在内部的相互转化性。"①这是从课程知识的主观内容以及主体间的相互关系角度来认识课程论与教学论的整合关系的。也有学者从文化整合的角度提出课程论与教学论的整合。例如，金志远在 2012 年就提出，"课程(论)与教学(论)整合是一种必然的趋势，但对其整合很多都是一种学科逻辑的整合取向"，他试图从文化的视角整合二者，"文化以其具有的整体性、综合性、动态性和实践性对课程(论)与教学(论)的整合产生了巨大的影响，并提供了整合的逻辑。文化逻辑是学科逻辑的超越，有助于课程(论)与教学(论)的整合"。② 从文化的逻辑来看学科逻辑，应该可以为学科整合带来启示，但也需要明确这种启示的限度，切不可用文化逻辑来框定学科逻辑，毕竟二者并不是一样的逻辑。

同样是从文化逻辑角度来考虑学科整合问题，有研究就从两个学科产生的文化土壤出发，论述课程论与教学论学科的整合。例如，王飞主张将课程论与教学论整合起来，他认为之前学界对于学科关系的考察忽视了对这两门学科进行本土化的解读，没有意识到德国"教学论"与美国"课程论"有各自的文化土壤。为此，他提出建构"和而不同"的"课程—教学论"，与中国的文化、哲学相结合。③

（二）争论产生的原因

关于学科关系的争论产生的原因是多方面的，包括：学者自身的学术背景及其所属的学术流派的倾向，国外学科划分的标准，不

---

① 靳玉乐、董小平：《课程知识的客观表征与主观建构——兼论课程与教学的内在整合》，载《教育研究》，2009(11)。
② 金志远：《论课程(论)与教学(论)整合的文化逻辑》，载《教育理论与实践》，2012(13)。
③ 王飞：《教学论与课程论关系研究——基于教育学科本土化的视角》，博士学位论文，首都师范大学，2013。

同时期我国教育学界的大环境，不同学者的理解差异以及聚焦点不同，等等。这里对争论产生的原因做简要分析。

首先，学科发展受历史传统影响最大。学科发展是基于历史而发展的，学科框架、学术思维等都是在已有学科发展基础上形成的。以大教学论为例，新中国成立之后，我国的教育学实现了"格式塔转换"，形成了苏联教育学的学科范式。持大教学论的学者主要受到了苏联教育学，尤其是凯洛夫《教育学》的影响，凯洛夫《教育学》中将课程作为教学内容来看待，属于教学论的一部分，其他方面并未做具体阐释。在此教育学范式的影响下，课程论从属于教学论，大教学论的学科观点形成。

其次，现实需求是学科发展的直接推动力。大课程论的出现主要与 20 世纪 80 年代我国教育界不再局限于苏联教育学，而是广泛采纳世界各国，尤其是美国教育学的背景相关。而中小学课程改革的实践使关于课程的理论逐渐被人们重视，课程论日益火热。同时，教学论却陷入了无法有效指导实践的困境。许多人在分析时认为课程论乘着课程改革的春风突飞猛进，而教学论在实践中却日益失去话语权。此消彼长的背后有一些隐忧。例如，金志远就指出课程几乎泛化成了教育："是课程概念的无边界泛化，使课程成为无所不包，到处飘荡的'游魂'，似乎到处都是'课程'，好像'课程'包含'教育'。"①这样，大课程论往往成为大教育论，其包含教学论也属"正常"。

最后，二者存在交叉的部分，却无法进行明确的划分与界定。（课程论与教学论）并列论就是基于二者有共同的部分却又无法进行清晰区分的基础上提出的权宜观点。课程论与教学论都没有清晰认识对方学科的研究对象、内容等。有学者认为，持（课程论与教学论）并列论的学者可分为教学论一派和课程论一派，是在承认二者有

---

① 金志远：《论教学论的学科认同危机及其根源》，载《当代教育科学》，2009(11)。

交叉部分的基础上，各自强调二者不同的部分，可以说是从维护各自学科独立地位的考量出发的。（课程论与教学论）并列论是从教学论与课程论的研究对象不同出发，认为二者应该并列设置。例如，有研究者认为课程论研究的对象是课程，教学论研究的对象是教学。① 而（课程论与教学论）整合论就是承认二者有不同的地方，但更强调在二者交叉基础上的"和而不同"。

大教学论、大课程论、（课程论与教学论）并列论及（课程论与教学论）整合论的争论，导致谁也无法说服谁，反而各方在这一过程中更新了认识并且明晰了对方的学科意识，接纳了对方的研究方法、思维方式等，最终使学科走向融合。

二、融合的特点及发展趋势

1997年国务院学位委员会公布新的学科调整规划，将课程论、教学论、学科教学论融合起来，设立了新的二级学科"课程与教学论"。我们站在共和国课程与教学论发展70年的历史末端，回顾这一标志性的事件，发现此举更加倾向于整合两个学科。其目的是希望双方放下争议，搁置矛盾，继续发展。我们综合此后的发展态势，发现两门学科其实还没有实现深度整合。将这一发展阶段命名为"融合阶段"，主要是由于在此之后的发展阶段，双方对对方的思维方式、研究对象都更加熟悉，在研究对象、研究内容和研究方法等方面也有相互借鉴、相互融合的部分。这种融合体现出了"乍合乍离"或者说"貌合神离"的特点。

（一）从整合到融合

之前在探讨学科关系的时候，已经提到（课程论与教学论）整合论这一观点。张华在一篇文章中提到当今课程与教学的整合以"解放

---

① 金志远：《论教学论的学科认同危机及其根源》，载《当代教育科学》，2009(11)。

兴趣"为核心。① 张楚廷认为,"课程"与"教学"两个概念的共同原始概念都是学习或习得,所以教学论与课程论所包含的内容因其根相同而具有同构、同态或可互译的性质。② 王飞建构了"和而不同"的"课程—教学论",其他学者也提出了类似的观点,由于之前已经提及,此处不再赘述。

从以上梳理中我们可以看到,自 1997 年之后,课程论与教学论整合的趋势越来越明显。这一时期国务院学术委员会设立"课程与教学论"二级学科,一些高校在整合已有研究系所的基础上,设立"课程与教学研究所",逐步有了课程与教学论硕士、博士授权资格,成为相关学科的授权点。例如,1997 年,南京师范大学学科教学研究中心成为国内第一家以多学科联合申报并获批准的课程与教学论博士学位授权点。课程与教学基础理论、课程与教学论(数学、物理、化学、体育)等 5 个研究方向陆续招收博士研究生,其中,课程与教学论(数学、物理、化学、体育)均培养出全国第一批以该方向招生的教育学博士。2005 年,南京师范大学学科教学研究中心改建为南京师范大学课程与教学研究所,设置课程与教学基础理论及数学、科学、人文(含艺术)、体育与健康课程、教学论 5 个研究中心,学科建设拥有了新的平台。此后,该学科被遴选为"十一五"江苏省重点学科、江苏省国家重点学科培育点;2007 年,该学科又被教育部确定为国家重点(培育)学科。又如,1999 年 11 月,华东师范大学成立课程与教学研究所,并成为首批教育部人文社会科学重点研究基地。进入 21 世纪之后,许多高校也整合相关资源,设立相关机构。例如,2009 年,北京师范大学以教育科学研究所为基础,组建了北京师范大学课程与教学研究院。

在研究层面,两个学科对共同的学科问题进行整合研究。但是

① 张华:《课程与教学整合论》,载《教育研究》,2000(2)。
② 张楚廷:《教学论纲(第 2 版)》,9 页,北京,高等教育出版社,2008。

当时的整合并不是深度的，更多是为了搁置争议。例如，1999年全国教育学研究会教学论专业委员会第七届年会对"课程与教学"的争论就做出过这样的总结："在本次研讨会上，经与会代表讨论后一致认为，继续争鸣'谁大谁小'的问题是没有意义的，但二者的关系必须搞清。"①进入21世纪之后，相关学者对如何整合有进一步的提议。

因此，我们更倾向于用"融合"这一词来概括这一发展阶段的趋势，其主要指的是在这一时期及下一时期的繁荣阶段，课程论与教学论的学者都接纳了对方的思维方式，并且两个学科在研究对象、研究方法和研究内容等方面互相采纳，与自己的研究相结合。需要注意的是，我们提出的"融合"并不是说学科之间的融合是从这一时期开始的，而是这一时期融合表现得更加明显；也不是说至2001年融合就结束了，融合是在不断进行的，这也是此前选取文献并不局限于这一时间段的原因。接下来我们将对"融合"这一表现做进一步说明。

(二)融合时期的特点：乍合乍离

王文静在《"九五"期间我国课程与教学论研究的回顾》一文中认为："课程与教学论的整合还是停留在'探讨'阶段，到目前为止，课程论与教学论还是处在'乍合乍离'的状态，没有走向如学者们所期望的'水乳交融'的境界。"②我们在此借鉴她"乍合乍离"的观点与描述，对"合"与"离"做出概括性的解读。

1. 合

"合"主要是指融合，这是一个内部过程。内部融合主要是指双方逐渐改变了以往对对方的看法。例如，在1999年全国教学论专业

　　① 王鉴、徐继存：《全国教学论专业委员会第七届年会综述》，载《现代中小学教育》，1999(11)。
　　② 王文静：《"九五"期间我国课程与教学论研究的回顾》，载《全球教育展望》，2001(12)。

委员会第七届年会上，与会学者达成了这样的共识："课程与教学的关系可多元地理解，教学论领域要反思长期固守的课程概念是否还能解释处于变化中的基础教育课程现实。"①融合还表现在接纳了对方的思维方式，具体表现为两个学科在研究对象、研究方法和研究内容等方面都互相采纳，以及双方共同关注中国的基础教育课程改革，起到了共同指导实践的作用。

部分教学论学者逐渐认识到了课程论的重要性，摒弃了之前将课程视为教学内容的观点。例如，在 2001 年全国教学论专业委员会第 8 次年会上，与会代表就指出："长期以来，我国的课程论研究从属于教学论研究，课程只是作为教学内容的选择和组织来研究，忽视了课程研制活动与教学活动的区别。因此，必须把课程论从教学论中分化出来，揭示课程实践活动自身变革发展的规律。"②课程论的研究范围也在不断扩大，包括课程设计、课程评价等。同时，一些课程论学者也开始从多方面关注教学论。例如，在第三届全国课程学术研讨会上，靳玉乐在论述"新课程的六个创新"时就提到了"教学的创新，强调教学与课程的整合，注重科学探究的教学，提倡交流与合作的学习，关注体验性教学，推进信息技术在教学中的应用"③。此外，学者们对教学内容与课程、课程实施与教学有了新的认识。例如，崔允漷认为，教学内容应是人类文化的衍生物，而课程是对文化的选择和对选择出来的内容进行符合教学要求的"结构化"加工。这种结构化加工过程既是教学的前提，同时又相对独立于教学过程之外。课程实施并不等于教学，只有教师在选择教学策略

---

①　王鉴、徐继存：《全国教学论专业委员会第七届年会综述》，载《现代中小学教育》，1999(11)。

②　胡定荣：《面向实践 再铸辉煌——全国教学论专业委员会第 8 次年会综述》，载《课程·教材·教法》，2002(1)。

③　韩梅：《改革课程：实现素质教育的重点突破——第三届全国课程学术研讨会暨课程专业委员会第一届第三次年会学术观点综述》，载《教育科学研究》，2001(11)。

并以课程计划、课程目标作为它的依据时，课程才可能得以实施。教学活动的要素包括教师、学生、课程内容等，没有诸要素的协同作用，课程是无法得到实施的。[1]

本书前面的章节已经对课程论、教学论的研究对象等做出了详细的阐释，这一时期我们更聚焦于研究对象、内容、方法有哪些新的改变，两个学科融合之后，变化如何。

(1)研究对象

对于课程论的研究对象，我们可以从这一时期课程论的几次年会中来体会学界对于课程论研究对象的看法。在 1997 年的首届全国课程学术研讨会上，关于课程论的研究任务和研究对象问题，与会代表们存在不同看法。有人认为课程论应该探索课程现象较深层次的普遍的规律。这些规律至少包括：课程与外部的社会系统和条件之间的联系，课程内部诸要素之间的联系，课程运作过程中各具体因素的内在联系。这三方面的联系构成了课程论完整的研究对象。有人明确提出，课程论作为教育学的一门分支学科，它的目的和主要任务是认识课程现象，揭示课程规律和引领课程实践。课程问题才是课程论研究的对象。课程问题是指反映到研究者大脑中的、需要探明和解决的课程实际矛盾和理论疑难。一方面，它包括理论问题、认识问题和价值问题；另一方面，它包括实践问题和操作问题。有人归纳道，课程论作为教育学的下位理论，作为教育学的分支学科，要研究学校为什么教、教什么、怎么教等一系列问题。[2]

对于教学论的研究对象，我们发现，学者们不再局限于教这一层面，同时也关注到了教与学两方面。从二者的研究对象来看，二者相互独立是不可能的。因为在现实中教育是一个整体，教与学更

———————————

[1]　崔允漷：《课程与教学》，载《华东师范大学学报(教育科学版)》，1997(1)。

[2]　王永红、黄甫全：《课程现代化：跨世纪的思考——首届全国课程学术研讨会述评》，载《课程・教材・教法》，1998(2)。

是一个整体，融合才能够把握完整的教学。

（2）研究内容

田慧生认为："教学论与课程论各自的研究目的、研究范围、研究重点乃至研究方法都有不同，但在一些具体研究内容上却是你中有我、我中有你的。例如，教学论必须涉及教学内容问题，而课程论也离不开对教学目标、学生学习方式等问题的研究。"[1]在全国第 2届课程学术研讨会上，与会代表指出："课程研究应涉及三个方面：一是课程的基本部分，包括课程意向、课程内容、推行课程的方法和课程评价；二是课程的技术部分，包括如何规划课程、如何组织课程、如何改进课程；三是课程的社会环境，包括由谁来决定课程、什么因素影响课程、课程的次序如何决定和安排，等等。"[2]综上，教学论的研究内容可以概括为：教学事实研究、教学价值研究、教学决策与设计研究、元理论研究。[3] 大多数学者将课程论的研究内容确定为三部分：一是课程基本理论，包括课程本质论、价值论、类型论、基础等；二是课程研制理论，包括课程规划论、课程实施论、课程评价论等；三是比较课程理论，包括研究和借鉴世界其他国家的课程理论与实践经验等。

（3）研究方法

有学者提出，我国的课程论研究应该增加历史反思和自我批判的方法，以孕育课程论的自觉发展意识和独立品格。[4] 全国教学论专业委员会第 8 次年会上，有代表认为，教学论的思维方式应从本体论思维方式转向实践论思维方式。还有代表指出，教学论的研究

---

① 田慧生：《对教学论学科性质、地位与研究对象的再认识》，载《教育研究》，1997(8)。

② 全国课程专业委员会秘书处：《21 世纪中国课程研究和改革发展——全国第 2 届课程学术研讨会暨全国课程专业委员会年会综述》，载《课程·教材·教法》，2000(6)。

③ 迟艳杰：《教学论研究范式探析》，载《教育研究》，1997(4)。

④ 王永红、黄甫全：《课程现代化：跨世纪的思考——首届全国课程学术研讨会述评》，载《课程·教材·教法》，1998(2)。

范式正面临着从现代主义向后现代主义的转换，这种转换的特征是：研究目的从理论建构转向寻求解释，研究的结论从一元走向多元。总体来看，代表们对以往教学论研究过多地强调研究结论的普遍性，强调揭示教学本质、规律的理性主义思维方式进行了反省，并就体现差异性、多样性的具体教学研究方法如案例研究、质的研究方法等进行了讨论。[1] 迟艳杰认为，教学论的研究范式经历了夸美纽斯的"工具—效率"范式、杜威的"生活—质量"范式、梅伊曼的"事实—科学"范式，并且还存在着两种进步的方式：一是同一范式中不同理论观点的对立、联合和创新，如行为主义、认知心理学等；二是把历史上各种研究范式结合起来，以形成一种综合性的研究，例如，彼得斯提出的现代教育的两个标准。[2] 徐继存认为，我国教学论方法的重建和更新必须在三个层面——广阔的研究对象、众多的概念集合和现代的推理形式上回答时代的挑战，要将现代科学方法论引进教学论研究中，其中较为突出的是对系统论、控制论、信息论、耗散结构论等现代科学方法论的借鉴。[3] 总而言之，在这一时期，人们在反思过往教学论研究方法的弊端时，也在积极吸收和接纳新的研究方法，竭力在研究方法层面使教学论与时俱进，体现教学论的时代性。

(4)共同关注中国的教育改革

我们可以从这一时期教学论与课程论各自的年会主题或议题中探寻它们对于实践的热情。1997 年全国教学论专业委员会第六届学术年会的议题包括"学校教育课程改革和课程理论的建设""活动理论与活动课程"；1999 年全国教学论专业委员会第七届年会的议题包括

① 胡定荣：《面向实践 再铸辉煌——全国教学论专业委员会第 8 次年会综述》，载《课程·教材·教法》，2002(1)。
② 迟艳杰：《教学论研究范式探析》，载《教育研究》，1997(4)。
③ 徐继存：《我国教学论方法的反思与前瞻》，载《西北师大学报(社会科学版)》，1997(1)。

"当前重大教学改革和课程改革";2001 年全国教学论专业委员会第 8 次年会的议题包括"课程改革的理论与实践问题"等。① 1997 年首届全国课程学术研讨会的议题包括"义务教育课程教材和普通高中课程教材""综合课程的理论与实践""活动课程的理论与实践"等;1999 年全国第 2 届课程学术研讨会暨全国课程专业委员会年会的主题为"21 世纪中国课程研究和改革发展"②,2001 年第 3 届课程学术研讨会的议题为"改革课程:实现素质教育的重点突破"③。

除了在年会主题或议题方面有所体现外,这一阶段也涌现出一系列比较著名的课程改革尝试,例如,面向 21 世纪的综合理科课程改革、大课程改革实验、多元文化课程开发④,等等。在全国第 2 届课程学术研讨会上,人们对这一时期的基础教育课程改革进行了总结和概括:"近些年来,基础教育课程改革取得了可观的成绩和经验。一些省市先后进行了课程结构、课程内容等多方面的改革实验。"⑤这一时期的一些改革实验部分借鉴了国外的课程改革成果,也有一些是课程论研究者的研究结果得到了国家政策部门的采纳,这是课程与教学论学科发展的重要事件。

2. 离

"离"主要指的是两个学科的研究队伍、学术团体、研究旨趣等并没有融合到一起,没有实现深度融合,具体表现在:两个学科有

---

① 胡定荣:《面向实践 再铸辉煌——全国教学论专业委员会第 8 次年会综述》,载《课程·教材·教法》,2002(1)。

② 全国课程专业委员会秘书处:《21 世纪中国课程研究和改革发展——全国第 2 届课程学术研讨会暨全国课程专业委员会年会综述》,载《课程·教材·教法》,2000(6)。

③ 韩梅:《改革课程:实现素质教育的重点突破——第三届全国课程学术研讨会暨课程专业委员会第一届第三次年会学术观点综述》,载《教育科学研究》,2001(11)。

④ 王鉴、徐继存:《全国教学论专业委员会第七届年会综述》,载《现代中小学教育》,1999(11)。

⑤ 全国课程专业委员会秘书处:《21 世纪中国课程研究和改革发展——全国第 2 届课程学术研讨会暨全国课程专业委员会年会综述》,载《课程·教材·教法》,2000(6)。

各自的学术年会、各自的学术团体，各自关注的焦点和倾向性也有
所不同。

　　在这一时期，教学论与课程论学术年会是分别进行的，我们在
此做一梳理。课程论的学术年会分别有：1997 年 11 月，首届全国课
程学术研讨会在华南师范大学召开，会议主题是"课程教材现代化：
背景、现实与展望"。1999 年 12 月，全国第 2 届课程学术研讨会在
广西师范大学举行，会议主题是"21 世纪中国课程研究和改革发展"。
2001 年 9 月，第 3 届课程学术研讨会在东北师范大学举行，会议主
题是"我国新一轮基础教育课程改革的理论与实践"。此外，1999 年，
人民教育出版社、台北教育大学与香港中文大学等多家单位联合发
起"海峡两岸暨香港课程理论研讨会"。该研讨会每年召开一次，对
促进彼此之间课程与教学论领域的交流发挥了不可替代的作用。[1]

　　在这一时期的教学论学术年会分别有：1997 年 5 月 26 日至 29
日，全国教学论专业委员会第六届学术年会在陕西师范大学召开，
会议围绕我国教学论学科面临的主要问题及其发展选择、学校教育
课程改革和课程理论的建设、主体教育的理论与实验研究、教学活
动理论与活动课程四个议题，进行了广泛的研讨与交流。[2] 1999 年 8
月 9 日至 12 日，全国教学论专业委员会第七届学术年会在西北师范
大学举行，研讨面向 21 世纪我国基础教育课程与教学改革的基本问
题。[3] 2001 年 10 月 23 日至 25 日，中国教育学会教学论专业委员会
第 8 届学术年会在湖南师范大学召开，与会代表就经济全球化与中
国教学论发展的走向、现代教学论发展的理论基础问题、课程改革

---

　　① 吉标：《改革开放 40 年我国课程与教学论学术交流的历程、问题与应对》，载《课
程·教材·教法》，2018(7)。
　　② 陈晓端：《全国教学论专业委员会第六届学术年会综述》，载《教育研究》，1997(10)。
　　③ 王鉴、徐继存：《全国教学论专业委员会第七届年会综述》，载《现代中小学教
育》，1999(11)。

的理论与实践问题等进行了热烈的研讨。①

我们可以看出，在这一阶段，课程论学术年会主要讨论了课程现代化、课程理论与实践问题、课程编制与课程评价问题等。而教学论学术年会则主要讨论了教学论学科发展面临的问题及发展选择、中国教学论发展的走向、现代教学论发展的理论基础问题，同时也关注到了面向 21 世纪我国基础教育领域的课程与教学改革、活动课程等问题。所以，两个学科的研究侧重点不同，发展趋势不同，这是"离"的基本表现。

(三)发展趋势

面向 21 世纪，刚刚整合在一起的课程论与教学论有着各自不同的发展趋势。随着中国改革开放的步伐越来越大，课程论面向未来，沐浴着新一轮基础教育课程改革的"春风"，加快了与国际交流的步伐，立志要为中国的基础教育做出一番贡献。而教学论在面对功利化、本土化、理论化等问题时，则注重反思。众多教学论学者试图找出一条中国特色的教学论道路，希望加大在实践中的话语权。

第二节　课程论指向未来

这一时期，课程论发展充满勃勃生机，有更多的研究者参与进来，但也面临新的问题。课程论发展是指向实践的，参考外国课程理论与实践，我们要深化教育改革、全面推进素质教育，要调整和改革课程体系、结构、内容，建立新的基础教育课程体系，试行国家课程、地方课程和学校课程。这就需要课程理论工作者尽可能扩展课程理论研究的广度，推进研究的深度，提高研究水平。

---

① 熊和平：《我国教学论的发展与课程改革——中国教育学会教学论专业委员会第 8 届学术年会综述》，载《中国教育学刊》，2002(1)。

一、社会因素驱动

（一）国内教育界的需求

20世纪80—90年代，中国经济发展的目标极为迅速地改变了教育内容和课程目标，中国明显地实现了经济发展与社会发展的进一步融合。[①]人们思考21世纪需要什么样的人才，又应该为他们设计什么样的教育形式。这些人才不仅要适应动态的今天，更要把握不确定的未来。[②]

21世纪对人才的要求更高更严，人才必须具有综合素质，方能适应现代社会发展。因为以往"标准件"的培养模式和"整齐划一"的产品，显然已不适应现代教育的新要求。这要求教育更加重视个人的潜能开发，使每个受教育者有机会充分展示个性，发挥最大创造力，基本素质得到全面和谐的发展，成为德智体全面发展的人。这是一种全新的现代教育思想——不拘一格育人才。

总之，课程论的形成离不开特定社会背景，时代造就了课程论，而形成体系的课程论又必然作用于特定时代。21世纪不仅关注教法，更关注课程内容，课程论研究需要明确这一时期培养人才需要学什么课程。

（二）国际教育发展的影响

长期以来，我国多关注教学论研究，对课程论研究的关注较少，但是国外课程论正在迅猛发展，这对我国课程论的发展产生了不小的影响。

1. 英国《1988年教育改革法》：国家课程概念

英国《1988年教育改革法》确定建立"全国性课程"。数学、英语和自然科学三科成为英国中小学的"核心课程"，历史、地理、技术、

[①]　张楚廷：《课程与课程论研究发展的十大趋势》，载《课程·教材·教法》，2002(1)。
[②]　陈晓力：《关于高中课程改革若干问题的理论思考》，载《教育理论与实践》，1998(3)。

音乐、美术和体育成为"基础课程",中学阶段(11～16 岁)还增设一门外语为"基础课程"。《教育改革法草案》要求教科大臣、地方教育当局、各校董事会和学校校长确保所有公办学校、公助学校每年都认真实施"全国性课程"计划,开始实施国家课程统一管理。全国统一课程的实施,可保障所有学生接受一种平衡的教育,使学生更好地为以后的择业和就业做好准备,这也是保障教育质量的一种措施。

1994 年 1 月,英国"学校课程及评价管理机构"(SCAA)提出了关于修订课程的报告。他们认为学科课程总体分量重,具体内容解说得过细。SCAA 希望新修订的国家课程有所改善:压缩全部课程内容,达到在第 1～3 基本学段每周可以腾出 1 天,第 4 基本学段每周可腾出 2 天供学校自由支配,从而增加学校安排课程的自由度,发挥课程的多样化,让一些特色课程出现。1997 年,英国颁布了《新国家课程》,规定从 2000 年 9 月起,英国中小学开始实施新的国家课程标准。新标准详细阐明了学校课程的价值、目的,以及国家课程的地位和目标,对学习科目的规定性内容较少,使学校和教师拥有了更多的课程自主权。[①]

英国的国家课程概念强调课程设置的宽广性和平衡性,旨在为学生提供均衡而宽广的课程,以促进学生的发展。虽然英国的社会政治体制、经济体制和教育体制都不同于中国,但在过去的几十年中,英国在经济和教育上也曾遇到过许多与我们相似的困境。现今英国和中国又都同处于一个国际大环境中,都处于改革和振兴时期,因而《教育改革法草案》所确定的改革思路和措施值得我们认真参考借鉴。[②] 英国国家课程的理念对我国影响很大,直接影响了我国后

---

① 潘燕:《为学生提供宽广而平衡的课程——英国〈1988 年教育改革法〉简析》,载《现代教育科学》,2010(2)。

② 张民选:《提高教育质量 讲求教育效益——英国〈教育改革法草案〉述评》,载《外国教育资料》,1988(4)。

来的三级课程及三级课程管理的理念和实施。20 世纪 80 年代末，我
国派出多个考察团到英国、美国、加拿大等国考察，考察结束后，
多位成员撰文叙述考察收获。考察团成员吕达曾撰文说，"结合我国
的实际情况，笔者预测，对我国普通中小学实行三级课程、三级管
理的做法，将是可行的"①，并阐述了国家课程及国家对课程的管
理、地方课程及地方对课程的管理、学校课程及学校对课程的管理
的具体指称。这是所查阅文献中最早使用"三级课程"一词的研究。
参与考察的江山野曾提出"课程的三个层次"，认为"课程的三个层次
是：全国统一课程；地方课程；学校课程。没有全国统一课程，就
没有统一性可言。没有地方课程和学校课程，就没有多样性，不能
适应不同地区、不同学校以至不同学生的不同情况和要求"②。他在
另一篇文章中也表明："在课程设置和要求上，要将统一性和多样
性、灵活性结合起来；要将中学课程分为全国统一的课程、地方课
程和学校课程三个层次并实行三级管理。"③虽然"全国统一课程"及
课程的"三个层次"的提法不同于后来的"国家课程"与"三级课程"，
但其所述含义与后来的"三级课程"含义相差无几。④ 可以说，不仅是
英国的国家课程对我国新一轮课程改革有影响，美国、加拿大等其他
国家课程改革的经验与教训也都为我国实施课程改革提供了参照。

2. 美国布鲁纳的结构课程论

布鲁纳认为课程的核心是课程的基本结构。所谓"基本"，就是
普遍而强有力的适用性；所谓"结构"，就是反映事物的本质的概念、

① 吕达等：《独木桥? 阳关道? ——未来中小学课程面面观》，248 页，北京，中信
出版社，1991。
② 江山野：《普通高中课程改革的十个基本问题(三)》，载《课程·教材·教法》，
1991(7)。
③ 江山野：《关于美国和加拿大中小学课程的考察报告》，载《课程·教材·教法》，
1991(12)。
④ 郑玉飞：《改革开放 40 年三级课程管理概念的演化及发展》，载《教育科学研究》，
2019(5)。

原理或规则。"基本结构"即基本概念、基本原理或基本规则。选择基本结构来教学，有助于学生对知识的理解、记忆和迁移运用。布鲁纳还主张多开设螺旋式课程，学科的基本结构应适应学生成长的规律，所教知识要适应学校里不同年级、不同能力的学生，再经过学生的自觉思维，最终为他们所接受；同时，他强调基本学科的早期学习，提出"任何学科的知识有效地教给任何发展阶段的任何儿童"的大胆假设，打破中小学和大学同一学科内部的界限。布鲁纳还呼吁教材改革，主张编写突出学科基本结构、基本概念原理的教材。

布鲁纳的结构论思想在美国引起了一场轰轰烈烈的教育改革运动。以布鲁纳的结构论思想为理论依据编制的教材最初得到很高的评价，为美国的教育改革运动做出了重要贡献。影响最大的《教育过程》一书成为美国在战后不久所掀起的以课程革新为中心的教育改革运动的主要指导思想。[①] 布鲁纳认为，学科的基本结构不是一成不变的，也不可能只有一种模式。他的理论的实施是应对"知识爆炸"新形势的积极措施，有一定的科学依据和价值，具有强烈的时代精神。布鲁纳的结构论思想对于我们的基础教育课程改革大有借鉴意义。

3. 施瓦布：实践课程模式

20 世纪 50—60 年代，美国希望通过新一轮课程改革来改变课程教学水平与科技发展水平之间不平衡的状况，然而，"新课程运动"并未取得预期效果。与诸多专家学者投入了极大热情并寄予了极高期望不相称的是，在此次课程改革启动后不久，就出现了广大一线教师和学生纷纷抱怨课程难度过高、新课程方案难以适应的糟糕现象，课程实验成为众矢之的。他们要求重新评估课程改革项目，要

---

① 张爱卿：《放射智慧之光：布鲁纳的认知与教育心理学》，6 页，武汉，湖北教育出版社，2000。

重新回到改革的原点。此呼声影响甚众，以至于在 20 世纪 70 年代逐渐汇集成一股"回归基础"运动的声浪。课程改革折戟沉沙，作为旗手的布鲁纳自然难辞其咎，他由此陷入深深的精神困惑之中。[①]在反思与检讨中，以施瓦布为代表的实践性课程探究模式诞生，对整个课程领域产生了重大影响。

施瓦布依据他对学科结构问题的分类以及学科结构的稳定与流动理论，提出了相应的课程编制的问题类型。[②] 施瓦布认为，课程死气沉沉的问题是由于它完全关注理论的探究模式，使课程研究者脱离了他们的研究对象——实际的教育情境，忽略了课程的真正主体——教师和学生。施瓦布要求从现在理论占支配地位的课程探究模式转向实践探究模式。实践探究模式下的教师不再被排除在课程编制之外，教师即课程，教师是课程开发、课程实施、课程审议的主体，学生也有权选择课程内容，师生共同参与到课程的开发过程之中。这样，施瓦布使实践主体由单一走向多元，把课程民主与实践主体结合在一起。

这一模式无论在理论上还是在实践上都实现了课程与教师之间关系的突破。[③] 教师可以通过研究或集体审议介入课程发展过程，而不只是某个特殊阶段（如课程实施阶段）的被动执行者。集体审议这一方式又有利于兼顾多方公共利益，加强各方的合作，使课程实施与设计主体多元化，增加课程实施的有效性和实用性。

4. 斯腾豪斯：课程开发的过程模式

斯腾豪斯提出和发展了课程开发的过程模式。他反对课程开发

---

① 王洪席：《布鲁纳教育思想转变及其学术意义》，载《教育科学》，2017(5)。

② 徐玉珍：《区分两种不同的学科结构理论——施瓦布与布鲁纳学科结构理论比较及其对我国科技教育的启示》，载《课程·教材·教法》，1996(8)。

③ 陈晓蕾：《施瓦布实践性课程探究模式初探》，载《福建论坛（人文社会科学版）》，2007(S1)。

的目标模式,认为在编制课程时应该把目的作为过程标准和程序原则加以阐明,而不是转化成行为学习目标。在课程开发的过程模式基础上,斯腾豪斯主张教师是课程开发的主体,让教师从事课程研究和编制工作,并提出了"教师即研究者"的口号。既然教师即研究者,那么学校就是课程研究和开发的中心。因为各个学校的情况是不相同的,学校是课程编制的中心,"校本课程开发"成为课程开发过程模式的必然要求。在我国的课程改革实践中,随着三级课程管理体制的推行,原先不需要地方和学校考虑的课程编制问题逐渐成为地方和学校的事务,斯滕豪斯的课程开发的过程模式成为指导实践者的一种主要方法。"实践者的一些探究方法在促进教师发展与课程开发方面取得了显著的成就。"①课程开发的过程模式流程简便且直观,多数教师能够从中获得课程开发的具体指导。

二、课程论与课程改革

人们往往把学校教育中涉及的学科门类、教学内容、教学大纲的变化与变革统称为"课程改革",这与人们对"课程即教学内容"的理解密切关联。随着课程论学科队伍的不断壮大,人们对课程的认识不断深入,逐渐影响了实践中的课程改革。

(一)课程理论体系

本章第一节已经具体阐述了这一时期课程论的研究目的、任务、对象及方法。黄甫全认为,课程论作为教育学的一门分支学科,它的目的和主要任务可以表述为:认识课程现象、揭示课程规律和引领课程实践。② 课程论要进一步探索课程现象较深层次的普遍规律,具体包括:课程与外部的社会系统和条件之间的联系,课程内部诸

---

① 吴刚平:《校本课程开发的思想基础——施瓦布与斯腾豪斯"实践课程模式"思想探析》,载《外国教育研究》,2000(6)。

② 黄甫全:《简析课程论的主要任务、研究对象和基本内容》,载《课程·教材·教法》,1997(12)。

要素之间的联系，课程运作过程中各具体因素的内在联系。这三方面的联系构成了课程论完整的研究对象，即课程问题才是课程论研究的对象。①

日益深化的教育改革和课程理论系统自身结构演化的规律，要求我国尽快建立课程论学科群，全面提高学科群的科学水平。有学者就认为，中国课程理论不成熟的表现之一是学科群尚未形成，一些子学科，特别是基础性学科尚未建立起来。因此，课程理论研究的一个重要任务就是有计划地建立并完善中国的课程论学科群。②我国课程理论研究落后于客观形势的局面不能不激起我们的危机感、紧迫感和责任感。课程论学科的专业人员，连同其他相关人员，采取了一系列措施加速我国课程理论学科群的建设步伐，以孕育课程论的自觉发展意识和独立品格。

就课程论而言，其学科内涵逐渐丰富，学科课程、综合课程及活动课程等逐渐成为课程论的重要研究内容。

1. 学科课程

尽管学者们对学科课程进行了各种各样的批评，但真正的深入研究较少，造成现实问题与理论研究的强烈反差。在实践上，我国的课程体系仍是学科课程居主导地位，而近几年来理论上研究最少的却是学科课程。包括对国外理论的介绍，也是偏重于活动课程、综合课程和潜在课程等。学校课程建设不能也无法抛开学科课程而另起炉灶。可以说，学科课程是学校课程建设的基本依托，也是学校课程建设的重要内容。③ 学科课程决定着学校课程建设的整体质量，无论是研究者还是实践者，在推动学校课程建设的过程中，需

---

① 王永红、黄甫全：《课程现代化：跨世纪的思考——首届全国课程学术研讨会述评》，载《课程·教材·教法》，1998(2)。

② 廖哲勋：《论我国课程理论学科群的建设》，载《课程·教材·教法》，2000(2)。

③ 徐继存：《学科课程建设的立场》，载《当代教育科学》，2017(4)。

要明确学科课程建设的立场。因此，必须在理论上解决学科课程的地位问题，准确定位学科课程，加强对学科课程的深入研究，积极探索学科课程的形态、价值、实施方式等。

2. 综合课程

在新课程理念中，价值整合观念是核心，人们一般从五个层面谈整合，即相邻知识系列的整合、性质相近学科的整合、所有学科群的整合、文化的整合，以及儿童与文化的整合。① 已有实验证明，开设综合课程，有利于减轻师生过重的教学负担，培养儿童综合运用知识解决实际问题的能力，也有利于普及九年义务教育。课程综合化是当前课程发展的必然趋势，在课程现代化进程中努力实现课程综合化是课程改革的一个方向。综合课程绝不是几门学科的简单相加，它更多地体现为思想和观念上的综合；它的实质是整合。要实现综合，就不能靠形式上的、拼盘式的组合，而应打破学科之间的界限。综合课程是"整合课程"，课程综合是"课程整合"。从目前我国课程论学者的研究成果来看，多数人认为，分科课程与综合课程各有优势，功能互补，却不能相互取代，不能统整的分科课程也可以通过更新内容、贴近生活做自身调整。

3. 活动课程

课程改革实践迫切要求打破原有单一的学科课程结构，活动课程开始在实践中出现，但是理论上对活动课程的理解尚存在明显的分歧。为避免实践上的混乱，"活动课程"这一概念没有在早前的正式文件中使用。《基础教育课程改革纲要（试行）》中有关于"综合实践活动"的规定，在这之前，活动课程经历了"课外活动""第二课堂""活动课""活动类课程"等名称的变化，并逐渐成为学科课程体系的重要组成部分。

---

① 黄甫全：《现代课程与教学论学程（下册）》，487 页，北京，人民教育出版社，2006。

　　1981年，国家教委颁发了《全日制五年制小学教学计划(修订草案)》和《全日制六年制重点中学教学计划(试行草案)》。前者增设"劳动课"，并提出"课外活动"的课程要求，具体内容包括自习、科技文娱活动、体育、班队活动，并规定了每周的课时。后者则第一次提出在高中阶段设置"选修课"，并要求依照文理分科进行分类开设。在高中阶段增设"劳动技术教育课"，包括"工农业生产、服务性劳动的一些基本技术和职业技术教育以及公益教育"。

　　1992年颁布的《九年义务教育全日制小学、初级中学课程计划(试行)》将中小学课程分为两类：学科类课程和活动类课程。活动类型包括校内的文化、体育和科技等活动及校外社会实践活动，自此，活动成为中小学课程结构中不可或缺的重要组成部分。

　　1994年颁布的《实行新工时制对全日制小学、初级中学课程(教学)计划进行调整的意见》和《实行新工时制对高中教学计划进行调整的意见》中将"活动"表述为"活动类课程"，包括晨会(夕会)、班团队活动和科技文体活动。

　　1996年颁布的《九年义务教育活动课程指导纲要(实验区试行)》明确了"各类活动课的教学须遵循活动课程特有的(即不同于学科课教学的)教与学的关系、过程、结构、原则、方式方法以及评价标准与评价方法"。至此，活动类课程概念的确立，为综合实践活动的设计指明了方向。[①]

　　2000年颁布的《全日制普通高级中学课程计划(实验修订稿)》首次提出了"综合实践活动"概念，主要包括研究性学习、劳动技术教育、社区服务、社会实践四个部分。

　　2001年颁布的《基础教育课程改革纲要(试行)》则指明了综合实践活动的国家课程性质以及地方课程、校本课程的开发、组织和评

---

　　① 李俊堂：《综合实践活动四十年：发展历程、基本问题与未来展望》，载《湖南师范大学教育科学学报》，2018(6)。

价方式，界定了综合课程的属性，明确了研究性学习、社区服务与社会实践、劳动与技术教育、信息技术教育作为其四大内容领域。

2001 年颁布的《九年义务教育阶段综合实践活动指导纲要（试行）》，除了在总则部分对课程性质、培养目标、活动领域、组织管理、评价方式等内容进行描述外，还对不同年级的四个领域分别提出了具体的指南，自此在国家层面就"构建起一套较为完备的综合实践活动课程结构"①。

（二）义务教育课程改革

我们进入了一个社会快速变迁的时代，信息技术的迅猛发展与广泛应用对教育构成严峻挑战：实施"科教兴国"，必须建设高质量的基础教育；"素质教育"的提出，要求课程关注每一位学生的身心发展需要；"创新精神与实践能力"的提出，要求课程促进学生个性的发展。在此背景下，我们启动了义务教育课程改革。

1986 年出台的《中华人民共和国义务教育法》是基础教育改革的纲领性文件，其规定义务教育的年限为九年，中小学九年教育开始作为发展的统一体。为适应普及九年义务教育的需要，1988 年国家印发了《义务教育全日制小学、初级中学教学计划（试行草案）》和 24 个学科教学大纲（初审稿）。这个新的教学计划和教学大纲中有了"选修课程"，24 个学科首次有了教学大纲。1992 年，国家印发了《九年义务教育全日制小学、初级中学课程计划（试行）》和 24 个教学大纲（试用）。1992 年的《九年义务教育全日制小学、初级中学课程计划（试行）》依据《中华人民共和国义务教育法》制定，突出以德育为主，德、智、体、美、劳五育并举的全面发展的教育方针，并于 1993 年秋季起在全国逐步试行。这个课程计划有几个主要变化：第一，明

---

① 李俊堂：《综合实践活动四十年：发展历程、基本问题与未来展望》，载《湖南师范大学教育科学学报》，2018(6)。

确了培养目标。《九年义务教育全日制小学、初级中学课程计划(试行)》明确规定了义务教育阶段的总目标和小学与初中阶段的培养目标。小学与初中阶段的培养目标是统一的、连贯的。它们之间是要求递增的关系。不同阶段的培养目标具有三个共同特点：一是突出了基础性，所提出的要求都是最基本的和必不可少的；二是增强了时代性；三是加强了针对性，针对我国儿童、少年身心发展中薄弱的部分予以加强。第二，加强了德育。《九年义务教育全日制小学、初级中学课程计划(试行)》为了指导学校切实加强德育工作，除了在小学、初中阶段对学生在政治、思想、品德等方面提出具体、明确的要求之外，还从多个方面体现了德育在学校教育教学中的首要位置。第三，进一步完善了课程结构，使之更加科学合理，有利于对学生进行德、智、体、美、劳等各方面的教育。第四，设计了"五·四"和"六· 三"两种学制的安排。第五，对考试考查做了明确的规定。①

《九年义务教育全日制小学、初级中学课程计划(试行)》一改往日"教学计划"的称谓，这也标志着课程的变革有了新的含义，成为名副其实的"课程改革"。这一时期的课程改革已经不再是"小打小闹"的科目、内容、大纲的变化。新的课程改革不是对课程内容的简单调整，不是新旧教材的替换，而是一次以课程为核心的波及整个教育领域的系统改革，是一场课程文化的革新，是教育观念与价值的转变，涉及课程的理念、目标、结构、管理、方法与评价等方面。② 所以说1992年的《九年义务教育全日制小学、初级中学课程计划(试行)》有着重大意义。时任国家教委基础教育司副司长马立曾经解释过"教学计划"改为"课程计划"的意义。这个"课程计划"的核心

---

① 马立：《关于〈九年义务教育全日制小学、初级中学课程计划〉的若干说明》，载《课程·教材·教法》，1992(11)。

② 谢翌、马云鹏等：《新中国真的发生了八次课程改革吗?》，载《教育研究》，2013(2)。

是课程设置和结构，而课程结构与以前历次的教学计划相比有一定的突破。例如，将活动课纳入课程，活动内容包括学校的各种教育活动和社会实践活动；增设了选修课，增加了职业预备教育的内容等。总之，这个计划从总体设计来看，既有在教师组织指导下的各种教育教学活动，也有由学生个体或群体自主进行的学习活动，已经超过了原教学计划所规定的学科教学活动，因此继续延用"教学计划"的名称不妥，改称"课程计划"更加与内容贴近。[①]由此来看，这次"计划"修改的不仅是名称，还有理念，这也是课程论研究价值的重要体现。

中华人民共和国成立以来，课程实行高度的中央集中管理，课程编制与评价仅仅是极少数人的事，广大教育工作者只是被动的执行者，课程与课程论研究长期中断，谈不上课程编制和评价的理论发展与理论指导，相关的学科建制也没有开启。随着新课程改革的酝酿，课程论逐步成为应用型学科，关于课程的研究也有了实践舞台。在酝酿过程中，课程的管理体制从"中央集中统一"逐步走向"三级分权管理"。广大教育工作者转变了角色，从课程教材的被动执行者变成了主动的课程教材编制者。这样的转换迫切要求课程教材编制理论的发展和指导。另外，中小学教材要在统一基本要求的前提下实行多样化。中小学对课程教材进行选择的客观需要，直接孕育出了对课程进行终结性评价的迫切要求；同时，课程教材编制本身也孕育出了对自身进行过程性评价的客观要求，进而萌生出进行外部评价和内部评价的自觉意识。

由教育理论工作者、教育实践工作者和教育行政管理工作者合作进行的基础教育课程改革，在许多方面发生了不同于以往的变化，主要有两个：一是改变课程管理过于集中的状况，为保障和促进课

---

① 马立：《关于〈九年义务教育全日制小学、初级中学课程计划〉的若干说明》，载《课程·教材·教法》，1992(11)。

程满足不同地区、学校、学生的要求，实行国家、地方和学校三级课程管理；二是更新课程与教学的研究观念，以学生发展为本，直面社会与生活，大胆改革现行的课程结构与内容，使课程与教学论的研究呈现多元化的繁荣趋势。①

（三）"两省一市"普通高中课程改革

从 1997 年秋季开始，国家在山西、江西和天津（"两省一市"）全面施行《全日制普通高级中学课程计划（试验）》，以教育方针和"三个面向"为指针，标志着素质教育在高中阶段拉开帷幕。②"两省一市"课程改革以高中课程改革为突破口，强调发挥课程整体育人功能。它与以往课程改革的最大不同是第一次提出普通高中的具体培养目标，这不仅体现了我国基础教育育人规格的总要求，而且反映了普通高中教育的特殊性。

课程是构成教育的主要因素之一，理想的课程既要符合社会文化发展的要求，又要符合人的发展需要，从根本上讲要把人的发展作为主要目的。此次高中课程改革针对我国传统课程的弊端，在课程设计上以"三个面向"为指针，力求处理好适应社会发展需要与学生个性发展需要的关系、传授知识与发展智能的关系、学科课程与学生心理发展顺序的关系、统一要求与个别差异的关系，初步形成了一套适合我国国情的新课程观。③

这次普通高中课程改革体现了四个特点。

第一，人的发展与文化知识整合。课程改革明确了育人目标，把育人放在首位，人是文化知识发展的动力和目的。

第二，必修课程和选修课程整合。高中新课程结构以现代课程为指导，建立了以学科类课程为主、活动类课程为辅的课程结构，

---

① 王文静：《"九五"期间我国课程与教学论研究的回顾》，载《全球教育展望》，2001(12)。
② 陈晓力：《关于高中课程改革若干问题的理论思考》，载《教育理论与实践》，1998(3)。
③ 陈晓力：《关于高中课程改革若干问题的理论思考》，载《教育理论与实践》，1998(3)。

并按照优化必修课、规范选修课、加强限定选修课的原则,构建了新型学科课程体系。这样以必修课为基础,以限定选修课和任选课为辅,向不同层次、不同需要的学生提供各类课程,有利于面向全体学生因材施教。学校要求学生在上好必修课的同时,必须上好选修课,安排好活动课。

第三,人文知识和科学知识整合。普通高中课程改革注重二者的有机结合,增设了一些属于人文社会科学类的选修科目,体现了二者整合的趋势。与以往相比,高中科学知识课程设计重视人的完善,把人文社会知识教育和人的理想情操、伦理道德、价值观念等提到一定高度。

第四,隐性课程出现。尽管高中课程结构体系没有明确提出隐性课程的概念,但活动类课程的设置标志着课程已延伸到隐性课程。同时,学校也把校园文化建设作为育人的重要教育环境,使学生优良的个性品质能在一种理想的教育环境下得到熏陶和感染。

1992 年的义务教育课程改革与 1997 年"两省一市"普通高中课程改革最明显的变化是,地方课程和校本课程正向我们走来。这表明,在这一时期的课程改革中,课程决策权开始部分下放到学校,基础教育课程改革的方向正从原来单一的国家课程模式走向国家、地方和学校三级课程模式。1992 年的《九年义务教育全日制小学、初级中学课程计划(试行)》中就出现了国家统一安排和地方安排的课程。"课程包括学科、活动两部分,主要由国家统一安排,也有一部分由地方安排。"课程管理方式也发生了变化,时任国家教委基础教育司副司长马立也把这个当作变化和特点,认为"课程管理方式上,有两种管理方式:第一种是国家统一安排的课程;第二种管理方式是地方安排的课程","《课程计划》的统一性与灵活性、多样性相结合的问题……有了一定的解决"。[①] 1996 年颁布的《全日制普通高级中学

---

① 《马立同志在九年义务教育文科教学大纲、教科书审查会议上的讲话》,载《学科教育》,1992(5)。

课程计划（试验）》规定，学校应该"合理设置本学校的任选课和活动课"，这部分占总课时的 20％～25％，从而改变了以往学校、教师在课程开发中完全被动、接受的角色，原则上肯定了学校和教师在课程开发中的权利和地位。国家课程主要体现共性，校本课程则主要体现多样性。在符合国家统一的基本要求的前提下，课程多样化趋势进一步加强，适合各地经济文化发展不平衡的特点。这一时期的高中课程管理在课程计划中被单列出来，并明确规定：普通高中课程由中央、地方、学校三级管理。

在这一阶段，许多研究者集中关注"课程政策""课程管理"，一方面说明课程论研究领域正在扩大，另一方面也说明课程论正在与国家政策相关联，这是课程论逐渐成为显学的过程。例如，崔允漷关于"我国基础教育课程政策的改革方向"的研究，既是科学研究的成果，也是在为即将进行的课程改革做预测和解释。① 当然，这一阶段许多关于课程的研究都发挥着这样的双重功能。崔允漷的研究对我国课程政策及管理未来的走向做出了预测。"任何国家的课程政策改革都是在国家课程与学校课程之间寻找适合自己本国国情的立足点。我国基础教育课程政策改革的方向与英、美等国正好相反，是从原先单一的国家课程模式走向国家、地方、学校三级管理体制的课程模式。""学校中实施的课程既应体现一个国家的意志，又应尽可能满足学生个性发展的差异性，同时还需要考虑到地方和学校的差异性。因此，学校中实施的课程应该包括国家课程、地方课程和校本课程，形成具有我国特色的基础教育三级课程管理的新体系。"② 从此，关于国家课程、地方课程、校本课程以及三级课程管理问题的相关探讨，成为课程与教学论领域的新话题、热话题。

由于课程改革的需要，这一时期课程理论的研究与课程改革实

①　崔允漷：《略论我国基础教育课程政策的改革方向》，载《教育发展研究》，1999(9)。
②　崔允漷：《略论我国基础教育课程政策的改革方向》，载《教育发展研究》，1999(9)。

践密切相关，出现了许多新兴研究话题。关于校本课程的理论与实践是最热门的话题之一，看起来这些理论与实践是才兴起的，但在实践上早已存在，如学校的兴趣小组、第二课堂以及后来的选修课和活动课等，特色课程也是校本课程的一部分。我国已在多种学校进行校本课程的实验研究，并取得了阶段性的理论研究成果和实践经验，当然还有很多亟待解决的理论问题，例如，如何构建三级课程管理体系的框架和如何分配三级课程的权力，校本课程的育人价值如何切实实现，等等。

由于与国家课程政策密切相关，关于校本课程问题的探讨一旦成为热点问题，其热度就不会瞬间即逝。期刊、图书、各种课程会议中"校本课程"一词的出现频率非常高。

（四）理论与实践的相互影响

课程实践迫切需要理论，课程理论也有迫切和实践结合的良好愿望与发展趋势。课程改革的实践为课程理论研究提供了丰富的资源，呼唤科学的课程决策并检验课程理论；课程理论研究又为课程决策提供了依据和指导，为课程改革指明了方向。

课程理论实际上分为"解决实际问题的理论"和"不直接解决实际问题的课程基本理论"，这两类理论都是实践所需要的，都有价值。不要把课程理论与实践对立起来，不要强行使课程理论研究与直接解决课程实际问题挂钩，而应该既鼓励"解决实际问题的理论"研究，也要支持"不直接解决实际问题的课程基本理论"研究。全国开展的轰轰烈烈的课程改革和实验也迫切需要理论指导，而且已经形成了一支比较强的课程论研究队伍，因此，加强课程论学科建设不仅具有十分重大的实践意义和学术价值，而且具备了客观可能性。"实践问题急切呼唤课程理论"，是广大实践工作者的心声，也是课程理论建设的强大动力。

在实践中，教师经常会碰到一些自己不能解决的问题，需要向理论工作者寻求帮助，因此，他们认为理论研究是非常有价值的，尤其是那些针对实际问题、解决实际问题的理论成果。课程理论工作者需要走出书斋，深入课程改革实践第一线，去发现课程问题、研究课程问题、解决课程问题，从而提出对课程改革实践有指导价值的课程理论。

我国新一轮基础教育课程改革给课程与教学论领域的研究提供了崭新的契机，形成了课程与教学论领域理论与实践研究的活跃氛围。课程改革的大规模开展，成为整个教育改革中十分重要的内容。国家教育行政部门相继采取了一些重大措施来推动课程改革，广大教育工作者也对此表现出极大热情。1997 年，全国课程专业委员会应运而生，并开展了一些学术活动，这是中国教育改革进一步深入发展的必然结果。[1] 这既为课程研究的深入推进提供了客观条件，又使得对这一研究发展趋势的探讨成为必要。

就学科自身来说，我国的课程论作为一门独立的学科不但时间不长，而且发展道路也很曲折，一些重大的理论问题尚存在各种各样的分歧和异议，课程理论本身还不成熟，有待进一步完善。因此，在世纪之交，面对我国课程论学科的发展成长，对课程论的一些基本问题做出回答，辨清课程论学科发展的未来方向，意义是十分重大的。

课程理论研究不能脱离课程管理和课程实践，理论工作者应主动服务于实践，从实践工作者那里吸收有益经验，并上升到理论阶段，同时在理论上加强引导。我们应该加强研究队伍的建设，组织全国的力量开展课程理论研究和学科建设。随着课程改革实践的深入发展，面向 21 世纪的课程论必然要追求和实现独立的学科地位。教育理论工作者、教育实践工作者和教育行政管理工作者要进一步

---

① 张楚廷：《课程与课程论研究发展的十大趋势》，载《课程·教材·教法》，2002(1)。

加强沟通，相互理解，三股力量结合起来，充分发挥各自的优势，通过不同的方式、方法，共同研究和探讨实践提出的重大问题。"课程研究也绝不是'象牙塔'里的单纯研究，而是政策、理论与实践三者间交互影响、互相作用的多维研究、交叉研究。改革开放四十年的课程改革与研究，充分地体现了这个特点。"①因此，各方面的力量要团结起来，共同为我国课程事业的繁荣做出应有的贡献。

三、重视与各地交流

（一）首届课程理论国际研讨会

由教育部人文社会科学重点研究基地华东师范大学课程与教学研究所举办的首届课程理论国际研讨会于 2000 年 10 月 9 日至 11 日在华东师范大学召开。来自美国、加拿大、荷兰、日本、新加坡、中国等国家的 40 多位课程理论界专家学者进行了交流，研讨了当前课程理论研究与实践探索的前沿课题。大会围绕 5 个大主题进行讨论，包括：后现代课程理论与东方教育文化；网络时代的课程开发；课程的统整；校本课程开发；21 世纪中国基础教育课程改革。华东师范大学课程与教学研究所所长钟启泉教授以"文本与对话：教学规范的转型"为主题，论述了我国 20 世纪 80 年代以来基础教育课程改革的问题和发展方向、改革过程中理论与实践存在的冲突，认为我们需要"重建教育或课程"。②

通过这次国际研讨会，我国的课程理论研究与国际课程理论前沿有了对话的平台，课程论学科与国际发展前沿有了对接，课程论学科的发展水平提升了。

（二）与港澳台地区进行课程学术交流

21 世纪，课程论研究者与多方开展学术交流，这一时期海峡两

---

① 郭华：《中国课程改革四十年》，载《湖南师范大学教育科学学报》，2018(6)。
② 邓志伟、有宝华：《课程理论的国际对话——"首届课程理论国际研讨会"综述》，载《教育发展研究》，2000(11)。

岸暨香港、澳门的课程论学者学术交流逐渐增多,港澳台地区的一些课程论学者如欧用生、陈伯璋、黄显华、李子建等人的学术研究逐渐为大家所熟识。各种学术交流会议相继召开。

例如,2000 年 8 月 21 日至 23 日,海峡两岸课程研讨会暨"面向 21 世纪中国基础教育课程教材改革研究"课题成果交流会在长春召开。这次会议由东北师范大学举办,该校教育科学研究院农村教育研究所承办。出席研讨会并依次在大会上发表学术报告或讲演的专家学者有:东北师范大学王逢贤教授(主题为"关于课程研究的几个难点和企盼"),教育部课程教材研究所常务副所长吕达研究员(主题为"对我国中小学课程改革若干问题的思考"),台北师范学院校长欧用生教授(主题为"台湾课程改革的经验与启示"),华南师范大学教育科学学院副院长扈中平教授(主题为"关于教育与课程的多元化"),人民教育出版社课程研究室主任张廷凯副研究员(主题为"基础教育课程改革的问题和趋势"),东北师范大学教育科学研究院院长马云鹏教授(主题为"课程实施与课程改革"),台湾花莲师范学院校长陈伯璋教授和台北市立师范学院幼教系主任、实验小学原校长卢美贵教授(主题为"学校本位课程发展的理论与实践"),中央教育科学研究所白月桥研究员(主题为"素质教育理论体制的构建"),东北师范大学农村教育研究所所长袁桂林教授(主题为"课程目标与学校特色课程体系构建")。①

(三)全国课程学术研讨会召开

1. 首届全国课程学术研讨会

1997 年,中国教育学会批准成立全国课程专业委员会,并于当年在广州召开了首届全国课程学术研讨会,会议的主题是"课程教材

---

① 夏春:《海峡两岸课程研讨会暨"基础教育课程教材改革"课题成果交流会在东北师大召开》,载《课程·教材·教法》,2000(9)。

现代化：背景、现实与展望"。与会者围绕"课程现代化"问题，带着历史责任感反思过去、透视现在、设计未来。

会议总结回顾了中华人民共和国成立以来课程变化发展的经验和教训，展望了我国课程改革的发展走向，指出为进一步深化课程改革，有必要加强课程编制和课程评价的理论研究，探讨课程编制和课程评价的基本理论问题，确立科学的课程编制原则和课程评价指标体系。

本次会议是全国课程专业委员会成立后的第一次大型学术研讨会，会上提出了一系列课程现代化进程中必须面对和解决的理论问题与实践问题。此次研讨会上，与会代表们在今后课程理论工作者应关注的问题和肩负的历史责任等方面达成了共识。①

2. 第二届全国课程学术研讨会

1999 年在广西师范大学召开的第二届全国课程学术研讨会的主题是：21 世纪课程研究和改革发展。连续两届年会关注课程改革，展现出课程论研究关注课程实践的基本趋势。围绕会议主题展开研讨的议题主要有 6 个：课程论知识体系的构建与课程研究方法的转型；我国基础教育课程体系的建构；基础教育课程教材改革的条件与策略；以学校为本的课程改革；课程的学术标准及其评价；国际国内课程教材比较研究。②

通过研讨，与会代表更加深刻地理解了面向 21 世纪我国基础教育课程改革的背景、进程和趋势；深化了我国课程论学科构建的研究，如关于课程知识体系的研究、课程研究方法转型的研究、课程论学科群的研究等；促进了我国基础教育课程教材改革的若干理论问题的研究，例如，大家对继承与创新的关系，教育行政与课程理

---

① 王永红、黄甫全：《课程现代化：跨世纪的思考——首届全国课程学术研讨会述评》，载《课程·教材·教法》，1998(2)。
② 刘启迪：《世纪之交的课程学术盛会》，载《课程·教材·教法》，2000(2)。

论的关系，课程教材的编制与评价的关系，国家课程、地方课程和校本课程的关系等问题有了更深的认识；对校本课程的研制与开发有了更进一步的理解；对综合实践活动有了更透彻的了解。

3. 第三次全国课程学术研讨会

第三次全国课程学术研讨会暨课程专业委员会第一届第三次年会于 2001 年 9 月 21 日至 24 日在吉林长春召开。[①] 本次会议是在我国新一轮基础教育课程改革的纲要文件正式出台的背景下召开的，具有重要意义。

此次新课程改革突破了历次课程改革仅仅围绕教材改革的局限，旨在构建一个整体性、全方位的符合素质教育要求的基础教育课程体系。重构课程文化是这次课程学术会议很多代表倡导的议题。课程改革要实现从技术取向到文化取向的转变，那种把新课程嵌入旧课程文化的做法只能使课程改革流于形式。课程改革要实现解放人和培养整体的人的课程超越，需要建构学习化课程；在课程的未来趋势上，后现代的追求、全民教育的发展孕育出了教育化和学习化社会，人人都是学习者，必然要构建起新的学习化课程。

第三节　教学论注重反思

20 世纪 90 年代到 21 世纪初期，以人为本的新教育思想不断发展，人们提出需要根据时代精神的要求重新学习马克思关于人的全面发展学说，认为主体性是全面发展的人的根本特征，是人的身、心或德、智、体、美诸方面都得到良好发展的综合表现。"人的主体性问题"逐渐成为教育理论研究的热点。一些教育理论工作者敏锐地抓住这个反映了当今时代精神的重大问题，开展了主体性等多方面

---

① 刘启迪：《全国第三次课程学术研讨会召开》，载《课程·教材·教法》，2001(11)。

的教育实验。此次教育实验潮流被称为"第二次教育实验高潮"。这次教育实验潮流多从微观着眼，针对我国学校教育中存在的一些问题，对具有中国特色的现代教学理论进行独立探索，希望通过教育实验全面提高学校的教育质量，促进教学论学科实践的发展，更好地为社会主义现代化建设服务。

在此基础上，教学论研究得以进一步发展，但由于对教学实践的指导乏力，教学论在实际发展中呈现低位平稳的态势。21 世纪初，我国引入的大量教育理论包括建构主义、人本主义、后现代主义等，这些理论大多来自生产力高度发达、文化价值观多元、教育基础优越的美国。

但由于我们的理解不足，不能把借鉴来的理论结合自己的情况很好地运用，于是这些理论在我国的运用过程中出现了"水土不服"的现象，以至于面临着教学理论看似丰满而教学实践骨感的窘境。因此，我国教学实践的改革与深化发展迫切需要符合实际的、能够很好地指导实践的理论，即本土化的教学理论。

一、教学论本土化的推进

综观 20 世纪末，我国的教学改革不免带有激情主义色彩，这种激情主义改革的根源可能来自我们一厢情愿的"国际化"追求，而没有认真运用本国的历史文化的参照框架。我们有时不自觉地走入这样一个境地：对本国的课程与教学问题所引起的现实关切，源发于跟西方发达国家课程改革蓝图比照，而缺乏对本土课程与教学问题的文化传统和背景、社会基础和条件的检视与反思。正因如此，关于课程与教学论学科体系的科学化与中国化研究，逐渐成为教育理论界的一个热点问题。[①] 有的学者指出："所谓建立具有我国特色的

---

① 沈小碚、王天平、张东：《对中国课程与教学论流派构建的审思》，载《西南大学学报（社会科学版）》，2010(1)。

教学理论，就是要建立根植于我国现实土壤，具有我国文化色彩的教学理论。"①有的学者在反思现代教学论学科发展现状的基础上，提出了"教学论中国化"的三层含义："表明了中国的传统经验和实践现状是一种丰富而重要的资源；反映了教学论要为我国的教学实践服务的功能；中国特色的教学论必然是普遍性与特殊性的统一。"②还有的学者以开放性、实践性、民族性、科学性等特征来界定"教学论中国化"，认为"中国特色的教学论"或曰"教学论中国化"，"既要充分关注和把握当代世界教学理论的发展动向，吸收其于中国教学理论发展具有借鉴价值的内容，重视我国当代教学实践经验的总结提升，积极开展广泛的教学实验研究，这是教学论发展取之不竭的源泉"③，同时还应该认真继承和弘扬我国传统教学理论的精华。

现代教学论研究可以说取得了比较突出的研究成果，但对待教学论的本土化问题，即如何构建具有中国特色的社会主义课程与教学论体系，以实现课程与教学论的世纪转换，始终是教学论发展所追求的目标。

其中，教学论教科书中的本土化表达最为典型。教科书作为学科构建自身语言体系的关键一环，如果以教学论教科书文本作为考察我国教学论本土化的发展动力，可以发现历史发展的路途上留下的是一个又一个交错的脚印。固然每个脚印或许有所前进，但很多是重复地行走。几乎所有的教学论教科书绪论讲到教学论的时候，都会采用教学论的产生—教学论的发展—教学论的研究对象—教学论的研究历史—教学论的研究方法—教学论的研究基础的框架。千篇一律的话语表达和文本形式，展示、陈述时喜欢把理由罗列成多少点、多少条。教科书作为教学的载体，是发展教学论学科的直接

---

① 徐继存：《教学理论建设的中国特色问题释义》，载《教育理论与实践》，1997(2)。
② 蔡宝来：《现代教学论学科发展：研究规范与生长点》，载《教育理论与实践》，2002(3)。
③ 张传燧：《中国教学论史纲》，280 页，长沙，湖南教育出版社，1999。

对象，它的多元表达形式应该在书中凸显，教科书的编写者要更加关注教学论知识形成背后的复杂运作问题，在教育教学实践过程中能够时时反思我国本土的教育教学与学习主体以及本国特定社会文化派生问题的关联性。①

二、对教学论发展功利性问题的反思

20 世纪 90 年代中期，伴随着国内外学术交流的不断加强，社会学、民族学、人类学、民俗学、文化学、伦理学、生态学、语言学、信息科学等学科被引进教学论领域。教学论研究视野不断拓展，催生了一些新的教学论范畴，如教学哲学、教学知识、教学伦理、教学生活、教学智慧、教学文化、教学制度等。② 随着新课程改革的推进，越来越多的研究者参与到课程与教学论研究中，课程与教学论学科的社会影响力大大提升，学术交流持续走向繁荣。1999 年，由人民教育出版社、台北教育大学与香港中文大学等多家单位联合发起的"海峡两岸暨香港课程理论研讨会"的召开，表明我国课程与教学论学术交流开始超越大陆（内地）视野。无论是从当时教学论的学科范围还是学科议题抑或是学科交流上来说，教学论始终向着更广阔的方向发展。正是由于其研究领域扩大，出现了很多"新"领域。这为一批批新兴的教学论研究者提供了很多研究方向。在此阶段，课程论与教学论之间呈现出融合的趋势，二者的融合在很大程度上扩大了教学论的研究外延。相关研究者数量呈上升趋势，教学论的学术研究议题日益丰富。

学术研究群体的扩大必然会推动教学论的发展，但研究人数增多的同时也伴随着各类问题的产生。吉标在《改革开放 40 年我国课

---

① 周仕德：《我国教学论本土化的表述危机：背景、特征与改进——基于对 1980 年代以来代表性著作的文本考察》，载《课程教学研究》，2015(1)。
② 吉标：《改革开放 40 年我国课程与教学论学术交流的历程、问题与应对》，载《课程·教材·教法》，2018(7)。

程与教学论学术交流的历程、问题与应对》①一文中提到，融合阶段课程与教学论学术交流中出现的功利性问题包括：一是会议举办的实用主义动机。毋庸讳言，在当前纷繁众多、层次各异的学术会议中，有的主要是以提高知名度、塑造外在形象为目的，有些则仅仅是为了应付或完成某些评价指标而举办，还有的则是出于难以言说的经济利益考量……凡此种种，势必会影响课程与教学论学术的健康发展。二是与会者的非学术动机。对学者而言，学术会场既是学术交流的场所，也是同行之间人际交往、情感联络的重要平台。参加学术会议可以增进自己与同行之间的人际沟通和情感联系，以及借此获得其他一些额外收益，但真正的学者不会也不应该将此当作参与学术会议的主要动机。审视当下的学术会场，与会者实际上持有形形色色的"非学术化"动机：有些人往往基于人情交往的考虑，对会议的内容和主题并不关心；有的人是为了在学术圈"混个脸熟"，拓展自己的人脉；还有人则打着参加会议的幌子，实则游离于会场之外，与真正的学术交流不甚相关。

教学论发展功利性问题还体现在教学论的研究中。许多研究者没有把教学理论研究作为一项严肃的科学活动。研究者常常无视或有意回避现实的教学问题去闭门造车，他们研究的目的不是解决实践中的教学问题，而是为了拿到学位、完成项目、获得津贴，这极大地影响了学科的发展。

教学论研究的这种功利化行为与我国当时的学术评价制度有很大的关系。以教学论学科为例，现行的学术成果评价制度没有为优秀的研究成果的产生提供必要的政策保障。要改变教学论研究的功利化倾向，首先必须变革现行的学术成果评价制度，为优秀成果的生成提供相应的制度支持，而不是对教学论研究者进行放弃物质享

---

① 吉标：《改革开放40年我国课程与教学论学术交流的历程、问题与应对》，载《课程·教材·教法》，2018(7)。

受、追求学术理想等的说教。教学论研究能够发展到今天，取得这样的成绩，说明还有一部分真正有学术良知、以教学问题为研究兴趣和学术追求，并深入教学实践，研究本土教学问题的研究者。对于教学论研究发展中的功利化问题，现实情况决定了我们不能完全排斥和消除学术交流背后的功利倾向，但倘若把追求名誉、权力和具体利益作为开展学术交流的主要目的，就必然会背离甚至干扰课程与教学论的学术发展方向，所以在教学论功利化倾向问题上，更多的学者认为相比消除功利化，倒不如选择利用功利化激励学者进行教学论研究。

三、教学论研究的思辨偏向

学科发展离不开学科研究，学科研究的走向、方法及成果自然会推动学科的发展。所以，学科发展的评估指标中，学科研究占的比重很大，人们会根据学科研究水平来判断学科发展的层次。

（一）教学论研究思辨偏向问题的现状

我国教学理论的实践探讨在 20 世纪有所发展，但是依旧处于相对浅层研究阶段，基础理论研究比较薄弱。教学论学科倾向于文本研究而忽视对教学实践的研究，实际上也就是很多研究者热衷于"文本"的演绎研究，而不愿从事投身教育实践活动的归纳研究，这些现象致使教学论缺乏有生命力的原创性研究。但是国内众多学者反对此种论断，从而对此的论争也一直未停止。他们关于教学论问题争论的根本分歧点在于：教学论是应以立足教学实践、面向生活实践的经验归纳和提升为主，还是以演绎的、思辨的理论思考为主。20世纪 80 年代以来，教学论学科一直在追求科学化。在几十年的科学化历程中，人们对科学化的理解出现了偏差，存在着过分强调分析、定量、实证而忽视甚至排斥人文方法的倾向。的确，如果教学论研究只停留在教学经验总结层面，对日常生活经验的简单移植必然会降低教学论的科学水平。但如果我们只重视经典文本演绎研究，简单比照国外教学理论，就必然会忽视我国教学实践的现实，一定会导致对我国教学历史经验和教学现实观照不足的问题，从而导致我国的教学理论逐渐丧失自信心与国际话语权。

从教学论发展看，长期以来，我国的教学理论研究盲目地套用、照搬其他有关学科的理论、概念、范畴和研究方法，没有建立起反映教学这一独特社会现象的自身的概念、范畴和体系，致使教学论成为其他学科理论的直接延伸和简单移植。这一现象与我国教学论习惯采用思辨的研究方法密不可分。教育思辨研究时常会遭遇这样的质疑：教育思辨研究问题虚空、论证主观、观点晦涩[①]，从而使教育研究者，包括教学论研究者时常被批评教学理论与教学实践存在"脱节"或"两张皮"。这就是在指责教学论研究没有关注教学实践，对教学实践的指导乏力。对此，教学论研究界逐渐明确了两条研究路径：第一，部分研究者坚持思辨的研究方法并进行理论的深入研究；第二，部分研究者用实践研究的方式取代部分思辨研究。当然，无论是强调思辨的研究还是重视实践的研究都有其积极意义。许多研究者采取折中的研究方式，即既不放弃理论思辨的教学论研究方式也不脱离教学实践，关注教学现实的研究路径，愿意采取折中路线。从学科发展角度看，折中路线或许更有现实意义，无论是从学科评估指标体系中学科应用的部分看还是从学科发展的根基看，教学论学科在融合阶段，其学科发展迫切要求教学论研究能够参与、指导实践中的变革。

(二)教学论研究思辨偏向的反思探究

21世纪以来，研究者对教学过程的本质、主客体关系等进行了系统批判与反思，教学过程本质的理论研究已进入多角度、跨学科研究阶段和综合创新阶段，呈现出系统化、体系化特征。这些研究

---

① 余清臣：《论教育思辨研究的时代挑战与应对》，载《教育学报》，2018(5)。

使教学过程理论逐步从较单一的理论视角反思转向多元多维理论视角反思,从对发展状态的表层问题反思转向深层原因的反思,从一般研究方法的反思转向其背后的方法论反思。① 在加强思辨研究的深度方面,陈君和张姝在《21 世纪以来我国教学论研究历程与学科发展趋势》中提出,从哲学方法论和现实需要的角度看,教学论的学科发展与教学论研究的深入需要研究者从"形而上"的角度,立足"书斋",对现有教学论理论研究成果,特别是教学论的基本、核心问题的已有理论进行系统梳理和反思,去伪存真,正本清源,形成科学的、普遍性的规律,为其分支学科和相关学科提供最一般的原理、原则。② 裴娣娜教授指出,教学论研究中的"理论先导""现实指向""历史回溯"各有定位,我们应在理论—现实—历史的三维空间中把握现代教学论问题。③

随着人们对方法论问题研究的不断深入,教学论的研究方法正在突破原来的思维方式,朝着多样性、互补性方向发展。④ 教学论学科的发展最终离不开鲜活的教学实践,因此,教学论研究者应该多以问题为导向,深入一线教学,与一线教师共同参与到中小学课程与教学改革之中,形成研究共同体,带领中小学教师研究,提升其教学研究能力,使之成为名副其实的研究者。同时,研究者应采用分析、综合、抽象、概括等多种研究方法,提炼出解决具体教学实践问题的规律性知识,进而让教学论学科"立地"。

---

① 陈君、张姝:《21 世纪以来我国教学论研究历程与学科发展趋势》,载《西南大学学报(社会科学版)》,2018(3)。
② 陈君、张姝:《21 世纪以来我国教学论研究历程与学科发展趋势》,载《西南大学学报(社会科学版)》,2018(3)。
③ 裴娣娜:《基于原创的超越:我国教学研究方法论的现代构建》,载《教育研究》,2004(10)。
④ 王鉴、安富海:《教学论学科建设 30 年》,载《当代教育与文化》,2010(1)。

第五章

课程与教学论的繁荣阶段
(2001 年至今)

2001 年《基础教育课程改革纲要(试行)》的颁发,拉开了我国第八次课程改革的序幕。此次课程改革的稳步推进不仅有国家行政权力的保障,更使课程与教学论学科发展进入繁荣阶段,呈现出学科理论本土化、研究队伍不断扩大、学科群逐步形成等特征。

第一节　课程与教学论学科发展

一个学科的发展状况主要由研究队伍、研究方法、研究对象等不同方面共同呈现,因为课程与教学论学科是课程论与教学论整合的产物,所以课程与教学论学科的发展就是课程论与教学论学科的发展。

一、课程论学科发展建设

(一)研究队伍的变化

1. 增加学科点,扩大招生数量

截至目前,据不完全统计,全国拥有课程与教学论博士点的高校包括:安徽师范大学、北京师范大学、东北师范大学、福建师范大学、广西师范大学、哈尔滨师范大学、河南大学、湖南师范大学、华东师范大学、华南师范大学、华中师范大学、辽宁师范大学、南京师范大学、曲阜师范大学、山东师范大学、陕西师范大学、上海师范大学、首都师范大学、四川师范大学、天津师范大学、西北师范大学、西南大学、浙江大学、浙江师范大学，等等。几乎所有省属重点师范大学以及一些综合性大学都已经开始培养课程与教学论专业硕士研究生，全国拥有课程与教学论专业硕士点的高校已经超过 120 个。另外，全国各类高校设立的基础教育课程研究中心数量已经超过 100 个。这些课程研究中心成立的宗旨是为基础教育课程与教学改革提供咨询和服务，成为联系高师院校与中小学的重要纽带，构筑高校课程与教学论学科发展的新平台。[①]

2. 基础教育教研队伍建设

我国从中央到省（自治区、直辖市）再到市、县（区）都成立了教育科学研究院（所、室），拥有一支稳定的教研队伍。2012 年，教育部基础教育课程教材发展中心组织召开首届全国教研系统负责人联席工作会议，此后连续召开的四届联席会议都关注"深化基础教育课程改革""落实立德树人根本任务""做好'十三五'发展规划"等主题，并就教研工作如何在深化教育领域综合改革、落实立德树人根本任务的新形势下，更好地服务教育决策、推进教育改革、促进教育内涵发展等，提出教研工作转型发展的要求。[②] 这反映出基础教育教研队伍对实践问题的积极关注与回应。

3. 优秀中小学教师成为研究者

随着课程改革的深入，"适应课程改革要求，成为研究型教师""教师成为研究者"等呼声越来越高，各级教育行政部门和学校通过

---

① 吉标：《改革开放以来我国课程与教学论学科建制的历程》，载《西南大学学报（社会科学版）》，2016(1)。

② 徐辉、吴乐乐：《基础教育教研工作转型发展的路径思考》，载《课程·教材·教法》，2017(1)。

政策引导、专业支持等方式帮助优秀的教师成为研究者，以引领和推进本地基础教育课程改革。另外，由于绩效工资的实行，许多教师为了"出成绩"并成长为"名师"或学科专家，将自己的工作重心放在了教学与科研方面，参加各种赛课、写论文。[1] 教师的科研水平也成为教师职称评定的硬性条件。[2] 以上现状间接地反映了课程与教学论研究队伍的发展扩大，为我国基础教育课程与教学改革的深入发展做出了贡献。

(二)研究热点和重点的变化

自1999年《中共中央　国务院关于深化教育改革　全面推进素质教育的决定》颁布，我国新一轮基础教育课程改革正式启动，同时课程与教学论研究的热点和重点发生了转变。

1. 研究热点具有较强的时代性与政策性

21世纪我国课程与教学论的研究热点及时反映了基础教育课程改革与发展的要求，具有较强的政策性。蒋菲通过对2000—2012年9 841篇课程与教学相关文献的分析发现，新课程改革的不同阶段，人们的关注点也有所不同，体现了研究热点与改革的进程和发展紧密结合。2000—2003年，排在前十位的关注点是：创新教育、教师、教学、学生、课堂教学、课程改革、教学过程、教学模式、教学论和研究性学习。2004—2007年，排在前十位的关注点是：教师、学生、课程改革、教学、课程、课堂教学、教学过程、创新教育、解决问题、校本课程。2008—2012年，排在前十位的关注点是：教师、学生、课程改革、有效教学、课堂教学、课程、教学、教学实践、教学过程、教学论。同时，同一关注点在不同阶段所研究的侧重点

---

① 王艳霞、王少瑞、王艳娟：《新课程改革背景下教师多重身份认同的困境与突破》，载《当代教育科学》，2018(7)。

② 曾天山、王新波：《中小学教科研亟须走向3.0版——基于3000多名中小学教师教科研素养问卷调查的分析》，载《人民教育》，2017(20)。

又是不一样的。如教师，在课程改革实施初期，能否胜任课程改革要求、能否承担课程改革的任务成为很多人关注的问题，因此，这段时期加强教师的素质培训成为研究热点。在课程改革实施中期，人们发现教师的成长更多是靠教师的个人知识，于是开始重视教师的自主学习、自我反思，"内在主体式"研修体系成为教师专业发展的主导模式。到课程改革实施后期，教师研究集中体现在教研员、教研活动上，于是人们重新定位教研员的职责和角色，通过教研活动促进教师专业发展。[①]

　　同一领域的研究热点在不同阶段的侧重点也是不一样的。例如，课程研究在 2000—2003 年主要对课程标准、课程内容、课程实践、课程目标、课程评价进行了研究与探讨，这主要是由于新课程改革处于启动阶段，学者们更注重课程改革的顶层设计。2004—2007 年，关于课程研究的论文数量急剧上升，课程纲要、课程开发、课程实施、课程资源成了研究的热点，这与课程改革的进一步深化有关。2008—2012 年，课程改革更关注课程实施，到了具体落实的关键阶段。可见，研究热点的发展、演化与时代要求、新课程改革进程、不同热点研究的逐步深入是密不可分的，体现了鲜明的时代性。[②]

　　教学改革方面主要集中在探讨传统教学观的不足，注重教学过程中的生命性、生成性、建构性、对话性、交往性，突破传统的只注重知识传授的不足，促使教学多样、丰富、综合生成。在学生学习方面，提出了合作学习、自主学习、反思学习、研究性学习、感悟学习、建构主义学习等概念，它们都注重发挥学生学习的主动性和积极性，从注重"教"走向"教""学"并重。思维走向上提倡生成性

---

　　① 蒋菲：《新世纪中国课程与教学论的知识图谱研究》，博士学位论文，湖南师范大学，2014。

　　② 蒋菲：《21 世纪中国课程与教学论的知识图谱研究》，98 页，武汉，华中师范大学出版社，2015。

思维，指出了教学论研究的思维走向，注重事物发展的过程性、非预设性，注重事物的多元性、差异性、非理性和具体性，关注人的现实存在状况，关注现实中丰富多变的生活。①

　　我国基础教育课程决策机制也在发生转变，形成了国家、地方和学校三级决策相结合的机制。国家主要是宏观调控和指导，就最基本方面做统一规定；地方承担本地区课程决策的主要职责；学校进行校本课程决策。②

　　还有学者对2001—2012年37种教育期刊的6 825篇文献进行了分析，发现课程标准的研究在我国课程研究领域有增无减。具体言之，2001年7月，教育部颁布了义务教育阶段17个学科的课程标准实验稿，并审定了20个学科的实验教材；在普通高中方面，2003年3月，教育部印发了《普通高中课程方案（实验）》和15个学科的课程标准实验稿。2009年国家开始启动对义务教育阶段课程标准的修订，课程标准研究从2010年开始骤升，这与我国《教师教育课程标准（试行）》正式颁布前征求意见的热烈讨论氛围有关。从2011年10月我国颁布《教师教育课程标准（试行）》以来，相关研究与述评也在增加。③

　　自1997年首届全国课程学术研讨会召开至今，已有11届会议，其中有8届会议主题与课程改革有关。第一届召开于新课程改革之前，第六届会议主题虽然不直接与新课程改革有关，但仍有所涉及，具体见表5.1。

---

　　①　蒋菲：《21世纪中国课程与教学论的知识图谱研究》，98页，武汉，华中师范大学出版社，2015。

　　②　蒋菲：《新世纪中国课程与教学论的知识图谱研究》，博士学位论文，湖南师范大学，2014。

　　③　闫守轩、朱宁波、曾佑来：《十二年来我国课程研究的热点主题及其演进——基于2001—2012年CSSCI数据库关键词共现知识图谱的可视化分析》，载《全球教育展望》，2014(3)。

表 5.1　历届课程学术研讨会相关信息

届次	时间	地点	承办学校	主题
第一届	1997 年 11 月	广州	华南师范大学	课程教材现代化：背景、现实与展望
第二届	1999 年 12 月	桂林	广西师范大学	21 世纪课程研究和改革发展
第三届	2001 年 9 月	长春	东北师范大学	我国新一轮基础教育课程改革的理论与实践
第四届	2004 年 6 月	昆明	云南师范大学	基础教育课程改革的反思与评价
第五届	2006 年 8 月	乌鲁木齐	新疆师范大学	课程理论发展与实践进展
第六届	2008 年 10 月	聊城	聊城大学	课程理论与创新实践
第七届	2010 年 11 月	武汉	华中师范大学	21 世纪课程改革十年：趋向与愿景
第八届	2012 年 10 月	武夷山	福建师范大学	新一轮课程改革的回顾与展望
第九届	2014 年 11 月	上海	上海师范大学	向着《国家中长期教育改革和发展规划纲要（2010—2020 年）》迈进
第十届	2017 年 9 月	广州	广州大学	核心素养与中小学课程教学变革
第十一届	2019 年 4 月	开封	河南大学	未来课程变革的挑战与方向

2. 基本研究领域、重要研究热点保持稳定

2001—2005 年，在新课程改革的影响下，关于课程论研究的文章数量呈迅速上升趋势。2006 年略有下降，2007 年至今，研究文章数量虽然逐年递增，但基本趋于平稳。这主要是由于学者对新课程改革的研究逐渐深入，态度由激情转向理性。

我国课程与教学论的基本研究领域、重要研究热点保持稳定，如"教学研究""课程研究"等领域依然保持强大的研究势头，处于核心地位。在这些稳定的研究领域中，"教学研究"一直处于研究热点

的核心之核心，表明学科的传统研究领域依然是 21 世纪课程与教学论研究的热点领域。从各阶段的热点研究领域来看，研究对象、主题和范围具有一定的传承性，相对比较稳定，表明我国课程与教学论研究已进入一个比较成熟的发展阶段。[①]

热点领域日益扩大且研究对象更趋具体并面向实践，着眼于我国当前基础教育课程与教学改革的实际，学生发展成为课程研究的真正核心。

(三)课程论学科群的发展

廖哲勋在论述为什么要构建课程理论学科群的缘由时提出了几点理由：其一，课程现象十分复杂；其二，课程问题十分复杂；其三，课程系统工程十分复杂；其四，课程理论十分复杂。[②] 也就是说，面对复杂的问题，客观上需要组织和发展新的学科，如形成课程论的学科群来应对这么复杂的局面。

1. 课程论与教学论整合

课程论与教学论虽然在学科上已经整合为教育学下的一个二级学科，但是由于二者在历史渊源、理论领域和实践领域既有不同也有联系，所以至今学界也未能将它们完全整合在一起，以至于很多学者在同一问题上用课程论、教学论、课程与教学论三个视角来分析研究。

有研究者认为，当前我国课程与教学论学科体系的三种建构类型体现了课程与教学整合程度的不同，各有利弊。"并存式"保留了课程论与教学论的原有体系，两部分内容顺延排列，建构方式简单明了，但缺少统一的逻辑结构，而且由于课程与教学在许多方面的

---

① 蒋菲：《新世纪中国课程与教学论的知识图谱研究》，湖南师范大学，博士学位论文，2014。

② 廖哲勋：《论我国课程理论学科群的建设》，载《课程·教材·教法》，2000(2)。

一致性导致了内容的重复。"融合式"试图打破课程论与教学论的原有体系，从整合视角重新审视和探究课程与教学问题，实现课程与教学的真正统一。但这需要阐明课程与教学整合的新理念及相应的实践形态，需要重构一套新的学科概念和范畴体系，从内在逻辑上实现整合。在这些问题没有明确之前，把课程与教学强行融合在一起，会使许多内容的处理过于牵强。"合分式"考虑到课程论与教学论在研究内容与方法上的异同，对其一致性的部分统一论述，对其独特性的部分则分别阐释，在当下课程与教学没有实现完全整合的状态下，这种建构方式便于设计，灵活实用。① 裴娣娜认为，课程与教学论的关系有三种。其一，课程与教学是相互依存的交叉关系，而且这种交叉是多维度的，如果说教学包含了课程，这是把课程作为教学内容来加以认识；而如果说课程包含了教学，则是把教学作为课程的实施过程来加以认识。因此，二者并不矛盾，而只是研究问题的角度不同，教学所强调的是教师的行为，课程则是强调学生的学习范围。其二，课程与教学有共同的价值取向，即服务于人的发展、传播社会的文明及促进社会的发展。其三，课程与教学是可以进行分开研究的实体。这有利于理论的建立和发展，但必须在辩证统一的框架内理解二者的关系。如果我们把课程论与教学论作为两个独立的研究领域，就有可能导致课程的规划和教师在课堂里的实际运用相互分离，从而阻碍了两方面的健康发展。②

　　以上几种课程论与教学论的整合方式也体现在教材的编著上。金志远通过对当代教材的比较分析发现，在课程与教学论教材的编排上有几种不同模式。一是"寄生式"，即教学及教学论寄生在课程及课程论中，教学及教学论是课程及课程论被"铭刻"的表面和蜡版，

---

　　① 李群：《课程与教学论学科体系建构的思考》，载《山东师范大学学报（人文社会科学版）》，2011(4)。

　　② 裴娣娜：《教学论》，390 页，北京，教育科学出版社，2007。

课程及课程论最具有活力，它的变动必然导致教学及教学论存在形态的改变。二是"添加模式"，即采用课程问题和教学问题相对分开的编排方式。三是"融合模式"，即采取融课程与教学、课程论与教学论为一体的形式结构和内容体系编排教材。我们发现，即使在以"融合模式"编排的课程与教学论教材中，课程与教学仍然是相互分离的。① 从学科整合的视角看课程论与教学论的整合，是从现有状况进行分析的，可以看出，多少有些不如人意。于是有研究者根据一定的立场，提出了各自的整合方式。例如，金志远提出了文化视角的整合方式。文化的整体性为课程论与教学论整合提供了视角，文化的综合性为课程论与教学论的整合提供了思维方式，文化的动态性为课程论与教学论的整合提供了时间维度，文化的实践性为课程论与教学论的整合提供了空间维度。② 吴晓玲则从文化和生活两个视角提出了整合方式。课程论与教学论理论深度整合的观照视角应由学科逻辑转向文化视角，寻找到课程与教学理论赖以产生的文化逻辑和语境；实践深度整合的视角应转向生活世界，观照决定生活世界根本样态的实践者的生存视野、内在观念、思维方式和知识基础。③ 不同的整合观点表明了研究者的研究视野随着学科发展而不断拓宽。

2. 课程论与其他学科融合

在信息技术迅速发展的推动下，21 世纪课程论的学科外延扩张成为首要的形式，除哲学、生理学、心理学等传统学科理论基础外，研究者纷纷从社会学、文化学、历史学、伦理学、人类学、语言学、

---

① 金志远：《论课程(论)与教学(论)的整合取向——从学科视角到文化视角》，载《当代教育科学》，2011(13)。
② 金志远：《论课程(论)与教学(论)的整合取向——从学科视角到文化视角》，载《当代教育科学》，2011(13)。
③ 吴晓玲：《论课程与教学的深度整合》，载《教育发展研究》，2014(24)。

信息论、控制论、系统论、生态学、未来学、科学学、生命科学等学科理论来研究课程教学现象及其问题，不仅促进课程与教学论发展成包括课程教学哲学、教学心理学、教学社会学、教学文化学、教学论史、教学伦理学、教学人类学、教学语言学、教学信息论、教学控制论、教学系统论、教学生态学等在内的庞大学科群①，而且直接导致课程与教学论从学科体系、概念范畴、理论框架、研究方法、研究范式到思维方式、价值取向都发生了深刻而显著的变革。这是交叉学科对课程与教学论学科的启发，也是学科发展的基本途径。正如前文所言，课程现象、课程问题、课程理论等都十分复杂，光靠一个学科的知识体系、框架结构无法解释这些问题，客观上需要其他学科的加入，进而就生成了多样的学科群。

此外，多学科理论和方法的引入，极大地深化了课程与教学论研究领域。在哲学方面，课程与教学论研究从传统的课程教学目的论、课程教学认识论、教学实践论拓展到课程教学主体论、课程教学价值论、课程教学知识论、教学过程论、教学伦理学和教学美学，甚至一些研究者竭力提倡并主动引进建构主义、后现代主义、多元智能理论、过程哲学、复杂科学等学科的思想观点和方法来重新构建课程与教学论。在心理学方面，从传统学习心理学到发展心理学、认知心理学再到情感心理学、个性心理学的发展，导致课程与教学论对儿童发展与课程教学、对非认知心理品质与课程教学的极大关注。在社会学方面，从传统政治社会学、经济社会学、伦理社会学到知识社会学、行为社会学、交往社会学的发展，导致人们从研究课程教学与社会政治、经济、伦理的关系转到研究课程教学与知识、

①　张传燧：《当代课程与教学论学科发展的理论基础审思》，载《湖南师范大学教育科学学报》，2012(2)。

文化和人们交往行为的关系。① 在学科交叉的基础上，各学科的基本观点、经典问题、研究方法等遇到课程与教学现象、问题，就会产生新的研究领域。这是学科深化的表现，也是拓展和扩大学科群的方式。当然，学科群的壮大不只表现在简单的、单维的交叉与融合上，客观上还有多学科、多层次、多角度的研究交叉与融合。当代学科发展往往是在不同学科的边缘和交叉点获得重大突破的。课程与教学论的庞大学科群既是学科分化综合的结果，也是学科交叉融合的产物。这是当代科学发展既高度分化又高度综合的反映和体现。

也有学者根据课程与教学论学科群的特征，提出了具体的学科群发展。例如，廖哲勋认为，课程论学科群可分为三个层次：第一层，课程基础理论子学科群；第二层，课程工程理论子学科群；第三层，课程应用理论子学科群。课程基础理论子学科群包括课程概论(分为幼儿园课程概论、中小学课程概论、中专课程概论和大学课程概论)、课程发展史、比较课程论和课程原理四大子学科；课程工程理论子学科群包括课程设计论、课程实施论、课程评价论与课程管理理论(也分为幼儿园、中小学、中专、大学四个层次)；课程应用理论子学科群分为课程开发、课程介绍及课程标准解读等类别，这些子学科都具有应用性。②

还有学者认为，课程论从课程要素研究中分化出了课程目标论、课程内容论、课程实施论、课程评价论等；从课程论研究学段的角度进行分化，逐渐形成了学前课程论、小学课程论、中学课程论、大学课程论等；从课程论研究的学科领域进行分化，逐渐形成了语文课程论、数学课程论、外语课程论等。整合后的课程与教学论经

---

① 张传燧：《当代课程与教学论学科发展的理论基础审思》，载《湖南师范大学教育科学学报》，2012(2)。

② 廖哲勋：《论课程论学科建设的规律性》，载《课程·教材·教法》，2007(3)。

过发展，也形成了多样化的学科群。①

从以上观点可以看出，虽然关于课程论学科群层次的划分，学界仍存在不一致的观点，但课程论已然分化为一个学科群确实是不争的事实。分化了的课程论各自有着更专精也更具体深入的研究方向，如课程社会学、课程文化学、课程政治学、课程评价论、教材论、课程设计理论等。这些分支学科从不同角度、不同层面深化了人们对课程及课程实践的理解。课程论不再是基本原理意义上的课程论，而是有着更丰富的内容与方法。正是在这个意义上，要承认课程论可以有更广阔的研究内容、更多样的研究范式。当然，更要明确：课程设计、课程内容选择、课程实施等一般课程论依然是课程论的核心，但要与其他分支学科加强交流与互动，使之更具开放性和理解性。

也有学者对课程论学科外延的扩大表示担心。李群认为，我们支持研究内容的创新和个性的体现，但是不能把课程与教学论的学科外延无限扩张，甚至等同于教育学，使其承载过于宽泛的内容负荷。如学生成长、教师发展等问题虽与课程、教学有一定关系，但没有必要作为课程与教学论的内容详细阐述，否则会出现"眉毛胡子一把抓"，难以凸显课程与教学论的学科特色。② 吴吉东也认为，课程与教学论的理论基础拓宽，应促进其学科地位的不断成熟和独立，绝不应造成其学科地位的动摇甚至丧失。③ 换言之，课程与教学论的理论基础拓宽应当保持相对开放的边界，该领域的理论工作者需防止其理论基础无限扩大，而混淆课程与教学论同其他学科理论的界限，出现各学科彼此之间过度重叠、交叉的现象。

① 王鉴、李泽林：《探寻课程与教学论研究的"知识地图"》，载《教育研究》，2019(1)。
② 李群：《课程与教学论学科体系建构的思考》，载《山东师范大学学报(人文社会科学版)》，2011(4)。
③ 吴吉东：《课程与教学论学科研究范式综述》，载《课程教学研究》，2015(12)。

（四）课程与教学论研究范式的转变

目前学界在课程与教学论研究范式问题上仍然没有统一的认识，甚至认为课程与教学论没有自己的研究范式，而是借用教育学的研究范式。例如，有学者在总结课程论研究范式时引用了教育学研究范式的论述，这促使人们意识到要积极探索适合课程论本身的专门的学科研究范式。[①]

国内已有研究对教育研究方法的分类主要有两种：一是把教育研究方法分为哲学思辨式研究和量化研究，有的称为科学主义研究范式或实证研究、质性研究，有的称为定性研究或解释性研究；二是把教育研究方法分为科学主义范式和人文主义范式，人文主义范式中包含了哲学思辨式研究和质性研究。[②]安富海、王鉴认为，我国课程论研究者和教学论研究者都习惯采用思辨的研究方法，以建立普适性的、能解决一切场域中发生的教学问题与课程问题的宏大体系为宗旨，这种研究方法只能揭示静态的、线性的课程问题与教学问题，不能解决不断变化发展的课程与教学实践问题。[③]事实上，这两种体系的教学论是相互并存的，同时也是相互促进的。没有了归纳层面的教学论，演绎就会陷入思维的智力游戏而言之无物；没有了演绎层面的教学论，归纳就只能停留在经验水平而难以具有普适性和规律性。归纳和演绎的有机结合应该是课程与教学论学科研究的未来趋势。课程与教学论学科的融合，同时也是它们与其他人文社会科学以及自然科学研究成果和范式融合的过程，这样，课程与教学论学科的理论与实践、政策与实践的包容性将逐渐增强。

---

① 靳玉乐、罗生全：《课程论研究三十年：成就、问题与展望》，载《课程·教材·教法》，2009(1)。

② 马勇军：《我们该怎样做研究——对课程与教学论主流研究范式的反思》，载《课程·教材·教法》，2011(7)。

③ 安富海、王鉴：《近年来我国课程与教学论研究的回顾与展望》，载《教育研究》，2016(2)。

二、教学论学科发展建设

21 世纪以来，我国教学论研究进入繁荣时期，主要表现为教学论研究主题紧随时代发展需求，教学论学科性质越辩越明，教学论研究方法符合现代化要求，并且通过教学论学科与其他学科的交叉，产生了许多围绕教学论学科的学科群。

（一）教学论研究主题的时代变迁

1. 研究主题与社会时代密切相关

教学理论研究承续性主题较多，一些常规研究领域如教学方法、课堂研究、学习理论与方式、外国教学理论、教学模式、教学改革与实验、教学论学科建设等在改革开放 40 年中得到了不同程度的延续。新生的研究主题不断涌现，如探究教学、素质教育与教学受到普遍重视，教学与生活、教学文化、多元智能理论与教学等也得到关注，研究主题日益呈现多元化，研究程度逐步加深。教学论研究主题呈现出关注社会重大问题和热点问题的特点。例如，20 世纪 80 年代兴起的"三论"（信息论、控制论、系统论）为研究教学问题提供了重要理论视角，"教学论与'三论'"主题成为研究热点，但 90 年代以后就淡出人们的研究视野。20 世纪 90 年代中后期，与素质教育相关的教学理论文章数量迅速增加，2001 年之后随着素质教育的降温，该主题文章数量急剧减少；与此同时，与新课程改革相关的文章却层出不穷，关于研究性学习、合作学习、自主学习、探究教学、对话教学的文章大量增加。[①] 教学论研究问题密切跟随时代热点，反映了教学论学科对教学实践的关怀，也映射了大部分教学论研究还在跟随着教育政策、现实需求的变化而不断调整。

---

① 苏丹兰：《我国教学理论研究主题的变迁：特点、问题与前瞻——基于 1981—2012 年〈课程·教材·教法〉实证研究》，载《课程·教材·教法》，2013(3)。

2. 教学理论研究与教学实践互动频繁

20 世纪 90 年代中后期，教学理论研究的重心转向了教学实践，产生了强烈的"问题意识"，在"关注现实"的驱动下，全国范围内开展的大面积、多层次、类型各异的教学实验研究受到重视，教学实践日益得到重视，教学理论与教学实践也开始由"两张皮"走向二者的共生。我国教学理论研究从宏观、抽象向微观、具体方向发展，并呈现出关注教学实践、注重研究成果的应用性等特征。随着"问题取向"的凸显，教学理论研究呈现微观化和研究问题具体化的趋势，在强化服务教学实践的同时，也推动了我国教学理论研究的进一步深化。① 理论与实践的互动，是教学论学科实践品性的表现，由脱节到紧密结合，反映出教学论学科发展的一种趋势。

3. 教学理论学科发展问题受到关注

几十年来，我国教学论学科建设取得了巨大的历史性成就，表现在：引介了众多国外教学理论流派的理念，开展了大量教学改革实验，产生了众多的本土教学理论流派，构建了具有中国特色的现代教学论体系。教学论的理论基础、学科对象、学科属性、现状反思、发展趋势等，受到研究者的关注。与此相应，教学论学科基础不断拓展，从哲学、美学、心理学、经济学、未来学、生态学、模糊数学等不同角度为教学论提供了全新的思维方法与研究基础。教学理论呈现多元化，引入活动理论，拓展认识论，关注过程哲学，实践教学论、主体教学论、建构主义教学论、走向生活世界的教学论等相继涌现。教学理论逐步改变宏大叙事风格及追求普适性问题的研究，转而关注教学日常生活中的差异、动态、生成的个性化问题研究。

---

① 苏丹兰：《我国教学理论研究主题的变迁：特点、问题与前瞻——基于 1981—2012 年〈课程·教材·教法〉实证研究》，载《课程·教材·教法》，2013(3)。

近些年来，随着关键时间节点的出现，课程与教学论研究者会在一些时间节点到来之时对学科发展进行回顾、反思与展望。在改革开放每十年的节点，学者们对学科发展进行了总结反思。比较典型的研究有：董远骞的《一条曲折的路——教学论发展的四十年》，李秉德的《对于教学论的回顾与前瞻》，张敷荣、张武升的《建国以来课程理论与实践的回顾与展望》。在 20 世纪 90 年代末新旧世纪之交，关于学科发展的研究有：裴娣娜的《我国教学论学科建设与发展》，李秉德、王鉴的《时代的呼唤与教学论的重建》，徐继存的《我国教学论建设的进展与问题》，蔡宝来的《我国教学论研究的进展和前瞻》，靳玉乐、师雪琴的《课程论学科发展的方向》，张廷凯的《我国课程论研究的历史回顾：1922—1997》，李秉德、李定仁的《教学论学科建设问题的回顾与展望笔谈》等，还有众多围绕 21 世纪课程与教学论学科发展的展望研究。2008 年，恰逢改革开放 30 年，课程与教学论学科也迎来回顾与反思的高潮，这个时期相关研究比较多，在此不一一列举。就在当下，2018 年恰逢改革开放 40 年，2019 年是中华人民共和国成立 70 周年，课程与教学论学科发展的回顾与展望类研究也成为相关研究人员的重要关注点。

(二)教学论学科性质的争鸣

学科性质是学科定位的关键。学科性质是在学科的基础上对其本质特征和基本形态的界定。经过多年的学科发展，通过不少学者的反复研究与争论，教学论的学科性质可以归纳为几种代表性观点：教学论为理论学科，教学论为应用学科，教学论为理论外推型学科，或者简单将其定位为复杂学科。还有学者按照教学论研究对象的特征规定教学论的学科性质。例如，有学者认为，教学论主要研究教学客观规律，教学论的学科性质应该定位于教学事实、教学价值，抑或教学事实与价值的统一。[1] 还有学者认为，教学论的学科性质

---

[1] 李森、潘光文：《教学论研究的事实与价值之思》，载《西南大学学报(社会科学版)》，2008(6)。

主要表现为理论性、整体性、综合性、动态性、实践性等特征。[①]
教学论的学科性质是学科定位的基础，也是研究范式选择的前提。
性质的不确定，导致许多学者对研究范式难以把握，进而导致研究
"失范"。

（三）教学论研究方法论的时代特征

1. 教学论研究方法论的哲学基础进一步拓展

近年来，基于对教育研究中"哲学化"倾向的分析批判，马克思
主义哲学观作为现代教学研究的方法论基础，从过去的"唯一"成为
"之一"的同时，教学论研究者似乎更关注西方哲学的诸多理论。马
克思主义哲学作为科学的世界观和方法论，在教育科学研究中是作
为最一般的理论工具而发挥着方法论指导作用的。教学研究必须坚
持唯物辩证法和历史唯物论，因此，对马克思主义方法论的指导意
义，人们基本是认同的。正如有学者指出的："我们面对现代化教学
理论和实践发展复杂多变的局面，要想整体地把握、全面地研究它
们，驾驭它们，没有这样一个概括程度高、包容性大的理论基础是
不行的。"[②]问题是如何真正应用马克思主义方法论指导现代教学研
究，这本身就有一个方法论的问题。

研究者将现代教学的发展置于现代社会、现代经济结构变革、
现代文化发展大背景下，以人的发展为主题，借鉴哲学、社会学、
心理学、文化学、语言学等研究成果，采用多种不同的研究方法，
从不同视角，按不同研究规范，对现代教学论发展的重点问题进行
综合考察，体现了现代教育研究的多元化。正是研究方法的不断丰

---

①　李定仁、徐继存：《教学论研究二十年(1979—1999 年)》，22～29 页，北京，人
民教育出版社，2001。

②　王策三：《教学论十年》，载《教育研究》，1988(11)。

富，为现代教学论发展提供了重要基础。①

2. 重视元教学论的研究

20 世纪 80 年代以来，我国教育界一度兴起了元研究热，对教学研究也产生了很大影响。按照对元研究的理解，人们一般把以教学理论的反思为研究对象的教学论称为元教学论。② 对元教学论的思考与研究，使教学论的研究重心和基本思路发生了一定转变。关注元教学论研究，元研究视野突破了长期以来的过程、内容、原则、方法、形式和评价的基本理论体系，从元理论和元方法的深层次上建构新的理论格局。在这样的理论格局下，人们对教学认识的基本范畴和原理进行了新的探索，抓住教育改革实践中的新问题，研究深入到元理论、元方法层次，因而拓宽了理论视野，发掘了学科发展新的生长点。

(四)教学论学科群

教学论经过高度的分化与综合，形成了五彩缤纷的教学论学科群。在当代新科学技术革命强大潮流的影响下，各门学科高度综合又高度分化。学科之间彼此交叉、相互渗透，不仅导致专业研究的深化，而且导致各种交叉学科、边缘学科不断涌现。与现代科学发展的总趋势一样，经过高度的分化与综合，我国现代教学论正在由一门学科发展成一个庞大的、数量可观的学科群。③ 随着科学认识的不断深化和技术应用的不断扩大，学科划分越来越细，专业分支越来越多，教学论的发展概莫能外。它的分化主要表现为：在教学基本理论研究方面开辟了教学目的论、教学价值论、教学原则论、

① 裴娣娜：《基于原创的超越：我国教学研究方法论的现代构建》，载《教育研究》，2004(10)。
② 刘清华、靳玉乐：《教学研究方法论的回顾与前瞻》，载《课程·教材·教法》，2001(7)。
③ 肖正德、卢尚建：《改革开放 30 年我国教学论学科建设的成就和经验》，载《课程·教材·教法》，2009(10)。

教学方法论、教学模式论、教学评价论、教学艺术论、教学设计论等新的研究领域；在应用研究方面出现了学前教学论、小学教学论、中学教学论、大学教学论等学段教学论，以及语文教学论、数学教学论、外语教学论、物理教学论、化学教学论等学科教学论，甚至一些以前无人问津的学科也有人研究，如吴也显的《小学游戏教学论》。在学科不断分化的同时，教学论与其他学科的相互联系、相互渗透也日益加强。在分化的基础上，教学论学科也不断融合，具体表现在以下两个方面：一是教学论与哲学、系统科学的综合，产生了教学哲学、教学认识论、教学实践论、教学知识论、教学系统论、教学信息论、教学控制论；二是教学论与相关横向学科的综合、交叉和渗透，分化出了教学社会学、教学心理学、教学伦理学、教学管理学、教学美学、教学创造学、教学环境学、教学病理学等边缘学科和交叉学科。这不仅在量上扩充了教学论的内容与结构，而且使教学论在质上得到新的提高，也使教学论通过对相关学科有关理论、学说成就的吸收、借鉴，拓宽和充实了教学论赖以建立的理论基础。

三、课程与教学论学科本土化

(一)课程与教学论本土化问题受到重视

关于课程与教学论本土化问题的探讨从改革开放初就已经开始，不过一直存在于一些学者的论著或"藏匿"在教育理论本土化研究中。2000年以后，随着新课程改革的推进，西方课程与教学理论在教学实践中暴露出诸多问题，加上人们的改革情感逐渐趋于理性，课程与教学论本土化问题开始受到学界的高度重视。[①] 当前课程与教学论学科发展中出现的问题大致可以归为理论和实践两类。杨启亮认

---

① 张天明：《1980年以来我国教学理论本土化研究：回顾、问题与展望》，载《课程·教材·教法》，2014(1)。

为，这些问题是某些课程与教学理论及理论研究的误区和改革实践的误区。① 张传燧和石雷认为，本土化是课程与教学理论的内在需要和课程与教学改革的客观需要。内在需要是指国外课程与教学理论不能适用于我国基础教育课程教学改革，需要符合我国文化传统和基础教育实际的、能够指导课程与教学实践的理论即本土化的课程与教学理论。客观需要是指我国现代的课程与教学论无论是结构体系、概念范畴还是理论观点大都是对国外课程与教学论的借鉴、移植，甚至"生搬硬套"，缺乏本土特色。② 但也有学者对以上观点提出疑问，认为当前对课程与教学本土化的认识出现偏差，主要表现为以下三种倾向：技术化倾向，即从字面语义上来理解课程与教学的本土化，将本土化视为构建本土课程与教学话语体系；非逻辑化倾向，即对课程与教学本土化的认识缺少逻辑论证，犯有自相矛盾的逻辑错误；非学理化倾向，即将本土化的研究视角局限于研究本土具体实践问题，忽视了系统的理论建构。③ 由此可见，我国课程与教学论学界非常重视课程与教学论本土化问题的研究。

另外，靳玉乐、罗生全认为，课程理论的本土化是课程理论的研究逻辑。课程理论是对课程理性思考的结果，不是凭空产生的，不能脱离本土文化之根，是本土人就本土的问题，以本土的方式基于本土传统文化而自主创造生产和建构的知识体系。这是一种由内到外的课程理论的本土化。④

(二)课程与教学论本土化的途径

课程与教学论实现本土化，主要通过四条途径。

一是翻译国外课程与教学论著作，这在 20 世纪初期和 20 世纪

---

① 杨启亮：《守护家园：课程与教学变革的本土化》，载《教育研究》，2007(9)。
② 张传燧、石雷：《论课程与教学论的本土化》，载《教育研究》，2012(3)。
③ 冯加渔：《课程与教学本土化的辨识与澄明》，载《中国教育学刊》，2013 (11)。
④ 靳玉乐、罗生全：《课程理论的文化自觉》，载《教育研究》，2008 (6)。

80年代以来表现得十分突出。从杨秦对2000—2007年在我国教育学研究中最有影响力的91本国外学术著作的分析来看，和课程与教学论相关的图书有15本，占总数的16.4%。① 有学者通过对1979—2009年刊发在国内各类期刊中涉及国外教学理论内容的582篇论文加以归纳和梳理，发现曾于20世纪初、20年代、50年代作为热点问题的国外教学理论研究历经20世纪80年代、90年代较为平缓的发展之后，在21世纪初呈陡增式发展，这表明2001年《基础教育课程改革纲要(试行)》所倡导的教学观念与学习方式在超出原有教学论解释框架背景下再度"西学"的强劲趋势。② 这些国外课程与教学论著作的引进，对中国课程与教学论的影响不容忽视。它突破了本土(或原有)课程与教学论的框架体系，为我国近现代课程与教学论的研究及其发展开辟了一条新的道路，提供了一种新的范式。③

二是国内学者自己编写课程与教学论著作。周仕德对我国1999—2012年的27本概论性教材类课程与教学论著作的实证分析发现，我国课程与教学论整合的本土化表现出重体系构建、轻问题研究和研究方法上重定性研究、轻定量研究的特点。④

三是通过课程与教学改革实验进行。这既是将外国先进课程与教学论应用于中国课程与教学实践的过程，也是在实践中研究中国课程与教学论问题的过程和通过实践构建现代中国课程与教学论的过程。特别是在21世纪初进行的基础教育课程改革实验，对基础教育阶段课程与教学实践产生了重要影响，是课程与教学论本土化的

---

① 杨秦：《对我国教育学研究最有影响力的国外学术著作——基于CSSCI(2000—2007)的分析》，载《西南民族大学学报(人文社科版)》，2010(3)。
② 宋秋英：《全球化背景下中国教学论本土化问题研究——以教与学的关系范畴为基点》，博士学位论文，首都师范大学，2011。
③ 张传燧、石雷：《论课程与教学论的本土化》，载《教育研究》，2012(3)。
④ 周仕德：《我国课程与教学论整合的本土化研究探微：1999—2012——基于对整合以来著作镜像的文本分析》，载《湖南师范大学教育科学学报》，2014(1)。

源泉和实现课程与教学论本土化建构及创新的关键。[①] 针对基础教育课堂教学的价值、过程、评价等方面的问题，有学者提出了重建课堂教学的价值观、过程观、评价观等观点，在创建"'生命·实践'教育学"的基础上，为中国课程与教学论学科建设提供本土智慧。[②] 有学者全面、深入地解读了我国《基础教育课程改革纲要（试行）》，讨论了三维目标、有效教学、研究性学习、综合实践活动、课堂教学方法等问题，为基础教育改革提供了理论支撑。[③] 越来越多的研究者开始关注基础教育课程与教学的理论与实践问题，涌现出诸如情境教学[④]、生本课堂[⑤]、学本课堂[⑥]、生态课堂[⑦]等一大批具有中国本土经验的理论成果，释放出本土教学理念生成与发展的生命力，也充分调动了实践领域的积极性。例如，洋思中学、杜郎口中学、东庐中学等的创造性实践探索，为新时代中国课程与教学论建设提供了实践经验。[⑧] 有学者从课堂变革的角度提出课程与教学论本土化，认为从聚焦课堂、研究课堂、变革课堂，最终走向基于课堂教

---

① 张传燧、石雷：《论课程与教学论的本土化》，载《教育研究》，2012(3)。

② 相关文献参见叶澜：《让课堂焕发出生命活力——论中小学教学改革的深化》，载《教育研究》，1997(9)；叶澜：《重建课堂教学价值观》，载《教育研究》，2002(5)；叶澜：《重建课堂教学过程观——"新基础教育"课堂教学改革的理论与实践探究之二》，载《教育研究》，2002(10)；叶澜、吴亚萍：《改革课堂教学与课堂教学评价改革——"新基础教育"课堂教学改革的理论与实践探索之三》，载《教育研究》，2003(8)。

③ 相关文献参见钟启泉：《研究性学习："课程文化"的革命》，载《教育研究》，2003(5)；钟启泉：《教学活动理论的考察》，载《教育研究》，2005(5)；钟启泉：《"有效教学"研究的价值》，载《教育研究》，2007(6)；钟启泉：《教学研究的转型及其课题》，载《教育研究》，2008(1)；钟启泉：《"三维目标"论》，载《教育研究》，2011(9)；钟启泉：《学习环境设计：框架与课题》，载《教育研究》，2015(1)；钟启泉：《教学方法：概念的诠释》，载《教育研究》，2017(1)。

④ 李吉林：《学习科学与儿童情境学习——快乐、高效课堂的教学设计》，载《教育研究》，2013(11)。

⑤ 郭思乐：《从仿生到靠生：基础教育改革的根本突破》，载《教育研究》，2009(9)。

⑥ 韩立福：《学本课堂：概念、理念、内涵和特征》，载《教育研究》，2015(10)。

⑦ 岳伟、刘贵华：《走向生态课堂——论课堂的整体性变革》，载《教育研究》，2014(8)。

⑧ 时晓玲、于维涛：《中小学课堂教学模式改革的省思与多元创新——基于洋思、杜郎口、东庐等校课堂教学实践的思考》，载《教育研究》，2013(5)。

学研究的中国特色课程与教学论的构建已成必然，整个构建过程也承载着丰富的中国特征，凝结着厚重的中国经验与中国方案。如何在课程与教学变革中弘扬传统文化、如何在国际视野背景下开展本土行动研究、如何借鉴西方课程与教学理论、如何深化中国特色课程与教学实践等问题，都迫切需要从当下中国基础教育课程与教学的实际出发，走有中国特色、中国精神和中国气派的变革道路。①

　　四是立足本土文化。龚孟伟从继承本土优秀传统角度出发，认为优秀的传统课程理论也必然存在于当代课程本土化之中，只是人们漠然置之，忽视和遗忘了其价值与功用，但它必定在自发地发挥作用。课程理论的本土化继承就是要关注历史，有针对性地选择，从自发继承走向自觉继承。当前，在新课程改革中企图推倒重建、割断传统是不切实际的，其害处是人为撕裂了当代课程理论与传统的有机联系，以今非古，无法真正实现"中华民族的伟大复兴"，因此，应当以当代课程实践为基础，继承传统，古为今用，建构本土化的课程理论体系。② 有学者则认为，从最初移植国外的课程与教学理论到梳理、整合类著作的出版，再到目前新出版的课程与教学论著作，学者们似乎已经意识到学科体系构建的最终使命在于有效指导教育现实问题的解决。对处于基础教育改革大背景下的中国教育来讲，这种认识转变非常重要。尽管出现的问题还不是很严重，但是问题意识已成为中国课程与教学论研究者的取向意识。在此期间，学者们逐渐表现出了对社会现实问题的高度关注。中国课程改革与教育转型中出现的各种问题有着不同于西方的特点，很难用以往的理论框架来解释，更难用西方的知识体系来说明。因此，日益强烈的问题意识揭示了这些问题产生和发展的背后底蕴，对促进有中国特色的课程与教学论发展、形成本土化的课程与教学论无疑具

---

①　王鉴、李泽林：《探寻课程与教学论研究的"知识地图"》，载《教育研究》，2019(1)。
②　龚孟伟：《当代课程理论本土化探析》，载《教育理论与实践》，2010(7)。

有极为重要的意义。①

四、学术争论促进学科发展

俗话说"真理越辩越明"，学术领域中的争论、围绕某一具体问题进行的深入讨论确实能够促进相关领域具体问题的深入。新课程改革掀起了教育学界对具体问题的大争论。例如，围绕知识问题进行的"钟王论战"，围绕教学设计进行的"李何之争"，这两场由知名学者进行的理论对话，推动了课程与教学论学科的发展。

(一)学术观点商榷之"钟王论战"

《教育发展研究》2004 年第 10 期在"焦点对话"栏目刊登了北京师范大学王策三教授和华东师范大学钟启泉教授等人的几篇学术争鸣文章。文章围绕"应试教育"和素质教育、知识和学习、课程和教学以及当前教育教学改革等核心问题进行了争鸣。此次争鸣引起了学界广泛关注。这一争鸣给长期各说各话或一边倒、随大流的学术界带来了一道亮丽的风景，使人们对我国基础教育的发展与改革现状有了初步的了解，也对课程论与教学论的研究内容、研究目标及价值取向有了更加清晰的认识。② 值得一提的是，这场争论是《教育发展研究》专门组织的一次焦点对话，该杂志在未经原作者审阅的情况下，摘录了其原发表于《北京大学教育评论》上的文章，在摘录的文章后面刊载了两篇对此文的质疑文章。

王策三教授针对基础教育领域是否有轻视知识的倾向问题，发表了《认真对待"轻视知识"的教育思潮——再评由"应试教育"向素质教育转轨提法的讨论》一文，认为以素质教育取代"应试教育"是轻视

---

① 王鉴、李泽林：《探寻课程与教学论研究的"知识地图"》，载《教育研究》，2019(1)。
② 李耀宗：《"发霉的奶酪"和"填不饱肚子的维 C"——评关于应试教育与素质教育的一场争论》，载《教育发展研究》，2005(15)。

知识的表现,强调要强化知识。① 此文一出,立刻引起新课程改革支持者们的反对。华东师范大学钟启泉教授、何宝华研究员发表题为《发霉的奶酪——〈认真对待"轻视知识"的教育思潮〉读后感》一文,对此做出反驳,辨析了新课程倡导的理念,重构了现代学校教育的知识观、学习观和课堂文化观。② 此后,王策三教授等人围绕课程改革问题又发表多篇文章,例如,王策三、刘硕的《留下一点反思的历史记录——〈基础教育改革论〉前言》,王策三的《关于课程改革"方向"的争议》,王策三的《对"新课程理念"介入课程改革的基本认识——"穿新鞋走老路"议论引发的思考》,等等。这场争论所涉问题之广、卷入人数之多、持续时间之久、影响之深远,前所未有。③

(二)学术观点商榷之"李何之争"

李秉德先生在《电化教育研究》2000年第10期发表了《"教学设计"与教学论》,认为教育技术学的"教学设计"与教学论是性质上的低层次重复和名词概念间的混乱和歧义,二者讨论的是"同象";不久,何克抗先生在《电化教育研究》2001年第4期上发表《也论教学设计与教学论——与李秉德先生商榷》。双方就"教学设计"与教学论的关系问题展开讨论。此次讨论促使研究者加深了对二者关系的反思,有助于规范教学论学科体系,从而促进教学论学科体系发展。

李秉德先生认为:"本来,在不同学科之间存在'你中有我,我中有你'的现象并不是一件稀罕的事。不过,这种现象的出现有着截然不同的两种类型。一种是正常的乃至必然的……可是还有一种'你中有我,我中有你'的现象却并非如此,它们的性质是低层次的重复

---

① 王策三:《认真对待"轻视知识"的教育思潮——再评由"应试教育"向素质教育转轨提法的讨论》,载《北京大学教育评论》,2004(3)。

② 钟启泉、何宝华:《发霉的奶酪——〈认真对待"轻视知识"的教育思潮〉读后感》,载《全球教育展望》,2004(10)。

③ 郭华:《中国课程改革四十年》,载《湖南师范大学教育科学学报》,2018(6)。

和名词概念间的混同与歧义。本文中所说的'教学设计'与教学论二学科间出现的现象即属于此种类型。这种类型的现象是不健康的。不应该令其长期存在下去。"①李秉德先生基于"教学设计"和教学论的研究对象同一这一前提，提出二者范围虽然相同却是各不相谋的。对此，何克抗先生首先通过逻辑演绎的方法证明李秉德先生得出结论的前提是不成立的，然后通过列举美国教学论和我国教学论的定义，证明教学论的定义与"教学设计"的定义有着本质差别，不能仅因二者有共同的目的且均涉及各个教学环节就将二者混同。②

从教学论学科发展视角出发，李何二人的争论有助于更明确地规范"教学设计"和教学论的定义，避免因定义混乱而产生不是问题的问题，从而为理论研究指明正确的方向，进而提高理论研究的效率。高效的理论研究为教学论学科发展提供了完备的理论支撑，从而有助于教学论学科的发展。

第二节　课程改革与学科发展

近年来，随着课程改革的不断深入，课程与教学论学科逐渐成为显学，主要表现在以下几个方面：国家及社会更加关注学科理论发展，加大资金投入，促进学科发展；大批学者投身于课程与教学论的理论研究与实践之中；课程与教学论的研究热点与课程改革紧密联系，学科研究领域得到拓展等。课程与教学论学科的繁荣发展对课程改革的推进有着极大的促进作用，学科理论指导课程改革发展的方向，协助解决课程改革过程中出现的种种问题，践行学科理论的实践价值。简言之，课程改革和课程与教学论学科之间的关系就

---

① 李秉德：《"教学设计"与教学论》，载《电化教育研究》，2000(10)。
② 何克抗：《也论教学设计与教学论——与李秉德先生商榷》，载《电化教育研究》，2001(4)。

是实践与理论之间的关系，两者应相辅相成，相互促进，共同发展。

一、课程改革促进学科繁荣发展

2001年6月，教育部印发了《基础教育课程改革纲要(试行)》，拉开了新中国成立以来第八次课程改革的帷幕。本次改革的主要特点是自上而下，以国家最高教育行政部门——教育部的行政权力为保障，由多接触国外先进理论的学者专家设计课程改革方案，并以此为蓝本，自上而下，强力推动，引起了大量课程与教学论研究者和一线教师的关注。此次改革以后现代主义、多元智能理论、建构主义为理论武器，从课程改革目标、课程结构、课程标准、教学过程、教材开发与管理、课程评价、课程管理、教师的培养和培训、课程改革的组织与实施九大方面对基础教育进行课程改革。在此后的十几年中，课程与教学论学者围绕新课程改革中的诸多问题，在课程政策、课程理论、课程实践、课程实验及课程研究方面进行了大量的讨论与探索。在这场自上而下的国家课程改革中，课程与教学论学科的实践品格更加凸显，也逐渐成为一门显学。学科理论不断扩展，学科队伍不断壮大，学术问题不断聚焦。可以说，21世纪的前20年，中国的课程与教学论学科就是围绕课程改革而发展、壮大、繁荣的。

2014年颁发的《教育部关于全面深化课程改革 落实立德树人根本任务的意见》，为近几年的课程改革做出了若干顶层设计，推动了课程改革的全面深化。这主要体现在以下三个方面：首先，提出研究制定学生发展核心素养体系和学业质量标准；其次，提出要对课程方案和课程标准进行修订，并且要依据学生发展核心素养体系来完善中小学课程教学有关标准；最后，对道德与法治、语文、历史三科教材进行统编。[1] 随着课程改革的不断深入，课程与教学论

---

[1] 柯政：《从整齐划一到多样选择：改革开放40年中国课程改革之路》，载《全球教育展望》，2018(3)。

研究领域得到拓展，呈现出一片繁荣景象。

（一）学科理论发展

1997 年 3 月，中国教育学会教育学分会批准成立全国课程专业委员会，课程与教学论的学术交流由此进入一个新时期。1997—2019 年召开的全国课程学术年会，大部分议题都与"基础教育课程改革"相关，可见基础教育课程改革的推进为课程与教学论的学术交流提供了研讨空间，在解决实践问题的基础上促进了学科理论的繁荣发展。

《基础教育课程改革纲要（试行）》出台后，2001 年 8 月，华东师范大学出版社就出版了朱慕菊主审、钟启泉等人主编的《为了中华民族的复兴 为了每位学生的发展——〈基础教育课程改革纲要（试行）〉解读》的"绿皮书"。随着"绿皮书"的出版和课程改革的推进，学术界关于课程改革相关内容的讨论更为深入。例如，就基础教育课程改革要不要从国情出发、新课程改革是否适合中国国情形成了两种针锋相对的观点：适应国情论和不问国情论。① "世界各国在课程改革中的创新和进步，我们应当很好地重视并加以认真研究、认真学习……在学习汲取时也还必须结合中国国情，必须充分考虑本国的社会文化背景和学校与教师队伍的发展水平。照搬虽然省力气，但再好的思想、理论和办法，不从中国的实际出发（而）照搬过来，都不会有好结果。"② "有人批评这次课程改革的理念是'理想主义'，不适合中国国情。其实，'不适国情论'不是什么新东西。早在 20 世纪 20 年代，《大公报》针对当时国民党老是在宣传所谓中国的国情，发表社论《贵顺潮流而不贵适国情》抨击道，我们珍贵的是要符合时代的潮流，不是要适合中国的国情。因为国情是人造的，是可以改变的。'国情

---

① 王本陆：《论中国国情与课程改革》，载《北京师范大学学报（社会科学版）》，2006(4)。
② 王策三、孙喜亭、刘硕：《基础教育改革论》，138 页，北京，知识产权出版社，2005。

要适合真理，而不是真理要适合国情'。所以，'不适国情论'的逻辑可以休矣。"①关于"国情论"的讨论，现在看来是对学科发展出发点问题上的分歧。当前，中国的任何改革都是基于中国国情的改革，正在进行的改革都是结合中国具体实际进行的探索，这是形成中国特色理论的基本出发点。教育领域正在进行的改革也不例外，据此，课程与教学论学科就是要对以往的历史、正在发生的现实以及未来发展的方向做出探讨和回应，而出发点无疑就是中国的国情。

　　课程改革主要通过学校教育起作用，学校教育的核心是教学，课堂模式和教学方法都会直接影响课程改革的效果。现代教学论的基础主要包括三个方面：一是现代教学论的学科史基础；二是现代学论的相关学科基础；三是现代教学论的实践基础。② 课程论的根本任务是揭示课程规律和引领实践；课程论的研究对象是课程问题。课程改革过程中，课程问题层出不穷，这表明课程论研究的问题域在不断扩大。正如著名科学哲学家波普尔指出的："科学与知识的增长永远始于问题，终于问题——愈来愈深化的问题，愈来愈能启发大量新问题的问题。"③所以，课程改革为现代课程与教学论的理论发展提供了广阔的问题域，不仅拉近了理论与实践的关系，更促进了课程与教学论理论的繁荣。实践表明，课程论研究从理论基础的探索到课程目标、课程内容、课程实施和课程评价的研究，与实践需求紧密结合，并取得了丰硕的成果。此外，因为实践问题的复杂性，需借鉴吸收其他学科的理论方法，这也推动了课程与教学论学科群的建构发展。

　　随着基础教育改革的推进，结合教育实践，中国形成了不同的

---

① 钟启泉：《中国课程改革：挑战与反思》，载《比较教育研究》，2005(12)。

② 王鉴、姜振军：《论现代教学论的发展基础》，载《西北师大学报(社会科学版)》，2013(6)。

③ 转引自黄甫全：《简析课程论的主要任务、研究对象和基本内容》，载《课程·教材·教法》，1997(12)。

教育流派，其中，"生命·实践"教育学派的理念主张与课程改革的终极追求最为贴切，即追求人的全面发展。"生命·实践"教育学派创建于 2004 年，代表人物是叶澜。正如叶澜在《回归突破："生命·实践"教育学论纲》中所说："我们庆幸，适逢其时；我们清醒，不失其机。"所以该学派的产生并非凭空而出，它是大时代和社会面临大转型时期的产儿。在湖南师范大学 2015 年"麓山论坛"——"当代中国基础教育改革的'生命·实践'研究立场"讲座中，叶澜说："以学促自明，以思促自得，以省促自立，以行促自成。"①可见，"生命·实践"教育学派关注生命个体，注重实践的改革立场。叶澜在《让课堂焕发出生命活力——论中小学教学改革的深化》一文中指出："课堂教学应被看作师生人生中一段重要的生命经历，是他们生命的有意义的构成部分。""课堂教学的目标应全面体现培养目标，促进学生的全面发展，而不是局限于认知方面的发展。"②基于此而形成的理论体系，就是对学科理论的拓展和推进。

（二）学科研究队伍扩大

有学者认为，教学论关注教学实践，包括：教学理论工作者将教学理论带入教学实践；教学实践工作者到教学理论工作者那里"取经"；在区域性的教育实验中，教学理论工作者与教学实践工作者合作；国家宏观教育改革过程中，教学理论工作者与教学实践工作者合作。③ 可见，我们将理论工作者视为学科发展研究的主力，但是也不能忽略随着课程改革而兴起的实践研究者，即一线教师对课程与教学实践的研究，以及提出的新理论或模式对课程与教学论发展

---

① 转引自周敏：《"生命·实践"教育学派的创生与发展》，载《当代教育理论与实践》，2016(6)。

② 叶澜：《让课堂焕发出生命活力——论中小学教学改革的深化》，载《教育研究》，1997(9)。

③ 王鉴、姜振军：《论教学理论介入教学实践的路径与价值》，载《教育理论与实践》，2014(4)。

的贡献。在实践过程中，不少学校鼓励教师针对教学过程中产生的问题进行课题研究，强化教师的教育教学反思，间接深化一线教师关于教育理论的认知。课程改革带来了许多全新的理念，这就要求改革参与者不仅扮演新的角色，还要随着学生学习方式的改变而重新建立自己的教学和管理方式，形成新的教学或管理技能，建立新的工作方式。[①] 教师参与、专家引领、政府及学校组织，使理论经过有目的的实践尝试，在丰富课程与教学理论的同时，也培养了更多的学科参与人员，提升了其水平和能力。

　　在众多实践创新中，以下几个有代表性的基于实践的理论值得进一步总结概括。李吉林老师的情境教学实验把语文教学的科学和艺术结合起来，又把教学改革实践、教学实验和教育理论研究三种活动融为一体，较早地体现了情感教育的力量，也提供了校本研究、教师学习提高与教育质量提高互动的具体形式。[②] 这是情境教学的理论价值。而其对何谓情境教育的回答，则进一步阐明了其作为一个与中国传统文化相结合、外国教育理论与中国学校具体实践相统一的理论的典范。按照李吉林的解释，情境教育是在遵循儿童发展需求的基础上，给学生以"身临其境"的体验，在体验中完成教学任务。情境教育顺应儿童天性，突出"真、美、情、思"四大元素。[③]其中，"真"是让儿童认识一个真实的世界，符号学习与多彩生活链接；"美"在于用美的愉悦唤起情感，在熏陶浸染中促进儿童主动全面发展；"情"则是指通过情感生成儿童学习的内驱力，让情感伴随认知活动；"思"重在提倡想象是创造的萌芽，意境广远，开发儿童潜在智慧。该实验以"儿童—知识—社会"三个维度作为内核，构筑了具有独特优势的课程范式。其理论基础可以追溯到建构主义、脑

---

①　李德林、徐继存：《课程改革三问》，载《教育学报》，2007(3)。
②　王策三：《关于课程改革"方向"的争议》，载《教育学报》，2006(2)。
③　李吉林：《中国式儿童情境学习范式的建构》，载《教育研究》，2017(3)。

科学、学习科学等领域，在借鉴、吸收其他学科理论的基础上结合现实状况创新课堂教学模式，不仅丰富了课程与教学论在实践应用层面的模式，还为理论研究者提供了新的问题思考方式。

清华大学附属小学的窦桂梅老师带领学校教师，提出基于学生核心素养发展的"1＋X课程"的"成志教育"，其思想及实践成果在全国产生了广泛影响，引领了全国基础教育的课程改革。清华大学附属小学创造的"1＋X课程"中，"1"是指优化整合的国家基础性课程，强调回到基础；"X"是指实现个性发展的特色化课程，是在"1"的基础上的补充、延伸与创新。"1"是进行优化整合的原则，是为了发展学生的核心素养；"X"所进行的补充，针对的也是国家课程在发展学生核心素养上的空白点与针对性不足。这样的课程结构留有动态变化的空间，会随着实际情况的变化而不断调整"1"与"X"的比重，相当于工程学中的"裕度"，而这样的"裕度"指向的正是学生需要及其发展变化。① "1＋X课程"在优化国家基础性课程的同时关注学生个性发展，实现学生全面发展的教育追求。这是三级课程管理模式下，学校课程融合国家课程、地方课程及校本课程的典范，也是对课程与教学论学科实践问题的扩展与创新性解决。

"改革先锋"奖章获得者、"基础教育改革的优秀教师代表"于漪老师主张教文育人，其教学风格具有思想性、重学性、情趣性、智能性、文学性和整体性。"育人不是泛泛而谈，而是应放在特定的历史条件和社会环境中认识，有针对性，有时代的特征。教在今天，想到明天，以明日建设者所需要的素质与能力，促进今日语文教学的实践和语文教学改革的深入。"② 她将教书育人与时代需求相结合，这与朱小蔓老师提倡的"情感—交往"型课堂有着异曲同工之妙。她

---

① 窦桂梅、胡兰：《基于学生核心素养发展的"1＋X课程"建构与实施》，载《课程·教材·教法》，2015(1)。

② 武玉鹏：《于漪语文教育思想述要》，载《烟台师范学院学报(哲社版)》，1999(2)。

们都倡导关注学生的成长，使其成人，即以个体的生命活动规律及其呈现出来的情绪、情感状态为生理依据，以教育的方式将与人的发展密切相关并且对人的发展具有重要影响的情绪、情感进行正向、积极的引导，并使其生长出新的情感品质。① 教学的具体工作与个体生命相碰撞，升华出的人类的情感就是教学的最高价值。如若这由具体的人通过亲自的教学实践来实现，就必然与学科发展联系起来。而上面提及的李吉林、窦桂梅、于漪无疑就是做出贡献的代表。她们通过具体的学科教学工作，在培养学生、培养教师、培育学科方面都做出了贡献。

(三)学科研究问题聚焦

当代课程与教学论研究的问题聚焦于：①人的问题，即课程教学的属性问题、课程教学活动的产生与课程教学活动中的学生和教师问题，以及课程教学与人的发展关系问题，这是课程与教学论要关注的永恒课题。②知识的问题，即课程教学与知识的关系问题。③技术的问题，即技术进步对课程教学的挑战和推动问题。④社会的问题，即课程教学与社会的关系问题。⑤文化的问题，即课程教学与文化的关系问题。② 正如马志颖在《21 世纪以来我国课程与教学论专业博士学位论文选题论析》中指出的，课程与教学论专业博士学位论文选题呈现出以下特点：①研究领域集中于基础教育阶段；②研究方向以"课程"方面的选题为主；③研究学科以传统"主课"为主；④研究层次主要围绕学校层面的课程展开；⑤研究要素以"教师"和"学生"为主。③ 基础教育课程改革是课程与教学论加强理论与

---

① 朱小蔓、王平：《情感教育视阈下的"情感—交往"型课堂：一种着眼于全局的新人文主义探索》，载《全球教育展望》，2017(1)。

② 张传燧：《当代课程与教学论学科发展的理论基础审思》，载《湖南师范大学教育科学学报》，2012(2)。

③ 马志颖：《21 世纪以来我国课程与教学论专业博士学位论文选题论析》，载《教育探索》，2011(9)。

实践间联系的契机，"钟王论战"的核心是"知识"，课程改革的目标是实现人的全面发展，目前课程与教学论问题研究聚焦于"人"。

将"人"置于学校，其所指就是教师和学生，具体包括关于教师的有效教学行为的研究，关于学生的深度学习、学习方式研究等。深度学习倡导问题探究，注重对知识的批判性建构和对知识的迁移运用。课堂环境中学生有效学习行为的发生在很大程度上是以教师的有效教学行为为前提的。[①] 判断教师的教学行为是否有效，可以从以下四个方面入手：是否具有体现稳定操作规范与教师个体艺术行为统一的行为，是否具有体现外部价值判断与教师自我判断统一的行为，是否具有体现教学效率与效益有机统一的行为，是否具有促进学生课堂有效学习的条件。[②] 要确立学习者中心的教学价值信念，塑造学习共同体中心的教师文化，建构基于学习过程的教学评价体系。[③]

随着信息技术的发展及教学模式的转变，学生学习方式的变革也是课程与教学论研究的重要内容。对学生学习方式研究的深入有助于及时调整课程改革内容，使其与学生发展需求更贴切。2001 年颁布的《基础教育课程改革纲要（试行）》明确提出了当前学习方式转变的目标：改变课程实施过于强调接受学习、死记硬背、机械训练的现状，倡导学生主动参与、乐于探究、勤于动手，培养学生搜集和处理信息的能力、获取新知识的能力、分析和解决问题的能力以及交流与合作的能力。[④] 何谓学习方式？学习方式泛指学习者在各

---

① 陈晓端、马建华：《有效教学行为：促进学生课堂有效学习的条件》，载《现代中小学教育》，2011(6)。

② 陈晓端、马建华：《有效教学行为的四大表征》，载《教育研究与评论（中学教育教学）》，2016(6)。

③ 罗生全：《实现有效教学行为的策略》，载《教育研究与评论（中学教育教学）》，2016(6)。

④ 张亚星：《自主·合作·探究：学生学习方式的转变》，载《华东师范大学学报（教育科学版）》，2018(1)。

种学习情境中所采取的具有不同动机取向、心智加工水平和学习效果的学习方法和形式。[①] 学生学习方式的转变直接影响课程改革实施的效果，决定了课程改革的目标能否达成。学生个体、教师、学校文化、评价方式、学习内容、教学资源，以及年级、班额、区域等，是影响学生学习方式转变的两类因素，这两类因素部分相互重合，且能相互验证。[②]

(四)学科研究成果颇丰

在"读秀"学术搜索网站通过"课程改革""图书""教育"等词检索，共出现21 090册图书，其中，2001年至2019年4月，有相关图书18 469册，约占总数的87.57%。由此可见，随着课程改革的不断推进，关于课程改革的研究著述也相应增多。在各界共同关注课程改革的背景下，围绕课程与教学论的著述大量涌现。在此，重点介绍几套21世纪以来和课程与教学论学科发展相关的图书。

1."世界课程与教学新理论文库"

钟启泉、张华主编的"世界课程与教学新理论文库"由教育科学出版社出版。该文库选取20世纪70年代以来，特别是90年代以来世界课程与教学理论名著加以移译，以为东西方课程与教学理论的对话提供一个"平台"，对于21世纪我国课程与教学论学科影响非常大。文库所含图书信息详见表5.2。

表5.2　"世界课程与教学新理论文库"所含图书信息

书名	作者(译者)	出版时间/年
《全球化与后现代教育学》	［加］大卫·杰弗里·史密斯(郭洋生)	2000

---

① 庞维国：《论学习方式》，载《课程·教材·教法》，2010(5)。
② 李本友、李红恩、余宏亮：《学生学习方式转变的影响因素、途径与发展趋势》，载《教育研究》，2012(2)。

续表

书名	作者（译者）	出版时间/年
《后现代课程观》	［美］小威廉姆·E. 多尔（王红宇）	2000
《比较课程论》	［英］霍尔姆斯、麦克莱恩（张文军）	2001
《教学机智——教育智慧的意蕴》	［加］马克斯·范梅南（李树英）	2001
《理解课程》上、下册	［美］威廉·F. 派纳等（张华等）	2003
《学会关心——教育的另一种模式》	［美］内尔·诺丁斯（于天龙）	2003
《生活体验研究——人文科学视野中的教育学》	［加］马克斯·范梅南（宋广文等）	2003
《课程与教师》	［日］佐藤学（钟启泉）	2003
《学习的快乐——走向对话》	［日］佐藤学（钟启泉）	2004
《教学论基础》	［德］F. W. 克罗恩（李其龙等）	2005
《初任教师手册》	［澳］科林·马什（吴刚平等）	2005
《课程理论及其实践范例》	［美］亚瑟·K. 埃利斯（张文军）	2005
《现代日本教育课程改革》	［日］水原克敏（方明生）	2005
《学校课程史》	［美］丹尼尔·坦纳、劳雷尔·坦纳（崔允漷等）	2006
《社会科的使命与魅力——日本社会科教育文选》	［日］市川博（沈晓敏）	2006
《重构语文世界——后殖民教学实践》	［加］英格丽德·约翰斯顿（郭洋生等）	2007
《自传、政治与性别：1972—1992 课程理论论文集》	［美］威廉·F. 派纳（陈雨亭、王红宇）	2007
《打破沉默之声——女性、自传与课程》	［美］珍妮特·米勒（王红宇等）	2008
《课程：走向新的身份》	［美］威廉·F. 派纳（陈时见、潘康明等）	2008

续表

书名	作者(译者)	出版时间/年
《教育想象——学校课程设计与评价》	[美]埃利奥特·W. 艾斯纳(李雁冰)	2008
《质疑公民教育的准则》	[加]乔治·H. 理查森、大卫·W. 布莱兹(郭洋生等)	2009
《〈塔木德〉、课程和实践:约瑟夫·施瓦布和拉比》	[美]艾伦·A. 布洛克(徐玉珍等)	2010
《贫困生的有效学习——认知神经科学的前沿观点》	[美]海伦·阿巴兹(周加仙等)	2012

2."现代课程与教学研究新视野文库"

裴娣娜任总主编的"现代课程与教学研究新视野文库"由教育科学出版社出版。该文库依托课程与教学改革的理论与实践,整合我国高校课程与教学论学科队伍各研究方向的优势,对我国基础教育乃至高等教育课程与教学改革中的重大现实问题进行了理性思考与实践探索,并以国际视野把握世界课程与教学发展的新动向。文库拟通过对21世纪我国基础教育课程与教学改革发展基本规律的探索,促进我国课程与教学论学科建设,并为国家基础教育、高等教育课程与教学改革提供理论依据与政策建议。该文库主要出版中青年学者的博士学位论文,为他们提供一个发展和展示自我的平台。文库所含图书信息详见表5.3。

表5.3　"现代课程与教学研究新视野文库"所含图书信息

书名	作者	出版时间/年
《课程知识与个体精神自由——课程知识问题的哲学审思》	郭晓明	2005
《课程改革的文化研究》	胡定荣	2005
《探究式学习——学生知识的自主建构》	任长松	2005

续表

书名	作者	出版时间/年
《追寻教学道德——当代中国教学道德价值问题研究》	周建平	2006
《走向生活世界的课堂教学》	王攀峰	2007
《学习共同体——文化生态学习环境的理想架构》	郑葳	2007
《国家课程设计过程研究——以我国基础教育"新课程"设计为个案》	吕立杰	2008
《课堂教学有效性标准研究》	孙亚玲	2008
《知识·权力·课程——政策视野中的课程研究》	蒋建华	2010
《个体知识与公共知识——课程变革的知识基础研究》	余文森	2010
《控制与自主——课堂场域中的权力逻辑》	李松林	2010

3."当代教师进修丛书"

钟启泉主编的"当代教师进修丛书"由上海教育出版社出版。丛书以教学与课程科学研究为重心，凸显教学与课程理论在教育科学体系中的重要地位，极力体现当代教育科学发展的最新研究成果。国际教育界对教学与课程的研究已经从学科的建构走向教学与课程理论的深化研究，如经验课程研究、综合课程研究、现代教学设计研究及个性化教学研究等，体现了教学与课程研究深化的特点。该丛书弥补了我国教学与课程理论研究的不足。丛书所含图书信息详见表 5.4。

表 5.4 "当代教师进修丛书"所含图书信息

书名	作者	出版时间/年
《信息素养论》	王吉庆	1999
《现代教师论》	陈永明	1999
《现代教育管理论》	黄志成、程晋宽	1999

续表

书名	作者	出版时间/年
《校本课程论》	王斌华	2000
《经验课程论》	张华	2000
《课程与教学论》	张华	2000
《班级管理论》	钟启泉	2001
《教育管理理论(第2版)》	黄志成、程晋宽	2001
《STS教育论》	孙可平	2001
《个性化教学论》	邓志伟	2002
《综合课程论》	有宝华	2002
《教学模式论》	高文	2002
《课程评价论》	李雁冰	2002

4."当代课程与教学研究书系"

"当代课程与教学研究书系"由靳玉乐任总主编,是国家"211工程"三期建设项目"基础教育课程改革深化与教学创新研究"的成果,由人民教育出版社出版。它着眼于当代世界课程与教学改革的趋势,结合课程与教学研究的特色,对我国正在进行的基础教育课程改革与教学创新的实践进行深入的理论探讨和实证研究,期望能够总结提炼出一些有价值的思想或观点,为我国课程与教学改革的实践服务,并推进课程与教学理论的发展。该丛书所含图书信息详见表5.5。

表5.5　"当代课程与教学研究书系"所含图书信息

书名	作者	出版时间/年
《课程教学模式论:中学教育与农村建设》	朱德全、宋乃庆	2011
《学校课程领导论:理论研究与实践探索》	靳玉乐	2011

书名	作者	出版时间/年
《教学研究范式论：内涵与变革》	刘义兵、段俊霞	2011
《教师教育课程论：历史透视与国际比较》	陈时见	2011
《课程改革论：比较与借鉴》	徐辉	2011
《德育课程论：理念与文化》	易连云	2011
《校本课程论：发展与创新》	范蔚、李宝庆	2011
《课堂生态论：和谐与创造》	李森、王牧华、张家军	2011

5."新课程改革研究丛书"

"新课程改革研究丛书"由魏国栋、吕达任主编，由人民教育出版社出版，就新课程改革的一些热点、重点和难点问题进行了深入研究和探讨，涉及新课程改革的理念、内容、结构、实施、评价、管理等各个主要方面。丛书所含图书信息详见表 5.6。

表 5.6 "新课程改革研究丛书"所含图书信息

书名	作者	出版时间/年
《新课程设计的变革》	张廷凯	2003
《新课程与课堂教学改革》	张天宝	2003
《新课程中的教师角色与教师培训》	黄甫全	2003
《综合实践活动课程开发》	李臣之	2003
《校本课程开发的理论与案例》	徐玉珍	2003
《新课程学习方式的变革》	任长松	2003
《新课程改革的理念与创新》	靳玉乐	2003
《新课程评价的理念与方法》	丁朝蓬	2003

6."课程改革论丛"

为了推进新一轮基础教育课程改革的健康发展，帮助广大教育行政部门领导干部、教研员和科研人员、中小学校长和教师贯彻落实《基础教育课程改革纲要(试行)》的基本精神,课程教材研究所、中国教育学会教育学分会课程专业委员会组织国内长期从事课程与教学研究的一些中青年学者撰写了"课程改革论丛"。该丛书围绕课程改革的重大问题,由人民教育出版社按专题分门别类地编辑出版。丛书所含图书信息详见表5.7。

表5.7 "课程改革论丛"所含图书信息

书名	作者	出版时间/年
《综合课程论》	课程教材研究所	2003
《课程改革整体论》	课程教材研究所	2003
《课程改革借鉴篇》	课程教材研究所	2003
《教材制度沿革篇》上、下册	课程教材研究所	2003
《活动课程论》	课程教材研究所	2003

7. "当代中小学课堂研究丛书"

"当代中小学课堂研究丛书"由陈时见任主编,广西师范大学出版社出版。课堂重心越来越从教师转向学生,从注重教师的教转向注重学生的学,如何更有效地促进学生的课堂学习和健全发展是该丛书的基本出发点。该丛书立足对现有课堂的观察与反思,旨在为建构新型课堂提供一种指引。该丛书所含图书信息详见表5.8。

表5.8 "当代中小学课堂研究丛书"所含图书信息

书名	作者	出版时间/年
《课堂秩序论》	李德显	2000
《课堂学习论》	陈时见	2001
《课堂模式论》	查有梁	2001
《课堂评价论》	刘志军	2002
《课堂管理论》	陈时见	2002

8."基础教育课程教材改革理论丛书"

"基础教育课程教材改革理论丛书"由阎立钦主编，是由原中央教育科学研究所、东北师范大学、教育部基础教育司共同承担的国家级重点课题"面向 21 世纪中国基础教育课程教材改革"的研究成果之一，由教育科学出版社出版。参加此项研究的学者认为，由于课程理论不完备，导致当前中小学课程教材改革存在某些误区，因此，要加强对课程教材基础理论的研究，要在理论上整体把握我国半个世纪以来基础教育课程教材改革，特别是该课题的实验研究成果，使实验经验上升为理论，努力建设具有中国特色的基础教育课程教材理论体系。该丛书所含图书信息详见表 5.9。

表 5.9 "基础教育课程教材改革理论丛书"所含图书信息

书名	作者	出版时间/年
《课程论问题》	丛立新	2000
《课程研制方法论》	郝德永	2000
《当代综合课程的新范式：综合性学习的理论和实践》	熊梅	2001

9."当代中小学课程研究丛书"

"当代中小学课程研究丛书"由钟启泉主编，山东教育出版社出版。该丛书具有以下特点：努力把握世界课程思潮的脉搏，为我国的课程理论建设积累有益的参照系和翔实的思想资料；同我国的中小学课程改革实践紧密结合，使课程模式的研究具有针对性、前瞻性；从课程流派与课程开发模式的比较中，提示可供我国借鉴的基本思路和具体策略，为我国中小学课程改革展示广阔的世界视野。该丛书所含图书信息详见表 5.10。

表5.10　"当代中小学课程研究丛书"所含图书信息

书名	作者	出版时间/年
《课程设计基础》	钟启泉、李雁冰	1998
《课程流派研究》	张华、石伟平、马庆发	2000
《国外中小学课程演进》	汪霞	2000
《现代教学的模式化研究》	高文	2000

二、学科发展促使课程改革深化

课程改革的推进离不开理论层面的引导，只有理论层面反复论证才能确保课程改革实践的顺利进行。正如洛克在《教育漫话》中所说的那样，课程改革中的错误比别的错误更不可轻犯，它的错误正和配错了药一样，第一次弄错了，绝不可能第二次、第三次去补救，它所造成的影响是终身洗刷不掉的。[1] 虽然课程改革过程中出现过激进主义、保守主义、实用主义的价值选择偏向，呈现出"钟摆"现象，但"课程实质上就是实践形态的教育，课程研究就是实践形态的教育研究，课程改革就是全面的实践形态的教育改革"[2]，即课程研究的实质就是关注实践，所以课程与教学论若想得到发展，就必须回到实践中去。

(一)课程改革的价值取向——以人为本

基础教育改革的理论基础是建构在当今世界范围内主要教育思潮基础上的，有些理论是舶来品，如终身教育理论、创新教育理论、多元智能理论等，有些则是土生土长的原生态教育理论，如主体教育理论、素质教育理论，还有些则是西方理念的中国改造，如生活

---

[1]　转引自李德林、徐继存：《课程改革三问》，载《教育学报》，2007(3)。
[2]　黄甫全：《大课程论初探——兼论课程(论)与教学(论)的关系》，载《课程·教材·教法》，2000(5)。

教育理论等。① 随着课程改革的深入，"三维目标""全面发展""核心素养"等概念不断被提出，例如，核心素养是学生在接受相应学段的教育过程中，逐步形成的适应个人终身发展和社会发展需要的必备品格和关键能力，是知识、技能和情感态度价值观的综合体。不难看出，其本质是促进学生个人发展、满足未来社会需求，其核心在于"人"的发展。

面对以人为本的教育目的以及十分强调学生核心素养培养的课程改革，我们应采取怎样的措施，将核心素养理念的追求落到实处呢？核心素养必须在教育过程中实质性融入各级学校课程。各级学校的课程亦应依其内容程度而有进阶性，强调培养以人为本的终身学习者，并以此为基础建构出小学、初中及高中等关键阶段的核心素养内涵，呼应发展心理学的认知发展论与阶段发展任务。② 课程乃育人之蓝图，而作为课程论核心问题的课程设计，其科学与否，对于能否真正发挥课程的整体育人功能、能否实现教育目的至关重要。③ 2014 年，《教育部关于全面深化课程改革 落实立德树人根本任务的意见》指出："要增强适宜性，各学科的学习内容要符合学生不同发展阶段的年龄特征，紧密联系学生生活经验。""要创新呈现形式，根据学生年龄特点，密切联系学生生活经验，设计教材内容的呈现和编排方式，使之更加生动、新颖、活泼，增强对学生的吸引力。"要借鉴心理学研究成果，根据学生心理发展特征和生活实践经验，在理论层面将核心素养进行阶段划分，从而更好地指导一线教师在进行课程设计时能够将知识与学生紧密联系，使"知识价值观从学科价值到育人价值的转型过程中，呈现出知识价值性的充盈，期

---

① 张天雪等：《基础教育改革论纲》，1 页，重庆，重庆大学出版社，2008。
② 蔡清田：《国际视野下核心素养教育理念之研究及其实现》，载《当代教育科学》，2019(3)。
③ 张天宝：《论育人是课程设计之本》，载《教育研究与实验》，1995(2)。

待基础教育本体功能的实现，摆脱深陷外在评价的'应试教育'限制，通过培养综合素质与发展核心素养促进人的全面发展，实现教育的本体功能，进而超越仅为升学、考试做准备的工具主义知识价值论"①。

(二)教材管理体制完善

教材是课程的主要载体，所有重大的课程改革理念、政策最终都会体现在教材制度上，广大中小学教师和学生一般也是通过教材来感受国家的课程改革的。理论思想影响课程改革政策的制定，间接影响实践走向，课程改革中教材管理体制的改革反映了学科发展对课程改革的推动作用。

2001年6月7日，教育部颁发了《中小学教材编写审定管理暂行办法》(以下简称《暂行办法》)。《暂行办法》规定，国家鼓励和支持有条件的单位、团体和个人编写教材；教材的编写、审定，实行国务院教育行政部门和省级教育行政部门两级管理。2006年修订的《中华人民共和国义务教育法》把教科书审定制以法律形式确定下来。其中，第三十九条明确规定："国家实行教科书审定制度。教科书的审定办法由国务院教育行政部门规定。未经审定的教科书，不得出版、选用。"2014年出台的《教育部关于全面深化课程改革　落实立德树人根本任务的意见》明确指出："课程是教育思想、教育目标和教育内容的主要载体，集中体现国家意志和社会主义核心价值观，是学校教育教学活动的基本依据，直接影响人才培养质量。"2017年3月，教材局成立，其主要职责是："承担国家教材委员会办公室工作，拟订全国教材建设规划和年度工作计划，负责组织专家研制课程设置方案和课程标准，制定完善教材建设基本制度规范，指导管理教材

---

① 张良、靳玉乐：《改革开放40年基础教育课程改革的知识立场及其意义阐释》，载《教师教育学报》，2019(1)。

建设，加强教材管理信息化建设。"①同年 7 月，国家教材委员会正式成立，委员会主任由主管教育的国务院副总理兼任，国家领导直接参与教材建设。道德与法治、历史、语文三科教材实行统编、统审、统用，以强化国家在教育过程中的意识形态领导地位。

　　一切课程改革、任何教育理念，对于绝大多数师生而言，只有落实到课堂教学之中，才会真正产生作用。② 课堂、教材、教学是课程与教学论永恒的主体。改革开放以来，中小学教材的编写类型有 8 种：知识中心型教材、学生中心型教材、社会中心型教材、活动中心型教材、范例型教材、启发型教材、对话型教材及新活动型教材。③ 从教材编写类型的变化中不难看出教材育人功能的凸显，将知识经验的传授与学生的生活实际紧密联系，关注学生的情感体验，强调学生的全面发展，这与学科理论发展是密切相关的。

　　(三)教学模式转变：翻转课堂的引介

　　长期以来，我国中小学形成了以教师为本位、以传递—接受为基本特征、以掌握知识技能为目标的学科教学模式。④ 这与课程改革的目标追求不符，若想改变这一模式，需要从教学的基本理论观念入手。在我国，教师本位的教学观念由来已久，是传统"尊师重道"思想的延续。王策三认为："教学的方向、内容、方法、进程、结果和质量等，都主要由教师决定和负责；学生决定不了，也负不了这个责任。教师之所以起主导作用，是因为教师受社会、国家和党的委托，'闻道'在先，而且受过专门的教育训练，教和学的方向、

---

① 《教材局介绍》，http://www.moe.gov.cn/s78/A26/moe_2581/201703/t2017 0329_301469.html，2019-09-12。

② 石鸥、张文：《改革开放 40 年我国中小学教材建设的成就、问题与应对》，载《课程·教材·教法》，2018(2)。

③ 刘启迪：《改革开放以来中小学教材编写的反思与展望》，载《当代教育科学》，2018(8)。

④ 段作章：《课程改革与教学模式转变》，载《教育研究》，2004(6)。

内容、方法、进程等他都已掌握；而学生尚未'闻道'，特别是中小学生，正在发展成长时期，知识和经验还不丰富，智力和体力还不成熟，他们不可能掌握教学方向、内容、方法等。"①那么随着信息技术的发展，教师的角色如何改变呢？当下中小学课堂借鉴外国的教学模式——翻转课堂，试图改变以教师为中心、学生被动学习的传统教学模式，变"教"为"学"，强调以学生为中心、问题引导、学生主动学习的模式。

国外学者关于翻转课堂的研究始于2007年，主要集中于教学实践探索与应用、教学方法等理论研究，与传统教学模式的对比研究，以及教学实践效果的实证研究等。国内学者关于翻转课堂的研究晚于国外，从2012年开始，主要集中于翻转课堂的内涵与作用、教学模式、课程应用策略及其实证研究。②何谓翻转课堂？翻转课堂是将教学任务中最容易的部分即知识的传递移到课堂外，让学生自主学习，充分利用课堂上教师和学生之间、学生和学生之间面对面的机会进行积极的社会化互动，实现深度学习，培养学生解决问题、创造性思维、高水平推理和批判性思维能力等教育目标。③翻转课堂教学模式与传统课堂教学阶段相融合，共经过三个阶段：课前阶段，学生通过网络学习平台自主学习，实现对知识的认知；课中阶段，学生通过教学课堂与教师交流，教师进行答疑解惑，学生实现对知识的内化；课后阶段，学生通过课外实践、小组协作，共同完成小组作业，实现对知识的升华。④三个阶段共同完成课堂教学任务。

---

①　王策三：《教学论稿（第2版）》，120页，北京，人民教育出版社，2005。
②　薛云、郑丽：《基于SPOC翻转课堂教学模式的探索与反思》，载《中国电化教育》，2016(5)。
③　张萍、DING Lin、张文硕：《翻转课堂的理念、演变与有效性研究》，载《教育学报》，2017(1)。
④　薛云、郑丽：《基于SPOC翻转课堂教学模式的探索与反思》，载《中国电化教育》，2016(5)。

翻转课堂教学模式从国外引进，经过理论改造和本土化后再进入实践课堂，更有利于一线教育工作者对该模式的宏观把握，有利于提高课堂教学效率，也有利于学生完成深度学习。同时，在借鉴国外教学模式并进行本土化改革的过程中，必须把握教学模式改革的限度。教学模式改革可以改的是教学环节、步骤、理念和目标等量的方面，不可改的是教学模式的基本要素，不能使教学模式发生质的改变①，否则，它就不是该教学模式了。而确定教学模式改革限度的依据是教学模式自身的特性及改革的理想目标。

第三节 课程与教学论学科发展反思

"教育乃国之重器"，教育的繁荣发展为国家繁荣富强、实现民族复兴助力。基础教育乃国之根本，基础教育改革不断深化，需要先进的思想理论做指导。课程与教学论学科和课程改革紧密相连，所以学科理论要不断完善。学科自身要向前发展，就要及时进行反思总结。

一、学术交流

学术交流是探讨学科知识、传播思想观念的重要途径。课程与教学论专业学会自成立以来，定期举办学术会议，建立了稳定的学术交流机制。1997 年 3 月，中国教育学会批准成立全国课程专业委员会，课程与教学论学术交流开始进入"新时期"。目前学术交流的"区域协作明显"，"国际交流日益密切"，"学术交流主体多元"，但课程与教学论学术交流仍存在一些问题，如"功利倾向突出""形式主义严重""交流效果欠佳"。②

---

① 郑玉飞：《论教学模式改革的限度》，载《教育科学》，2018(3)。
② 吉标：《改革开放 40 年我国课程与教学论学术交流的历程、问题与应对》，载《课程・教材・教法》，2018(7)。

正如徐继存所说："今天，我们很难去具体地描述和戳穿形态各异的教育学者秘而不宣的学术动机，也不能全然否定教育学术带给教育学者的物质利益和荣誉以及由此引发的种种学术不端行为，因为没有一定的物质保障，教育学术是难以为继的，教育学术也是需要一定的精神激励的。"①但是，端正学术研究动机是一位合格学者的基本学术品格。随着国家的繁荣富强，教育已处于战略地位的高度，基础教育课程改革在不断深入，以课程、教学问题为研究对象的课程与教学论成为显学。

二、学科独立问题

课程与教学论是教育学的分支学科，课程论是国外引进学科，教学论属于本土学科。虽然1997年建立了课程与教学论学科，但关于课程论与教学论是并列学科还是包含学科，学界至今没有定论。目前，课程与教学论没有自己独特的研究方法，仍借用教学论或课程论的研究方法。学术界对课程论、教学论、课程与教学论三者的使用混乱。关于课程论本土化的研究得到了关注，很多学者要求将学科发展与中国国情相结合，以中国传统文化为基础，推进学科发展，融进中国的话语体系。

在课程与教学论学科方向中，学科课程与教学论地位尴尬，许多师范院校增加了适应社会需要的新兴学科、交叉学科和应用型学科，使自己向着综合性研究型大学发展，师范院校的师范属性降低，暗含着学科课程与教学论也越来越不被重视。学校对课程与教学论学科的划分也出现差异，有些师范大学将全校课程与教学论教师进行整合，统一归属教育学专业，这样学科方向的课程与教学论就是教育学下属的课程与教学论二级学科中的一个分支；有些师范大学将其挂靠在某一具体专业下，但其教育学的性质又决定了它在该学

---

① 徐继存：《教育学术的尊严》，载《西北师大学报(社会科学版)》，2010(5)。

科领域处于不被重视的边缘地位。同时，从事相关工作的人员较少，师资力量薄弱，学科人员自身定位模糊，仍然有许多人未能意识到课程与教学论属于教育学学科范畴；还有一些人将其视为学科研究的附属品，未能深入研究与理解教育学理论和学科专业知识的融合部分。

目前承担学科课程与教学论教学工作的教师一般由三部分构成。第一部分是教育学院（或教育科学学院）的课程与教学论专业教师。这些教师熟悉课程与教学论的一般理论，而且掌握得深入、透彻，但涉及学科的教学知识、教学经验时往往很难应对。这些教师缺少相关专业的学科背景知识体系与思维训练，他们在具体的课例及学科专业知识上往往会捉襟见肘。第二部分是学科专业教师。这些教师熟悉和掌握学科专业知识，对具体的学科体系和内容有深入理解和把握，但在课程与教学论知识的掌握与运用方面又不够。第三部分是来自中小学一线的优秀教师或教研部门的优秀教研员。这些教师有着丰富的教学经验，可以把很多实践性知识运用到大学课堂上，但由于知识体系和理论储备有缺陷，加上教育对象的不同，这些教师在讲授课程时习惯用实践代替理论，对教学案例的分析容易从经验出发，难以将其提升到理论层面。总体而言，从事学科课程与教学论的相关教师及研究人员短缺，优秀人才严重不足。国内学科课程与教学论专业的博士点较少，培养的高级专业人才更少，难以满足学科发展的需求。无论是在质量上还是在数量上，学科课程与教学论的专业人员力量都显得薄弱，亟待加强。

近日，北京师范大学王本陆教授在海南师范大学进行学术交流时，对课程与教学论学科的发展进行了回顾与展望。我们借用王教授的观点来总结和反思课程与教学论学科的未来发展。他在题为"教学论学科发展的几点思考"的报告中，回顾了教学论学科的发展历史。他认为，教学论学科发展经历了教学思想、教学论课程、教学论专业三种历史形态。其中，教学思想是我国教学论学科发展的遗传基因，教学论课程是教学论知识体系的自觉建构，教学论专业是教学论学科建设的系统工程。在谈到教学论学科发展的守正创新原则时，他认为，这是教学论内涵发展的基本策略。守正，即对教学论专业优秀传统的积极传承，具体包括三个方面：顶天立地、求真崇善的学科文化；教书育人与知行合一相结合，实现全面发展的育人特色；由发展性教学思想、教学优化思想、主体创造思想组成的理论内核。他着重强调课程与教学论学科要创新性地回应教学实践的重大问题，如价值教学、教学信息化、教学人道化、教学优质化的理论与实践等问题。他还谈到课程与教学论学科需要回应的时代课题。在课程改革进入深水区的背景下，围绕立德树人思想、传统文化与现代信息的交融、学生发展的核心素养等问题，课程与教学论学科都需要从自身学科专业出发，对这些问题做出专业的回应与解答。

主要参考文献

[1]〔苏联〕凯洛夫：《教育学(上册)》，北京，人民教育出版社，1950。

[2]〔苏联〕凯洛夫：《教育学(下册)》，北京，人民教育出版社，1951。

[3]〔苏联〕姆·阿·达尼洛夫、勃·朴·叶希波夫：《教学论》，北京师范大学外
语系 1955 级学生译，北京，人民教育出版社，1961。

[4]〔苏联〕赞科夫：《和教师的谈话》，杜殿坤译，北京，教育科学出版
社，1980。

[5]〔苏联〕赞科夫：《教学与发展》，杜殿坤等译，北京，文化教育出版
社，1980。

[6]〔苏联〕赞科夫：《论小学教学》，俞翔辉译，北京，教育科学出版社，1982。

[7]胡克英：《教学论研究》，北京，教育科学出版社，1981。

[8]〔苏联〕斯卡特金：《现代教学论问题》，张天恩译，北京，教育科学出版
社，1982.

[9]董远骞、张定璋、裴文敏：《教学论》，杭州，浙江教育出版社，1984。

[10]〔南〕弗拉基米尔·鲍良克：《教学论》，叶澜译，福州，福建人民出版
社，1984。

[11]〔苏联〕尤·克·巴班斯基：《教学过程最优化——一般教学论方面》，张定
璋等译，北京，人民教育出版社，1984。

[12]〔苏联〕巴班斯基、波塔什尼克：《教育过程最优化问答》，利兰译，北京，
北京师范大学出版社，1985。

[13]王策三:《教学论稿》,北京,人民教育出版社,1985。

[14]彭永渭:《教学论新编》,沈阳,辽宁教育出版社,1986。

[15]吴杰:《教学论——教学理论的历史发展》,长春,吉林教育出版社,1986。

[16]路冠英、韩金生:《教学论》,石家庄,河北教育出版社,1987。

[17]罗明基:《教学论教程》,哈尔滨,黑龙江人民出版社,1987。

[18]何志汉:《教学论稿》,重庆,西南师范大学出版社,1988。

[19]钟启泉:《现代教学论发展》,北京,教育科学出版社,1988.

[20]刘克兰:《教学论》,重庆,西南师范大学出版社,1988。

[21]温寒江:《现代教学论引论》,天津,天津教育出版社,1988。

[22]瞿葆奎:《教育学文集(第18卷)·苏联教育改革(下册)》,北京,人民教育
      出版社,1988。

[23]北京师范大学教育系《教学认识论》编写组:《教学认识论》,北京,北京燕
      山出版社,1988。

[24]瞿葆奎:《教育学文集(第10卷)·教学(上册)》,北京,人民教育出版
      社,1988。

[25]陈侠:《课程论》,北京,人民教育出版社,1989。

[26]熊明安:《中国教学思想史》,重庆,西南师范大学出版社,1989。

[27]钟启泉:《现代课程论》,上海,上海教育出版社,1989。

[28]于满川、杨履武、顾黄初:《语文教学论》,南京,南京大学出版社,1989。

[29]吴文侃:《当代国外教学论流派》,福州,福建教育出版社,1990。

[30]唐文中:《教学论》,哈尔滨,黑龙江教育出版社,1990。

[31][英]菲利浦·泰勒等:《课程研究导论》,王伟廉等译,北京,春秋出版
      社,1989。

[32]彭永渭:《学科教学论概论》,大连,大连出版社,1990。

[33]李秉德:《教学论》,北京,人民教育出版社,1991。

[34]吴也显:《教学论新编》,北京,教育科学出版社,1991。

[35]廖哲勋:《课程学》,武汉,华中师范大学出版社,1991。

[36]吕达等:《独木桥? 阳关道? ——未来中小学课程面面观》,北京,中信出
      版社,1991。

[37]关甦霞：《教学论教程(修订本)》，西安，陕西师范大学出版社，1987。

[38]毕恩材、王克强：《课程问题论》，沈阳，辽宁教育出版社，1992。

[39]田本娜：《外国教学思想史》，北京，人民教育出版社，1994。

[40]魏正书：《教学艺术论》，沈阳，辽宁大学出版社，1991。

[41]李定仁：《教学思想发展史略——历史、现状与发展趋势》，西宁，青海人民出版社，1993。

[42]杜殿坤：《原苏联教学论流派研究》，西安，陕西人民教育出版社，1993。

[43]李其龙：《德国教学论流派》，西安，陕西人民教育出版社，1993。

[44]钟启泉、黄志成：《美国教学论流派》，西安，陕西人民教育出版社，1993。

[45]钟启泉：《国外课程改革透视》，西安，陕西人民教育出版社，1993。

[46]杨玉厚：《中国课程变革研究》，西安，陕西人民教育出版社，1993。

[47]杨启亮：《困惑与抉择——20 世纪的新教学论》，济南，山东教育出版社，1995。

[48]吴文侃：《比较教学论》，北京，人民教育出版社，1996。

[49]钟启泉：《现代学科教育学论析》，西安，陕西人民教育出版社，1993。

[50]胡学增、沈勉荣、郭强：《现代教学论基础研究》，西安，陕西人民教育出版社，1993。

[51]杨玉厚：《中国当代中小学教育教学模式述评》，西安，陕西人民教育出版社，1993。

[52]杨青松：《教学艺术论》，成都，四川教育出版社，1993。

[53]刘庆昌、杨宗礼：《教学艺术纲要》，北京，教育科学出版社，1993。

[54]张武升：《教学艺术论》，上海，上海教育出版社，1993。

[55]施良方：《课程理论：课程的基础、原理与问题》，北京，教育科学出版社，1996。

[56]吕达：《中国近代课程史论》，北京，人民教育出版社，1994。

[57]汪刘生：《教学论》，合肥，中国科学技术大学出版社，1996。

[58]李如密：《教学艺术论》，济南，山东教育出版社，1995。

[59]田慧生、李如密：《教学论》，石家庄，河北教育出版社，1996。

[60]靳玉乐：《潜在课程论》，南昌，江西教育出版社，1996。

[61]陈时见：《比较教学论》，南昌，江西教育出版社，1996。

[62]汪刘生、白莉：《教学艺术论》，南昌，江西教育出版社，1996。

[63]田慧生：《教学环境论》，南昌，江西教育出版社，1996。

[64][日]佐藤正夫：《教学论原理》，钟启泉译，北京，人民教育出版社，1996。

[65]熊川武：《学习策略论》，南昌，江西教育出版社，1997。

[66]曾天山：《教材论》，南昌，江西教育出版社，1997。

[67]裴娣娜等：《发展性教学论》，沈阳，辽宁人民出版社，1998。

[68]黄甫全、王本陆：《现代教学论学程》，北京，教育科学出版社，1998。

[69]李森：《教学动力论》，重庆，西南师范大学出版社，1998。

[70]石鸥：《教学别论》，长沙，湖南教育出版社，1998。

[71]董远骞：《中国教学论史》，北京，人民教育出版社，1998。

[72]张楚廷：《教学论纲》，北京，高等教育出版社，1999。

[73]范晓玲：《教学评价论》，长沙，湖南教育出版社，1999。

[74]张良田：《教学手段论》，长沙，湖南教育出版社，1999。

[75]石鸥：《教学病理学》，长沙，湖南教育出版社，1999。

[76]张传燧：《中国教学论史纲》，长沙，湖南教育出版社，1999。

[77]程达：《教学目标论》，长沙，湖南教育出版社，2000。

[78]丛立新：《课程论问题》，北京，教育科学出版社，2000。

[79]张华：《课程与教学论》，上海，上海教育出版社，2000。

[80][美]小威廉姆·E. 多尔：《后现代课程观》，王红宇译，北京，教育科学出版社，2000。

[81]钟启泉、李雁冰：《课程设计基础》，济南，山东教育出版社，2000。

[82]高文：《现代教学的模式化研究》，济南，山东教育出版社，2000。

[83]吕达：《课程史论》，北京，人民教育出版社，1999。

[84]汪霞：《国外中小学课程演进》，济南，山东教育出版社，2000。

[85]张华、石伟平、马庆发：《课程流派研究》，济南，山东教育出版社，2000。

[86]靳玉乐、黄清：《课程研究方法论》，北京，人民教育出版社，2012。

[87]课程教材研究所：《课程教材改革之路》，北京，人民教育出版社，2000。

[88]徐继存：《教学理论反思与建设》，兰州，甘肃教育出版社，2000。

[89]徐继存：《教学论导论》，兰州，甘肃教育出版社，2001。

[90]江山野：《课程改革论》，石家庄，河北教育出版社，2001。

[91]刘义兵：《创造性教学研究》，重庆，西南师范大学出版社，2001。

[92]和学新：《主体性教学研究》，兰州，甘肃教育出版社，2001。

[93]李定仁、徐继存：《教学论研究二十年(1979—1999)》，北京，人民教育出版社，2001。

[94]靳玉乐、李森、沈小碚等：《中国新时期教学论的进展》，重庆，重庆出版社，2001。

[95]王策三：《教育论集》，北京，人民教育出版社，2002。

[96]王策三：《教学认识论》，北京，北京师范大学出版社，2002。

[97]郭华：《教学社会性之研究》，北京，教育科学出版社，2002。

[98]李定仁：《教学论研究》，兰州，甘肃教育出版社，2002。

[99]张广君：《教学本体论》，兰州，甘肃教育出版社，2002。

[100]课程教材研究所：《综合课程论》，北京，人民教育出版社，2003。

[101]课程教材研究所：《课程改革整体论》，北京，人民教育出版社，2003。

[102]课程教材研究所：《教材制度沿革篇》上、下册，北京，人民教育出版社，2004。

[103]课程教材研究所：《课程改革借鉴篇》，北京，人民教育出版社，2003。

[104]课程教材研究所：《活动课程论》，北京，人民教育出版社，2003。

[105]李定仁、徐继存：《课程论研究二十年(1979—1999)》，北京，人民教育出版社，2004。

[106]王兆璟：《教学理论问题的知识学研究》，兰州，甘肃教育出版社，2004。

[107]潘洪建：《教学知识论》，兰州，甘肃教育出版社，2004。

[108]赵昌木：《教师成长论》，兰州，甘肃教育出版社，2004。

[109]黄甫全：《现代课程与教学论学程》上、下册，北京，人民教育出版社，2006。

[110]杨小微：《现代教学论》，太原，山西教育出版社，2004。

[111]裴娣娜：《现代教学》三卷本，北京，人民教育出版社，2005。

[112]徐继存、车丽娜：《课程与教学论问题的时代澄明》，济南，山东教育出版

社，2008。

[113]王鉴:《课程论热点问题研究》，桂林，广西师范大学出版社，2008。

[114]张广君:《当代教学的热点问题——价值论的视角》，兰州，甘肃教育出版社，2007。

[115]杨小微、张天宝:《教学论》，北京，人民教育出版社，2007。

[116]裴娣娜:《现代教学论生成发展之思》，北京，人民教育出版社，2012。

[117]张广君:《守望与前行:教学认识论的当代视野》，兰州，甘肃教育出版社，2007。

[118]丛立新、郭华:《当代中国课程与教学论研究》，北京，北京师范大学出版社，2010。

[119]王嘉毅、李瑾瑜、王鉴:《当代课程与教学研究新进展:李秉德先生诞辰一百周年纪念文集》，北京，人民教育出版社，2012。

[120]丛立新、王本陆:《国际视野中的课程与教学改革》，北京，北京师范大学出版社，2012。

[121]靳玉乐:《探寻课程世界的意义:课程理论的建构与课程实践的慎思》，北京，北京师范大学出版社，2014。

[122]王飞:《跨文化视野下的教学论与课程论》，济南，山东人民出版社，2014。

[123]张文军:《后现代课程意识与课程建构》，杭州，浙江大学出版社，2016。

[124]陈侠:《课程论重建与教育科学研究》上、下册，北京，人民教育出版社，2017。

[125]徐特立:《各科教学法讲座》，载《人民教育》，1951(2)。

[126]叶苍岑:《从〈红领巾〉的教学谈到语文教学改革问题》，载《人民教育》，1953(7)。

[127]方天培:《教学理论的批判继承和发展问题——兼评〈谁改造谁〉中"两种对立的认识论"》，载《杭州师范学院学报(社会科学版)》，1979(1)。

[128]毛礼锐:《儒家的"教学论"初探》，载《北京师范大学学报》，1979(6)。

[129]邹有华:《教学认识论》，载《课程·教材·教法》，1982(1)。

[130]史国雅:《课程论的研究范围及指导原则》，载《山西教育科研通讯》，1984(2)。

[131]陈侠：《课程论的学科位置和它同教学论的关系》，载《课程·教材·教法》，1987(3)。

[132]王策三：《对近年我国教学实验的教学论思考》，载《北京师范大学学报》，1987(6)。

[133]董远骞：《一条曲折的路——教学论发展的四十年》，载《华东师范大学学报(教育科学版)》，1989(3)。

[134]李秉德：《对于教学论的回顾与前瞻》，载《华东师范大学学报(教育科学版)》，1989(3)。

[135]王策三：《我国十年来教学理论的进展》，载《高等师范教育研究》，1990(2)。

[136]张敷荣，张武升：《建国以来课程理论与实践的回顾与展望》，载《华东师范大学学报(教育科学版)》，1990(4)。

[137]王策三：《教学论学科发展三题》，载《北京师范大学学报(社会科学版)》，1992(5)。

[138]王策三：《观察教学论发展的若干线索》，载《江西教育科研》，1993(1)。

[139]董远骞：《中国近代教学论教材编写史略》，载《课程·教材·教法》，1994(1)。

[140]刘要悟：《试析课程论与教学论的关系》，载《教育研究》，1996(4)。

[141]田慧生：《对教学论学科性质、地位与研究对象的再认识》，载《教育研究》，1997(8)。

[142]迟艳杰：《教学论研究范式探析》，载《教育研究》，1997(4)。

[143]徐继存：《我国教学论方法的反思与前瞻》，载《西北师大学报(社会科学版)》，1997(1)。

[144]徐继存：《教学理论建设的中国特色问题释义》，载《教育理论与实践》，1997(2)。

[145]陈晓端：《教学理论研究的现状与展望——对 90 年代我国教学理论研究的统计分析》，载《教育研究与实验》，1998(1)。

[146]靳玉乐、师雪琴：《课程论学科发展的方向》，载《课程·教材·教法》，1998(1)。

[147]裴娣娜：《论我国教学论学科建设与发展》，载《中国教育学刊》，1998(6)。

[148]蔡宝来：《我国教学论研究的进展和前瞻》，载《中国教育学刊》，1999(4)。

[149]黄甫全:《大课程论初探——兼论课程(论)与教学(论)的关系》,载《课程·教材·教法》,2000(5)。

[150]廖哲勋:《论我国课程理论学科群的建设》,载《课程·教材·教法》,2000(2)。

[151]蔡宝来:《传统教学论的产生及发展历程》,载《教育研究》,2000(6)。

[152]王策三:《保证基础教育健康发展——关于由"应试教育"向素质教育转轨提法的讨论》,载《北京师范大学学报(人文社会科学版)》,2001(5)。

[153]王本陆:《教学认识论三题》,载《教育研究》,2001(11)。

[154]张楚廷:《课程与课程论研究发展的十大趋势》,载《课程·教材·教法》,2002(1)。

[155]郭华:《评教学"回归生活世界"》,载《教育学报》,2005(1)。

[156]蔡宝来:《现代教学论学科发展:研究规范与生长点》,载《教育理论与实践》,2002(3)。

[157]张传燧:《论21世纪中国教学论发展趋向》,载《广西师范大学学报(哲学社会科学版)》,2002(3)。

[158]沈小碚、王牧华:《教学论学科研究的进展与问题》,载《西南师范大学学报(人文社会科学版)》,2004(1)。

[159]裴娣娜:《基于原创的超越:我国教学研究方法论的现代构建》,载《教育研究》,2004(10)。

[160]王策三:《认真对待"轻视知识"的教育思潮——再评由"应试教育"向素质教育转轨提法的讨论》,载《北京大学教育评论》,2004(3)。

[161]王本陆:《论中国国情与课程改革》,载《北京师范大学学报(社会科学版)》,2006(4)。

[162]冯生尧:《再论课程论研究对象与学科体系》,载《课程·教材·教法》,2006(3)。

[163]王策三:《关于课程改革"方向"的争议》,载《教育学报》,2006(2)。

[164]廖哲勋:《论课程论学科建设的规律性》,载《课程·教材·教法》,2007(3)。

[165]侯怀银、谢晓军:《20世纪我国学者对课程论学科建设的探索》,载《课程·教材·教法》,2008(1)。

[166]王策三:《"新课程理念""概念重建运动"与学习凯洛夫教育学》,载《课程·教

材 · 教法》，2008(7)。

[167]王嘉毅：《从移植到创新——改革开放 30 年来我国教学论学科的发展》，载《教育研究》，2009(1)。

[168]郭华：《新课改与"穿新鞋走老路"》，载《课程 · 教材 · 教法》，2010(1)。

[169]靳玉乐、罗生全：《课程论研究三十年：成就、问题与展望》，载《课程 · 教材 · 教法》，2009(1)。

[170]李森、张东：《教学论研究三十年：实然之境与应然之策》，载《西南大学学报(社会科学版)》，2009(6)。

[171]肖正德、卢尚建：《改革开放 30 年我国教学论学科建设的成就和经验》，载《课程 · 教材 · 教法》，2009(10)。

[172]李森、赵鑫：《20 世纪中国教学论的重要进展和未来走向》，载《教育研究》，2009(10)。

[173]沈小碚、王天平、张东：《对中国课程与教学论流派构建的审思》，载《西南大学学报(社会科学版)》，2010(1)。

[174]王嘉毅、杨和稳：《近二十年来我国教学论研究的历程及趋势——基于对 1990—2008 年〈课程 · 教材 · 教法〉刊发的教学论文章的分析》，载《课程 · 教材 · 教法》，2010(3)。

[175]李群：《课程与教学论学科体系建构的思考》，载《山东师范大学学报(人文社会科学版)》，2011(4)。

[176]孙宽宁、徐继存：《我国课程论教材建设 90 年：反思与展望》，载《课程 · 教材 · 教法》，2012(12)。

[177]张传燧：《当代课程与教学论学科发展的理论基础审思》，载《湖南师范大学教育科学学报》，2012(2)。

[178]王策三：《对"新课程理念"介入课程改革的基本认识——"穿新鞋走老路"议论引发的思考》，载《教育科学研究》，2012(2)。

[179]吉标、徐继存：《我国课程与教学论专业研究生培养 30 年：历史、现状与思考》，载《中国高教研究》，2012(10)。

[180]苏丹兰：《我国教学理论研究主题的变迁：特点、问题与前瞻——基于 1981—2012 年〈课程 · 教材 · 教法〉实证研究》，载《课程 · 教材 · 教法》，

2013(3)。

[181]王鉴、姜振军:《论现代教学论的发展基础》,载《西北师大学报(社会科学版)》,2013(6)。

[182]王策三:《应该尽力尽责总结经验教训——评"十年课改:超越成败与否的简单评价"》,《教育科学研究》,2013(6)。

[183]周仕德:《我国课程与教学论整合的本土化研究探微:1999—2012——基于对整合以来著作镜像的文本分析》,载《湖南师范大学教育科学学报》,2014(1)。

[184]张天明:《1980年以来我国教学理论本土化研究:回顾、问题与展望》,载《课程·教材·教法》,2014(1)。

[185]闫守轩、朱宁波、曾佑来:《十二年来我国课程研究的热点主题及其演进——基于2001—2012年CSSCI数据库关键词共现知识图谱的可视化分析》,载《全球教育展望》,2014(3)。

[186]徐继存、吉标:《我国教学论研究三十年的回顾与反思》,载《中国教育科学》,2014(4)。

[187]郭华:《"教学认识论"在中国的确立及其贡献》,载《山西大学学报(哲学社会科学版)》,2015(4)。

[188]丁邦平:《"教学论"与"教学法"的关系探析——(跨文化)比较教学论的视角》,载《教育学报》,2015(5)。

[189]吕达、刘立德:《我国课程论重建的先驱者和奠基人——纪念陈侠先生诞辰100周年》,载《课程·教材·教法》,2015(3)。

[190]吉标:《改革开放以来我国课程与教学论学科建制的历程》,载《西南大学学报(社会科学版)》,2016(1)。

[191]安富海、王鉴:《近年来我国课程与教学论研究的回顾与展望》,载《教育研究》,2016(1)。

[192]王鉴、李晓梅:《当代中国特色教学论的发展历程及启示》,载《社会科学战线》,2016(6)。

[193]王策三:《恢复全面发展教育的权威——三评"由'应试教育'向素质教育转轨"提法的讨论》,载《当代教师教育》,2017(1)。

[194]吉标：《改革开放 40 年我国课程与教学论学术交流的历程、问题与应对》，
　　　载《课程·教材·教法》，2018(7)。

[195]郭华：《中国课程论 40 年》，载《课程·教材·教法》，2018(10)。

[196]王鉴、李泽林：《探寻课程与教学论研究的"知识地图"》，载《教育研究》，
　　　2019(1)。

附 录 学科发展大事记

1949 年

叶圣陶主持华北人民政府教育部教科书编审委员会的工作，将新中国中小学语文学科的名称定为"语文"，揭开了中国现代语文教育史新的一页。

新华书店出版供师范学校使用的《小学各科教材及教学法参考资料》一书。该书由华北人民政府教育部教科书编委会编写。

1950 年

5 月，《人民教育》创刊。

7 月，教育部发布《师范学院教学计划（草案）》，规定开设"教学法"课程。

10 月，北京师范大学出版部出版黎锦熙著的《新国文教学法》，这是新中国成立后第一部语文教学法教材。

12 月，人民教育出版社出版凯洛夫主编，沈颖、南致善等翻译的《教育学（上册）》。

1952 年

秋季，北京师范大学数学系在全国率先成立初等数学及数学教学法教研室。开设的相关课程有初等数学复习及研究、中学数学教学法。

1953 年

北京师范大学教育系教育学研究室下分设教育学、教育史、小学各科教材教法、学校卫生等教学小组。其中，小学各科教材教法教学小组为教育系学生开设"小学各科教材教法"课程。同时启动制定"小学各科教材教法"教学大纲。

苏联教育专家普希金的"《红领巾》教学法"教学经验在全国推广。

12 月，中央语文教育问题委员会向党中央正式提交了《关于改进中小学语文教学的报告》，集中分析了将语言文学混合教的弊病。

12 月，人民教育出版社出版《中学数学教学法》一书。本书根据俄罗斯教育出版社出版的伯拉斯基教授所著《中学数学教学法》1951年第 2 版译出，由吴品三译。原书经苏联高等教育部审定为师范学院教学参考书。

1954 年

8 月，山东人民出版社出版傅统先编著的《教学方法讲话》一书。该书是国内依据苏联教育经验编写的第一本关于教学方面的论著。

1955 年

我国中小学教师访苏代表团回国后赴各地做报告，传播苏联的中小学教学经验。

1956 年

4 月，中央教育部正式发出了《关于中学、中等师范学校的语文科分汉语、文学两科教学并使用新课本的通知》。通知决定从 1956年秋季起，中学、中等师范学校的语文科分汉语、文学两科进行教学，并使用新编的汉语课本和文学课本。

4 月，中央教育部在北京召开了全国语文教学会议。会上叶圣陶副部长做了《改进语文教学，提高语文教学的质量》的报告。报告充分肯定了新中国成立后语文教学工作的成绩，强调了分科的重要性。

1957 年

2 月，人民教育出版社出版了捷克教育家夸美纽斯的《大教学论》

一书。该书由傅任敢译，是夸美纽斯的代表作，也是近代第一部比较系统的教育学著作，通常也被视作西方教育学中第一本教学论专著。

1958 年

9月，辽宁省黑山县北关实验学校开始进行语文教学改革，涉及拼音、识字、阅读、写作等方面。

1959 年

6月5日，上海《文汇报》开辟专栏，首先展开"关于语文教学目的、任务的讨论"，掀起了我国语文教学史上范围最为广泛、历时最长的一场社会性大讨论。这场讨论持续至 1961 年 12 月 3 日，《文汇报》发表社论《试论语文教学的目的任务》，对这场讨论做了总结。语文教学界的思想认识基本上得到了统一。

1960 年

4月9日，陆定一在二届全国人大二次会议上做《教学必须改革》的报告。报告提出：想从现在起，进行规模较大的试验，在全日制的中小学教育中，适当缩短年限，适当提高程度，适当控制学时，适当增加劳动。准备以 10 年至 20 年的时间，逐步地分期分批地实现全日制中小学教育的学制改革。

4月10日，中共辽宁省委在黑山县北关实验学校召开大型现场会，推广北关实验学校的集中识字、精讲多练、提高写作的高速度、高质量的教学经验。

1961 年

6月，人民教育出版社出版苏联学者姆•阿•达尼洛夫和勃•朴•叶希波夫编著的《教学论》一书。该书由北京师范大学外语系 1955 级学生翻译。这是我国翻译出版的第一本苏联教育学"教学论"著作。

1963 年

3月，中共中央关于讨论试行全日制中小学工作条例草案和对当前中小学教育工作几个问题的指示中，要求各地讨论试行新拟定的《全日制小学暂行工作条例（草案）》和《全日制中学暂行工作条例（草案）》，并指出小学阶段必须注重语文和算术的教学，中学阶段必须注重语文、数学和外国语的教学，这对提高中小学教学质量有决定性的意义，这些课程是学习和从事工作的基本工具。

1977 年

北京师范大学数学系的初等数学教研室更名为"中学数学教育研究室"，并且开始筹备招收数学教育研究生工作。

1978 年

4 月，教育部召开全国教育工作会议，随后在全国中小学试行《全日制中学暂行工作条例（试行草案）》《全日制小学暂行工作条例（试行草案）》。

秋季，教育部颁发了中小学各科教学大纲，并在全国范围内开始使用由教育部组织编写的全国通用教材。

从 1978 年起，各省、市、自治区陆续成立或恢复教育学会。一些全国性教育科学专业（学科）研究会或学会相继成立。当年 12 月 20 日，北京市首先成立了语文教学研究会，出席成立大会的有近 700 人。

山西师范大学中文系主办的《语文教学通讯》创刊，这是延续时间最长的语文教学专业性刊物。

1979 年

8 月 26 日至 9 月 4 日，全国教育学研究会第一届年会在甘肃兰州召开，与会代表讨论了教学的一般原理、教学过程的规律、教学原则等教学论问题。

12 月 25 日至 31 日，全国中学语文教学研究会在上海举行成立大会和第一届年会。会议议题是新中国成立 30 年来语文教学的基本经验和教训、语文教材的内容和学科体系。会议讨论并通过了《中学语文教学研究会章程》。会议选举了中学语文教学研究会的领导机构。研究会聘请叶圣陶为名誉会长，选举吕叔湘为会长。

1980 年

7 月 26 日至 29 日，中国教育学会小学语文教学专业委员会成立大会暨第一届学术年会在辽宁大连召开。代表们对我国的教育形势做了客观、科学的分析，就小学语文学科的性质、地位、教学现状和教学改革的设想等重大问题进行了深入研讨。第一任理事长为郭林。

改革开放后，全国师范院校各系科恢复教学法课程，恢复教学法研究室，在教学法课程的教材建设和教师队伍建设上都取得一定进展。为进一步提高语文教学法学科的科学水平和教学水平，中国教育学会语文教学法研究会于 1980 年 10 月正式成立。这是一个以高等师范院校语文教学法教学和科研人员为主体的群众性专业学术团体。

20 世纪 80 年代，我国高师院校教育系普遍设立"教学论（教学法）教研室"，意味着课程与教学论学科开始恢复和重建。

1981 年

4 月，全国教育学研究会第二届年会在福建福州举行，与会人员着重对教学过程及其规律、掌握知识与发展智力的关系等教学论问题进行了讨论。

5 月 20 日，国务院批准实施《中华人民共和国学位条例暂行实施办法》。其中第二条规定学位按 10 个学科的门类授予，包括哲学、经济学、法学、教育学、文学、历史学、理学、工学、农学、医学，由此形成了我国现行学科、专业目录的基本框架。

10 月 28 日至 11 月 4 日，全国中学语文教学研究会第二次年会在福建福州举行。这次年会的主要任务是交流三年来语文教学研究活动的经验，围绕"加强基础、培养能力、开发智力"的中心议题进行探讨。

《课程·教材·教法》创刊。发刊词指出："为了提高教学质量，必须分析研究教育目标，按照教育目标的要求，提出课程设计的方案，制定各科课程标准，同时研究各年龄阶段学生身心发展的规律，才能够编出既有高度科学水平又适合学生学习的教材。本刊要为推动这项研究出力，为发表这方面的研究成果提供园地。"

北京师范大学、华东师范大学等学校开始招收数学教育和数学史两个方向的硕士研究生，其中，数学教育是我国该方向最早的硕士点之一。

西北师范学院的教学论学科拥有了全国首个教学论专业博士点。

1982 年

4 月，全国语文教学法研究会第二届年会在四川乐山举行，主要研讨语文教学法学科体系建设问题。

6 月，教育科学出版社出版游正伦编著的《教学论》一书。该书是改革开放以来，教学论成为高校相关专业的一门独立课程之后，依据该课程的讲义编著而成的第一本教学论教材。

7 月 23 日至 29 日，中国教育学会小学语文教学专业委员会第二届学术年会在山西太原举行。这次会议的内容涉及思想教育、教学过程和课堂结构、提高阅读教学质量、培养自学能力、发展思维、课外阅读、复式班的阅读教学、说话和作文训练、考试命题等。这次年会决定创办《小学语文教学》作为会刊，1982 年试刊，1983 年正式出刊。

从 1982 年起，教育部直属的华东师范大学、东北师范大学、北京师范大学等几所师范大学的李嘉音教授、刘知新教授、陈耀亭教授等开始招收学科教学论(化学)硕士研究生。

1983 年

8 月 20 日至 26 日，全国教育学研究会第三届年会在吉林长春举行。与会代表讨论了"教学论的研究方向""教学论的中国化""教学论的理论基础及研究方法""'教学'概念和'教学过程'本质的认识"等问题。

1983 年的学科、专业目录中，教育学一级学科下设 14 个二级学科，分别是：教育基本理论、教学论、德育原理、中国教育史、外国教育史、比较教育学、特殊教育学、幼儿教育学、成人教育学、高等教育学、教材教法研究、教育科学研究方法、教育经济学、学校管理与领导。教学论是普通教育学中的教学论，教材教法研究是学科中的教材教法研究。

国庆节前夕，邓小平同志为北京景山学校题词"教育要面向现代化，面向世界，面向未来"，为我国教育事业提出了新的更高的全面改革纲领。

11 月，全国中学语文教学研究会第三届年会在北京举行，议题是语文教学如何开创新局面，为社会主义精神文明建设服务。

1984 年

10 月 15 日至 18 日，中国教育学会小学语文教学专业委员会第三届学术年会在广西南宁举行。这次会议的中心议题是小学语文教学如何体现"三个面向"，努力提高语文教学水平。

12 月，全国语文教学法研究会第三届年会在云南昆明举行，研讨语文教学法学科体系建设问题。

华东师范大学教育系成立了课程教材教法研究所，开展教学法和教材研究。

1985 年

6 月 22 日至 28 日，全国教育学研究会教学论专业第一届年会在黑龙江哈尔滨召开。

12 月，全国高等师范院校数学教育研究会在湖北襄樊成立。

1986 年

4 月 12 日，第六届全国人民代表大会第四次会议通过了《中华人民共和国义务教育法》。

1987 年

6 月，全国高等师范院校数学教育研究会第二届年会在云南昆明举行。

8 月，全国语文教学法研究会第四届年会在贵州安顺召开，议题是语文教学与"三个面向"。

9 月 26 日至 30 日，中国教育学会全国教学论专业委员会第二届学术年会在湖北武汉召开。来自全国 20 多个省市 40 多个单位的 51 名正式代表、45 名研究生代表参加了此次会议。

12 月 20 日至 25 日，全国中学语文教学研究会第四届年会在广东广州举行，议题是在改革开放的新形势下，如何深化语文教学改革。年会改选吕叔湘任名誉会长，刘国正任理事长，章熊、徐阵维任副理事长，张志公任学术委员会主任，于漪、张鸿苓任副主任。

1988 年

根据《中华人民共和国义务教育法》的要求，国家教委于 1988 年 9 月颁发了《义务教育全日制小学、初级中学教学计划（试行草案）》。

1989 年

3 月，人民教育出版社出版陈侠著的《课程论》一书。该书是改革开放以来，课程论成为相关高校相关专业的一门独立课程之后，依据该课程的讲义编写而成的第一本课程论教材。

5 月 7 日至 10 日，中国教育学会小学语文教学专业委员会第四届学术年会在湖北武昌召开。这届年会是对近年语文教改实验的经验总结，以及对语文教学理论和实践的探讨研究。

12 月，全国高等师范院校数学教育研究会第三届年会在上海举行。年会主题是总结近年来高等师范院校数学教育学科建设经验，并进一步探索数学教育专业的学科完善、理论建构、实际效用、改革实验等问题。

全国教学论专业委员会第三届学术年会在广西桂林召开。

1990 年

《授予博士、硕士学位和培养研究生的学科、专业目录》公布，教育学学科设 3 个一级学科：教育学、心理学和体育学。其中，教育学一级学科下设置了 16 个二级学科，包括：教育学原理、教学论、学科教学论、德育原理、教育经济学、教育管理学、中国教育史、外国教育史、幼儿教育学、特殊教育学、高等教育学、成人教育学、比较教育学、教育科学研究法、教育技术学和职业技术教育学。

1 月，北京师范大学出版社出版曹才翰编著的《中学数学教学概论》一书，这标志着我国数学教育理论学科由"数学教学法"转变为"数学教学论"。

8 月，全国语文教学法研究会第五届年会在广西桂林召开，议题是建设具有中国特色的语文教育学学科体系。

9 月，由全国教学论专业委员会《教学论》教材编写组编写，唐文中任主编的《教学论》由黑龙江教育出版社出版。

1991 年

5 月 31 日至 6 月 3 日，全国高等师范院校数学教育研究会第四届年会在陕西西安举行。大会围绕高等师范院校的数学教育学科建设、课程教学、教学实践及高等师范院校学生的素质培养、数学竞赛的有关理论等进行了专题探讨。

7 月 28 日，全国中学语文教学研究会第五届年会在辽宁大连举行。会议的主题为"深化改革，探索规律，引导学生生动、活泼、主动地学好语文"。会议交流了各地的语文教改经验，围绕如何把语文教学搞"活"，着重讨论了语文教学中的德育问题、农村初中的语文教改问题、语文教育科学研究和语文教学研究等问题。年会改选刘正国为理事长，陶本一、张鸿苓、陈钟梁为副理事长，张定远为秘书长。

全国教学论专业委员会第四届学术年会在天津举行。

10 月，新中国第一份数学教育科学学术性刊物《数学教育学报》创刊。发刊词中提到，这是全国 30 余所高等师范院校、教育学院和中学集资筹办的刊物，将致力于团结全国数学教育界的同行，荟萃各方英才，同心协力，开展争鸣，为提高我国数学教育科学的学术水平而努力。

1993 年

全国语文教学法研究会第六届年会在江苏南京召开，主题为"纪念语文单独设科 90 周年，回顾语文教育理论研究的巨大成就"。

全国高等师范院校数学教育研究会第五届年会在吉林四平召开。会议主要研究了高等师范院校数学教育专业课程建设问题，重点是课程论、数学论和学习论，并侧重于数学教育心理学研究成果的交流与理论研讨。

1994 年

5 月 7 日至 10 日，全国教学论专业委员会第五届学术年会在原西南师范大学召开。

11 月 15 日至 18 日，中国教育学会小学语文教学专业委员会第五届学术年会在江苏苏州举行。会议主要围绕小学语文教学与素质教育的关系、小学语文教学如何适应社会主义市场经济的发展、小学语文教学整体改革、提高农村小学语文教学质量等问题，从理论和实践上进行了探讨研究。

1995 年

10 月 21 日，全国中学语文教学研究会第六届年会在四川成都召开。会议主题为"提高语文教学效率，为培养跨世纪人才服务"。

全国高等师范院校数学教育研究会第六届年会在山东济南召开。会议总结了研究会成立十年以来的工作，对高等师范院校数学教育的学科建设、高层次人才培养等问题进行了深入研讨。

12 月 11 日至 13 日，由中央教育科学研究所、江苏省教委联合主办的全国"情境教学——情境教育"学术研讨会在江苏省南通师范第二附属小学举行。情境教学、情境教育创建者李吉林做"为全面提高儿童素质探索一条有效途径——从情境教学到情境教育的探索与思考"的实验研究报告。国家教委副主任柳斌同志到会并发表讲话，王策三、张定璋等学者对该实验给予很高评价。

1997 年

5 月 26 日至 29 日，全国教学论专业委员会第六届学术年会在陕西师范大学召开。

11 月 13 日至 18 日，首届全国课程学术研讨会在华南师范大学举行。

《授予博士、硕士学位和培养研究生的学科、专业目录》公布，教育学学科门类的一级学科数量没有变化，仍然是 3 个一级学科，教育学一级学科下设教育学原理、课程与教学论、教育史、比较教育学、学前教育学、高等教育学、成人教育学、职业技术教育学、特殊教育学和教育技术学。其中，相较 1990 年专业目录，撤销了教学论、学科教学论，新设课程与教学论，其下包括教学论、课程论、学科教学论三个方向。

从 1997 年起，北京师范大学、南京师范大学、东北师范大学等学校开始招收专业学位研究生——学科教学（化学）方向教育硕士。

1998 年

10 月 23 日至 25 日，中国教育学会小学语文教学研究会第六届学术年会在江苏南京召开。与会者围绕语文教学中实施素质教育的理论研究、如何进一步深化阅读教学改革、如何加强作文教学的改革、如何实现语文教育的现代化等问题进行了交流。

11 月 15 日至 19 日，全国高等师范院校数学教育研究会第七届年会在北京召开。会议主题为"面向 21 世纪的高师数学教育",研讨新时期数学教育的任务、特征、问题与研究方法。

1999 年

8 月 9 日至 12 日,全国教学论专业委员会第七届学术年会在西北师范大学举行。

10 月 26 日至 30 日,全国中学语文教学研究会第七届年会在天津召开。会议主题为"21 世纪的中学语文教育"。会议围绕"总结经验、反思问题、促进发展",分课程教材研究、阅读教学、写作教学、文学教育、语文实践活动等专题,进行了广泛深入的讨论与交流。

12 月 21 日至 24 日,第二届全国课程学术研讨会暨全国课程专业委员会学术年会在广西师范大学召开。

南京师范大学开始招收培养课程与教学论原理以及数学、物理、体育、化学等各科学科教学论方向的博士生。

2000 年

11 月 6 日至 10 日,全国高等师范院校数学教育研究会第八届年会在江苏南京召开。会议主题为"跨入新千年的中国数学教育"。

11 月,上海教育出版社出版了张华著的《课程与教学论》一书。该书是学科整合之后,以"课程与教学论"为书名的第一本著作。

2001 年

6 月 8 日,《基础教育课程改革纲要(试行)》出台,标志着新一轮基础教育课程改革正式开始。

9 月 21 日至 24 日,全国第三次课程学术研讨会暨全国课程专业委员会第一届第三次年会在东北师范大学召开。

10 月 23 日至 25 日,中国教育学会教学论专业委员会第八届学术年会在湖南师范大学召开。

2002 年

10 月 27 日至 30 日，全国高等师范院校数学教育研究会第九届年会在湖北武汉举行。会议主题为"数学教师专业化：数学教师教育的潮流"。

中国教育学会小学语文教学研究会第七届学术年会在黑龙江哈尔滨召开。

2003 年

11 月 18 日至 20 日，全国中学语文教学研究会第八届年会在湖北武汉召开。会议主题为"走进新课程，全面提高学生语文素养"。

2004 年

4 月 17 日至 19 日，全国教学论专业委员会第九届学术年会在北京师范大学召开。

6 月 15 日至 18 日，第四次全国课程学术研讨会暨中国教育学会教育学分会课程专业委员会第二届第一次年会在云南师范大学举行。

10 月 29 日至 11 月 1 日，全国高等师范院校数学教育研究会第十届年会在辽宁大连召开。会议主题为"数学教师教育的改革与发展"。

10 月，中国教育学会中学数学教学专业委员会第十二届学术年会在长沙举行，会议主要议题是：全面贯彻基础教育课程改革的总体精神，从数学学科的特点出发，深入课堂教学，全面推进以创新精神和实践能力为重点的素质教育，努力深化数学课程与教学改革。

2006 年

6 月 24 日至 25 日，全国教学论专业委员会第十届学术年会在西南大学召开。

8 月 16 日至 19 日，第五次全国课程学术研讨会暨中国教育学会教育学分会课程专业委员会第二届第二次年会在新疆师范大学召开。

11 月 25 日至 29 日，全国高等师范院校数学教育研究会第十一届年会在福建武夷山召开。会议主题为"数学教育改革与高师数学教育发展"。

2007 年

8 月 15 日至 17 日，中国教育学会小学语文教学研究会第八届学术年会在青海西宁召开。会议围绕"语文教学的工具性与人文性的统一""语文教学中教与学的关系""如何提高语文课堂教学的实效性"3 个中心议题，开展学术研讨。

2008 年

6 月 22 日至 23 日，全国教学论专业委员会第十一届学术年会暨第二届课程与教学论博士生论坛在福建师范大学召开。

9 月 12 日至 16 日，全国高等师范院校数学教育研究会第十二届年会在东北师范大学召开。会议主题为"新时期数学教师教育的理论与实践"。

10 月 15 日至 18 日，第六次全国课程学术研讨会暨中国教育学会教育学分会课程专业委员会第三届第一次年会在聊城大学召开。

11 月 25 日至 27 日，全国中学语文教学专业委员会第九届年会在杭州举行。会议主题为"总结经验，遵循规律，提高语文教学效率"。会议特别提出"需要尊重传统，返璞归真，去华崇实，回归语文"。

2009 年

7 月，全国高等师范院校数学教育研究会在新疆召开的常务理事会达成一致意见：鉴于目前参加研究会的单位与会员已不局限于高等师范院校，提议"全国高等师范院校数学教育研究会"更名为"全国数学教育研究会"。

2010 年

6 月 25 日至 28 日，全国数学教育研究会第十三届年会暨 2010 年国际学术年会在杭州师范大学召开。会议主题为"数学教育人才培养与中国数学教育传统"。

11 月 4 日至 5 日，全国教学论专业委员会第十二届学术年会暨

第三届课程与教学论博士生论坛在江苏南京召开。

11 月 6 日至 9 日，第七次全国课程学术研讨会暨中国教育学会教育学分会课程专业委员会年会在华中师范大学召开。

11 月，《教育研究》杂志刊载裴新宁、王美撰写的《为了儿童学习的课程——中国情境教育学派李吉林情境课程的建构》一文，为国际课程发展领域增添了中国情境教育学派的奇葩，彰显了中国课程新流派的风采。

2012 年

6 月 29 日至 7 月 3 日，全国数学教育研究会第十四届年会在桂林召开。会议主题为"数学教育研究走势与发展和教师专业化发展"。

7 月 18 日至 20 日，全国教学论专业委员会第十三届学术年会在东北师范大学召开。

10 月 11 日至 12 日，第八次全国课程学术研讨会在福建武夷山召开。

2013 年

10 月 18 日至 20 日，全国中学语文教学专业委员会第十届年会在北京召开。会议的中心议题是"回顾、反思与发展"，即回顾新课程实施以来我国中学语文教育教学研究发展历程，实事求是地梳理、总结语文教育规律和语文教学经验，认真研究中学语文教育存在的问题及对策。

2014 年

3 月 30 日，《教育部关于全面深化课程改革　落实立德树人根本任务的意见》正式出台。

6 月 27 日至 7 月 1 日，全国数学教育研究会第十五届年会暨 2014 年国际学术年会在西北师范大学召开。

11 月 1 日至 2 日，第九次全国课程学术研讨会在上海师范大学召开。

2015 年

5 月 16 日至 17 日，全国教学论专业委员会第十四届学术年会在河南大学召开。

2016 年

7 月 1 日至 4 日，全国数学教育研究会 2016 年国际学术年会在湖北武汉召开。

9 月 13 日，中国学生发展核心素养研究成果发布会在北京师范大学举行。

2017 年

4 月 21 日至 23 日，全国教学论专业委员会第十五届学术年会在陕西师范大学举行。

7 月，国家教材委员会成立，这是中华人民共和国成立以来首个统筹指导管理全国教材工作的组织机构。

9 月 23 日至 24 日，第十次全国课程学术研讨会在广州大学举行。

2018 年

11 月 24 日至 25 日，全国第四届课程与教学论专业博士生学术论坛在华中师范大学举行。论坛由全国教学论专业委员会主办，华中师范大学教育学院承办，主题为"核心素养培育与课程教学变革"。

7 月 31 日至 8 月 4 日，全国数学教育研究会 2018 年国际学术年会在贵州贵阳召开。

10 月 17 日至 20 日，全国中学语文教学专业委员会第十一届年会暨"语文新时代"学术讨论会在重庆召开。

2019 年

4 月 19 日至 20 日，第十一次全国课程学术研讨会在河南大学举行。

6 月 14 日至 16 日，全国教学论专业委员会第十六届学术年会在山西太原召开。

　　11 月 1 日至 3 日，由全国教学论专业委员会主办，南京师范大学教育科学学院承办的全国第五届课程与教学论博士生学术论坛在南京师范大学举行。论坛主题是"课程与教学基本问题的时代审视"。

后 记

　　值中华人民共和国成立 70 周年之际，侯怀银教授筹划出版教育学史系列专著，作为其主持的全国教育科学"十三五"规划 2018 年度国家重点课题"中华人民共和国教育学史"的研究成果。作为"课程与教学论"学科的一员，本人在华南师范大学攻读硕士学位期间，开始关注课程与教学论史的相关研究，曾对 20 世纪 20—30 年代"设计教学法"在中国传播和研究的历史进行梳理。后在北京师范大学攻读博士学位期间，对新中国成立初期我国基础教育领域学习和借鉴苏联教育经验建设教学体系的历史产生了兴趣，遂将之作为博士论文选题进行研究。在研究经历方面，我对历史研究有兴趣且尝试过相关研究，但由于未曾接受过严格且专业的历史研究学术训练，在历史研究、教育史研究方面还是门外汉。这次有幸成为"共和国教育学 70 年"丛书课程与教学论卷的写作者，深感惶恐。

　　在本书稿的研究与撰写期间，有几个问题一直萦绕在我脑中。

　　首先，学科发展史与学术研究史之间有什么样的区别？我理解，学科发展史是过往历史中该学科的学科建制、学科基本问题、学科成员队伍等方面的发展史，简言之，学科是如何建立、如何发展成现在的状态的。学科发展离不开具体的事件，更离不开参与推动事件发展的人，也就是说，学科发展史既要见事，也要见人。由此，学科发展史要比学术研究史更为丰富，既研究学科发展的理论体系及其相互关系，又研究其如何推动学科发展，还需关注关键人物在推动学科发展方面的贡献。

其次，学科发展史与实践探索史之间有怎样的关联？由于课程与教学论学科在教育学学科中与中小学教育教学实践联系最为紧密，围绕实践问题进行的实验与研究占据教育学研究的很大部分，应以什么样的视角来对待实践成果，其与学科发展的关系如何？在写作中，面对大量在实践中颇有影响的实验和经验研究成果，我不知道该如何取舍。这些实践成果丰富和发展了课程与教学论学科的理论问题，对课程与教学论学科提出了挑战，课程与教学论学科也应为中小学实践提供支撑，将其作为学科发展的肥沃土壤。书稿完成后，我发现尽管努力用这样的视角和观点来处理二者关系问题，但论证得还不够贴切和清晰，还需在未来的研究中用心体味实践探索史的无穷魅力。

最后，普通课程与教学论和学科课程与教学论之间的关系如何处理？《授予博士、硕士学位和培养研究生的学科、专业目录》(1997年颁布)将课程论、教学论及学科教学论合并为课程与教学论学科，许多人在思考和书写课程与教学论学科时可能也有类似的困惑。从外部看，二者关系非常明确，是一般与特殊的关系，然而深入学科内部，二者关系并不那么简单。从事学科课程与教学论的研究者大多没能从普通课程与教学论中获得一般的支撑，或者说支撑微弱，可以忽略。而普通课程与教学论也很难从学科课程与教学论中获得深度支撑，往往是用个别学科的例子来解释普通理论，用另外个别学科的例子来解释另外的理论，很难将不同的学科整合起来论述理论。这不仅是研究者个人能力、视野的问题，从根本上说，这样的学科整合方法使不同的学科难以有深度的互相理解和支撑，更何况课程论与教学论的整合也是"貌合神离"。作为从事普通课程与教学论的研究者，我虽意识到相关问题产生的缘由，但鉴于个人的能力、视野以及惯性思维，本书中仍以书写普通课程与教学论为主，间或论及学科课程与教学论的问题。

正是由于对以上问题的思考和困惑，在本书的写作过程中，我所遇到的困难非常多，超出预想。当然，最重要的是本人学识及能力有限，使本书存在诸多遗憾之处。

要特别感谢侯怀银老师，他对书稿的框架设定、资料搜集、修改和定稿给予了诸多指导和督促。在书稿的资料搜集、整理和撰写过程中，我指导的研究生、本科生协助做了大量工作。没有他们的协助，我很难在这么短的写作周期内做好资料搜集和梳理工作。本研究作为历史研究，建立在大量资料及研究基础上，受个人能力所限，可能对引用资料存在误读或错解之处，请读者指正，以为修正做准备。同时，受资料搜集手段限制，一些资料的出处未能正确标注，请原作者谅解！

感谢编辑老师的辛苦付出，没有他们，本书难以成形。感谢各位师友的指导和帮助！

郑玉飞

2019 年 11 月

图书在版编目(CIP)数据

共和国教育学 70 年·课程与教学论卷 / 侯怀银主编;郑玉飞著.
—北京:北京师范大学出版社,2020.5
ISBN 978-7-303-25562-7

Ⅰ.①共… Ⅱ.①侯… ②郑… Ⅲ.①教育史－中国－现代
Ⅳ.①G529.7

中国版本图书馆 CIP 数据核字(2020)第 016274 号

营 销 中 心 电 话 010-58802135 010-58802786
北师大出版社教师教育分社微信公众号 京师教师教育

GONGHEGUO JIAOYUXUE 70 NIAN·KECHENG YU JIAOXUELUN JUAN
出版发行:北京师范大学出版社 www.bnupg.com
       北京市西城区新街口外大街 12-3 号
       邮政编码:100088
印   刷:北京盛通印刷股份有限公司
经   销:全国新华书店
开   本:710 mm×1000 mm 1/16
印   张:20
字   数:259 千字
版   次:2020 年 5 月第 1 版
印   次:2020 年 5 月第 1 次印刷
定   价:100.00 元

策划编辑:郭兴举 鲍红玉   责任编辑:周 鹏
美术编辑:王齐云   装帧设计:王齐云
责任校对:段立超 陶 涛   责任印制:马 洁